中國學術思想

研究輯刊

二三編

林 慶 彰 主編

第 17 冊

王夫之氣論思想研究（上）

陳 美 吟 著

花木蘭文化出版社

國家圖書館出版品預行編目資料

王夫之氣論思想研究（上）／陳美吟 著 — 初版 — 新北市：
花木蘭文化出版社，2016〔民 105〕
目 2+222 面；19×26 公分
（中國學術思想研究輯刊 二三編；第 17 冊）
ISBN 978-986-404-568-6（精裝）
1.（清）王夫之 2.學術思想 3.清代哲學
030.8   105002153

ISBN-978-986-404-568-6

9 789864 045686

中國學術思想研究輯刊
二三編　第十七冊　　　　　　　　ISBN：978-986-404-568-6

王夫之氣論思想研究（上）

作　　　者　陳美吟
主　　編　林慶彰
總 編 輯　杜潔祥
副總編輯　楊嘉樂
編　　輯　許郁翎
出　　版　花木蘭文化出版社
社　　長　高小娟
聯絡地址　235 新北市中和區中安街七二號十三樓
　　　　　　電話：02-2923-1455／傳真：02-2923-1452
網　　址　http://www.huamulan.tw 信箱 hml810518@gmail.com
印　　刷　普羅文化出版廣告事業
封面設計　劉開工作室
初　　版　2016 年 3 月
全書字數　444815 字
定　　價　二三編 24 冊（精裝）新台幣 46,000 元

王夫之氣論思想研究（上）

陳美吟　著

作者簡介

陳名美吟，臺灣省嘉義縣人，出生於雲林純樸小鄉村。興趣使然，因而選擇中國思想相關領域之內容為研究範疇，2014 年 6 月取得中國文學博士學位，希冀藉由此論文之出版，能裨益於學界。

提　要

　　王夫之氣論思想承襲張載「太虛之氣」為本體，「太虛之氣」雖名為「虛」，實則為「虛」中含實之「氣」。太虛之氣又稱作「太和之氣」乃因氣本體中有「乾坤並建」、「兩端一致」陰陽二氣之關係，故二元卻又統一之陰陽二氣，不相離而互相感應，並以螺旋式運行不已。此陰陽二氣渾合無間且理氣充凝，王夫之贊揚其極至而無以加，故又可稱為「太極」。太虛之氣中有陽氣健動之理、陰氣順靜之理能制約事物的運動、變化和發展過程。太虛之氣中更有生生作用之神，因清而無形，可變化無端地凝聚於陰陽比例固定之形質中，又可不滯於形氣之礙，虛靈不斷轉化入於他物。王夫之的道為氣化創生萬物的必經之路，故又可稱為萬物之通理。當人創生後，其身之形質由氣所構成，而理不離氣，故身中亦有氣之理，此稱為人之性。此外，人身具有太和之氣陰陽相生之神為人之心。然而氣化流行日新月異，人應學思並進繼天之善；至於氣質之清濁有異，則可藉由天命不息，習與性成。由於氣化不齊之命，使人後天有得喪、窮通之別，但吉凶毀各則非天數之本然，而是出於人之情的攻取愛惡，因此人應稟天理之德的仁義禮智之性，努力進德修業。

目

次

第一章　緒　論

第一節　研究動機與目的

　　本論文題目爲「王夫之氣論思想研究」，感謝指導教授的提點，確立研究王夫之的視角，藉由「氣論」之「名」可以有明確路徑向王夫之學問之「實」邁進，故本人藉由「氣」爲宇宙本體之本原作援入之手，來說明「氣」可解決王夫之所需面對的學術思想上的歷史課題。氣論思想乃大學時期因緣際會下，跟隨王俊彥老師修習「宋明理學課程」，發現「思想研究」有其引人入勝之處，因而進入研究所繼續跟隨在王老師門下學習，老師以唐君毅、牟宗三新儒家路數爲基礎，儒家中心思想心、性、理、氣、道爲研究主體，再根據氣本論發展至晚明乃轉化爲非形上下二分的「一氣流行」之思想，進一步探討「氣論」形成原因與諸思想家之中心論題與各家之思想異同，從中建構晚明氣學思潮之大略。再進一步推廣，使近世學者們得知「以氣爲本」爲晚明學術思想之大宗，有其值得深究的內涵與價值。直至今日，以氣爲研究主線的著作已經不計其數，吾人得參與此學術盛會，進而確立己身研究方向與依歸，並希冀透過學術研究，使儒學思想浸潤自體生命。

　　王夫之乃明清鼎革之際的時代巨人，因時代更迭動盪，以六經責我而開生面的方式出場，接續宋明理學發展，確立儒學以道德爲其思想體系所追尋的終極標的。活在危難顛簸的政治世代與難爲困頓的治學處境，如何面對王學末流空疏之弊端，進而泯除朱、王的門戶之見，汲取各家之長，窮究天人之際，通古今之變，而創立一家之言，期許自己非一俗儒，而是能建立符合

時代之思想，由內聖而外王，以拯救日漸國勢衰頹。此外，明亡後，如何在人生困境與大環境重重考驗中學會自處，並積極入世救亡圖存，這一切再再淬煉其心智，並使之更睿智地度過艱難與豐富其學術內涵。王夫之距今已近四百年，研究其思想最直接的方法，應是藉由閱讀原典，以經解經，期待透過王夫之文筆與視野，尋找他所指引後進的方向，在眾多研究資料的基礎下，能另闢蹊徑，進入他用生命與血淚所建構之學術「桃花源」的殿堂中。王夫之云：

> 物與我皆氣之所聚，理之所行，受命於一陰一陽之道，而道爲其體；不但夫婦、鳶魚爲道之所昭著，而我之心思耳目，何莫非道之所凝承，而爲道效其用者乎！唯體道者能以道體物我，則大以道而不以我。〔註1〕

> 能體物，則人物皆以我爲體，不能離我以爲道，必依我之綏以爲來，動以爲和，九族睦，百姓昭，黎民變，鳥獸草木咸若，物無有能遺我者。〔註2〕

物與我皆氣之所聚，理之所行，受命於一陰一陽之道，故物我皆以道爲體，我以道而不以我體之，故物無有能遺我，而與物爲一，這便是王夫之體道之法。藉由其原典所昭示爲學之方，彷彿啓迪研究之門徑，「物」之如「他」，我與物是一而非二，時空或許扞格不了同是一氣流行與道爲一的我們，期許自己終有得以一窺學術究竟之契機、體悟其學問之精髓。

第二節　研究材料

　　本文的研究進路是透過王夫之原典，即湖南長沙嶽麓書社編輯委員會編校共十二冊的《船山全書》爲研究根基，但王夫之著作精深龐大，一時無法全部爬梳理盡，便以論文主題之「氣論」爲中心思想，藉「氣論」所開展出思想體系中的氣、陰陽、太極、道、理、性、心、格致、修養等重要觀念爲

〔註1〕（明）王夫之：〈大心篇〉《張子正蒙注》，收入船山全書編輯委員會編校：《船山全書》第十二冊（湖南（長沙）：嶽麓書社，1991年12月第一版），卷4，頁151～152。

〔註2〕（明）王夫之：〈誠明篇〉《張子正蒙注》，收入船山全書編輯委員會編校：《船山全書》第十二冊（湖南（長沙）：嶽麓書社，1991年12月第一版），卷3，頁125。

主軸，藉此考察王夫之原典，將相關文句作爲研究材料，希冀能建構出原典中所透顯王夫之的思想內容。

第三節　前人研究成果

　　目前兩岸對「船山學」的研究，已經累積宏碩的研究成果。因爲資料豐贍，故文獻回顧便依本論文主軸以「氣」爲進路來研究王夫之的專著爲論述的主線，依照地區劃分。

一、台港學者

（一）唐君毅〔註3〕

　　唐君毅爲開創者，具有典範性的地位。唐先生對「船山學」的闡釋，以《中國哲學原論·原教篇》〔註4〕第二十章至第二十五章爲主。唐先生認爲陽明學發展至明末，產生了空談心性而忽略經世之學的弊端。明末清初三大儒顧亭林、黃梨洲、王夫之即是針對此弊端而起，三人中「亭林之用心，全在治道……然其在哲學思想本身，殊無創發」，而「梨洲之思想，大體承蕺山之緒」，只有船山之哲學思想「最爲夐絕」，「承宋明儒重內聖之學之精神，而及于外王，以通性與天道與治化之方而一之者，惟船山可當之耳。」唐先生認爲宋明理學的發展，爲一迴環往復的歷程，自濂溪、橫渠重天道論起，逐步往內在心性收縮，開闢修養工夫。至晚明，則又從心性工夫向客觀面發展，至船山重回天道論而終成。王夫之哲學思想乃取客觀現實的宇宙論進路，初非心性論之進路；其根本思想即在由性即氣之性，而暢發性善氣亦善之義，故能避免程朱「舍氣言性」與明儒「即情知性、即心見性」的偏差。王夫之對心性、天道的理解，並未違背宋明儒的基本精神，只是因應時代的需要，特別

〔註3〕 唐君毅（1909 年～1978 年），四川宜賓人。現代思想家、哲學家、教育家。師從熊十力、方東美、梁漱溟等，是新儒家學派代表人物。1949 年遷居香港，與錢穆、張丕介等人創辦亞洲文商學院（即亞洲文商專科夜校，1950 年更名新亞書院，1963 年成爲香港中文大學成員學院），兼任教務長及哲學系系主任等職。唐氏在任教新亞期間，廣邀學界名宿來校主講文化講座，令香港一時成爲研究中華文化的重鎮。

〔註4〕 唐君毅：《中國哲學原論·原教篇（下）》（台北：臺灣學生書局，1979 年 2 月）。

強調心性必須落實在外王事業上，才有眞實的意義。由重氣思想以論中國之歷史文化，尤能見其精彩。唐先生也給予「船山學」極高的評價。

（二）牟宗三〔註5〕

與唐君毅同屬當代新儒學重要人物的牟宗三，也高度肯定王夫之在歷史詮釋上的造詣。牟宗三有〈黑格爾與王船山〉〔註6〕一文，認爲：「人之踐履而爲歷史，也是心，也是性，也是理，也是氣，也是才，也是情，一起俱在歷史發展中呈現，而吾人亦藉此鑒別出何爲是，何爲非，何爲善，何爲惡，何爲正，何爲邪，何爲曲，何爲直，何爲上升，何爲下降。故其豐富的思想，在純義理上不甚顯眉目，而一落在具體的歷史上，則分際釐然劃清，條理整然不濫，立場卓然不移。……由其通於古往今來而爲一，故能透過一連串的歷史事象，而直見有一精神之實體在背後蕩漾著，故見歷史直爲一精神表現之發展史，因而歷史之每一步驟每一曲折，皆可得而解，得而明。而是非、善惡、正邪、曲直、升降、隆汙，亦隨時隨事得而判」牟宗三這一分判，對台灣的「船山學」研究者來說，是極具影響力的。

（三）許冠三〔註7〕

許冠三著重在研究王夫之歷史學說與致知論，其中與本人研究相關者，舉《王船山的致知論》爲其思想代表。許冠三認爲王夫之的致知論比天道觀、心性論與歷史學說更引人入勝，因其內容博大精深，不只集儒、道、陰陽諸家之大成，更言前人所未發，而且具有時代意義。許冠三認爲王夫之致知論最突出的思想：「是他那『兩端而一致』之辯證致知邏輯，其要義約有四端：

〔註5〕 牟宗三（1909年～1995年），字離中，生於山東省棲霞縣牟家疃，祖籍湖北省公安縣。1927年考入北京大學預科，1929年升入哲學系，並於1933年畢業。1949年往台灣。1960年往香港，先後在香港大學、香港中文大學新亞研究所任哲學教授及導師，退休後，定居臺北。曾獲香港大學榮譽博士學位，及台灣行政院文化獎。曾任教於華西大學、中央大學、金陵大學、浙江大學、國立臺灣師範大學、東海大學、國立臺灣大學、中國文化大學、香港大學、香港中文大學新亞書院。他融合康德哲學與孔孟陸王的心學，以中國哲學與康德哲學互相詮解。

〔註6〕 收入牟宗三：《生命的學問》（台北：三民書局，2004年），第16章。

〔註7〕 許冠三，香港歷史學家。先後任職於台灣大學、香港大學。1974年移席香港中文大學歷史系，提倡「多元史絡分析法」。著有《王船山的歷史學說》、《王船山的宇宙觀》、《王船山的致知論》、《新史學九十年》、《史學與史學方法》、《大（活）史學答問》等。

一、於致知所趣之對象，主立兩以見一；二、於致知所假之名言，主齊兩以著一；三、於循理盡心之實踐言，主循兩以合一；於辯證思模之運作言，主存兩以貞一。當其通必存其變，當其變必存其通。凡昧於兩執於一者，均不足以言知天知道。……其『兩端而一致』說，專質上已具有近代辯證學派所誇稱的宇宙觀、認識論和邏輯學三位一體之特性。〔註8〕」

（四）羅光〔註9〕

羅光《王船山形上學思想》〔註10〕提出王夫之的哲學思想，以《易》為根據，然後接納張載的思想，加以發揮，成為他的形上學。其認為王夫之不接納太和的名詞，但以太和的氣，雖是氣的本體，已經分有陰陽，祇是陰而不顯，稱為太虛，虛不是無，而是實體，稱為太極。太極有動靜，動靜是陽陰的動靜，陽動陰靜，不是動生陽，靜而生陰。王夫之對於《易》乃主張「乾坤並建」，《易》的卦開始就有陽爻陰爻，六十一對都由陽爻陰爻而構成。氣的本體就分陰陽，沒有不分陰陽的氣。氣的本體內有陰陽，所以沒有純陽不帶陰的氣，也沒有純陰不帶陽的氣，陽中有陰，陰中有陽。動中有靜，靜中有動。氣的聚散即《易》的宇宙變化，循環不已，變化生物，物化回歸元氣。元氣為未成形之氣，稱為太虛，太虛也就是太和，整個宇宙為氣之運行不已而化生萬物。氣成物形，理在氣內，一常運而化生萬物，所以性便日生。性之生是由於天以陰陽五行創生萬物，並命令其氣化條理於人身，因此說命日降。宇宙運行神妙莫測，王夫之接納張載「神與性乃氣所固有」思想，以神為天德，化為天道，德為體，道為用，皆是氣所具有。宇宙萬物由氣而成，氣中有理，理為健順五常之德。陰陽五常運行而化生萬物，萬物的形成稱為化生，形成的萬物稱為生命。氣的運行為聚散，聚散為循環，宇宙萬物不說為生滅，只說往來屈伸，而且宇宙萬物呈現日新日進的現象。宇宙萬物藉由氣之運行化生不停，故常有新物新事，卻不是一個同樣的宇宙萬旋轉不息，

〔註8〕　許冠三：《王船山的致知論・序》，（香港：中文大學出版社，1981年）。

〔註9〕　羅光（1911年～2004年），天主教會主教，字焯炤，湖南省衡陽人，年生於南鄉陡陂町一個天主教家庭，聖名達義（Stanislaus），亦取字為達義。先後取得羅馬傳信大學（Pontifical Urbaniana University）哲學、神學博士學位，羅馬拉特朗大學（Pontifical Lateran University）法學博士，隨即在傳信大學教授中國哲學，歷25年。羅光曾任台南主教、台北總主教與輔仁大學校長，有「聖堂學者」之美譽。

〔註10〕　羅光：《王船山形上學思想》（台北：輔仁大學出版社，1993年5月）。

因爲氣的運行，自有原則，即是氣運行之道。運行不停，不必說始終，因爲人不能夠知道。而不能見始終，並不是沒有始終，只是人不能測知。按理說，理常見一，宇宙的始終之理，就是今日氣運行之理。

（五）曾昭旭〔註11〕

曾昭旭對「船山學」的闡釋，以《王船山哲學》〔註12〕一書爲代表。曾昭旭認爲各朝代儒者雖皆推尊孔子，但「於孔子之大正，終各有差異」，到王夫之才恢復儒家正學，「中華聖學自孔子而後，歷經長期之歧出，至船山而復歸正位」。王夫之扭轉程朱、陸王逆求心性本體的義理方向，以「由本貫末、本末一體」爲宗旨。前者「於心性本體已立之後，更外發下貫以潤物成物，以極成一豐美篤實、日新富有之文明世界」，後者「不但肯定形上之心神性理，更在圓融一體之要求下，必肯定形下之存在形色亦爲貴」。不贊成早期中國大陸學者唯物主義的詮釋進路：「張（西堂）王（永祥）兩學譜，皆不免誣船山之學爲唯物論者，則尤憾其實傷船山之心也」。依曾昭旭的看法，王夫之既能繼承宋明以來的道德理想主義精神，把握住形上的心性本體，而不流於功利、唯物，卻又不對心性問題多所著墨，以具體的道德實踐爲重心，矯正理學末流的支離與心學末流的空疏之弊，是最圓熟的義理型態。

（六）陳祺助〔註13〕

陳祺助對「船山學」的闡釋，以《王船山「道德形上學」理論之開展》〔註14〕爲代表。陳祺助船認爲船山學從治《易》入手，故富有濃厚的天道論性格，

〔註11〕 曾昭旭（1943年～）別號繼光，筆名明曦，原籍廣東省大埔縣，《鵝湖月刊》創辦人之一。曾昭旭三歲時跟著母親四處逃難，七、八歲時從大陸逃到香港，十二歲到了台灣。畢業於臺北市立建國高級中學、國立臺灣師範大學國文系，畢業且退伍後，回到師大唸研究所，在高明的指導下完成了碩士論文《俞曲園學記》，而在高明、林尹兩位教授的指導下，完成博士論文《王船山及其學術》。曾昭旭先是經由唐君毅認識宋明理學，再從王船山處接上了新儒家。曾任臺北市立建國高級中學教師，高雄師範學院國文系講師、副教授兼所長，國立中央大學中文系教授兼系主任，淡江大學中文系教授。

〔註12〕 曾昭旭：《王船山哲學》（台北：遠景出版，1983年2月）。

〔註13〕 陳祺助，學歷爲國立台灣師範大學國文系大學、國立高雄師範學院國文研究所碩士畢。曾任台中縣立霧峰國中教師兼導師、私立台南家政專科學校講師、私立正修工商專科學校講師、正修科技大學副教授、教授迄今。以儒家哲學之宋明理學爲研究方向，尤擅長王夫之思想。

〔註14〕 陳祺助：《王船山「道德形上學」理論之開展》，（高雄：麗文化，2012年6月）。

最終仍歸本於心性，從實事實物之實行踐履上窮理，以體認心性中仁義之德。因以「氣」爲本體，故王夫之哲學有篤實高明之美，而無玄虛空疏之病。王夫之承襲宋明理學「天道性命相貫通」之思想，故建立形上、形下爲二又圓融是一的理論架構。對於天地萬物，採取實有論之觀點，重視形氣之「器」，視其爲客觀獨立之存在。人在此氣化流行中，應體悟氣化之道與理，但萬物可見，而氣化之道與理不可見，其以「隱」、「顯」說明傳統所謂有、無二者之別！由於萬有皆爲氣所構成，王夫之以「氣」爲天道之「蘊」，謂「理爲氣之理」，故其仍保留宋儒理「氣之主」的義理，故形氣（器）世界即道的世界，人倫日用之間就是天性之理流行之實。而人皆有仁義之心，能盡其性，以盡物之性，而誠有萬理於心，故曰「萬物皆備於我」。王夫之從個人主體（性）、世界客體（命）與天地全體（天）三個層面，充分地彰顯其中的道德意義，肯定了具體存在物的實有價值。由於天地一氣，故個人的道德行爲直通於天地全體。船山學不同於宋明理學之處，就在於其特別能闡發儒學「成德之教」中，本末貫通與人文化成的特色，而於「內聖」與「外王」兩面，皆能至於充實飽滿而無所歉之地步。王夫之對於儒家「道德的形上學」可以通貫說明天道論、價值論、人性論以及工夫論等方面，從而建立專屬於「氣」而具有嚴密系統性的理論。

二、大陸學者

（一）嵇文甫〔註15〕

　　嵇文甫著有《船山哲學》〔註16〕小冊。他認爲王夫之著作雖在晚清刊行，但受到封建體制影響，使其思想精華無法發揮，晚清以後才漸爲人所重視。王夫之學術爲一博大精深的體系，其中有很多光輝的開明進步思想，但也不應對他作過苛的要求或過高的估計。王夫之是泛神論而非無神論；是在儒家仁政的傳統下，而非民主主義者；是代表開明地主，而非市民。嵇文甫以「宗師橫渠，修正程朱，反對陸王」判斷王夫之在思想史上的地位。王夫之說「陸

〔註15〕　嵇文甫（1895 年～1963 年），河南汲縣人，五四運動時期，投身革命。是著名的教育家、史學家、哲學家。曾擔任鄭州大學首任校長與歷史學系的創始人。其歷任河南省副省長、中南軍政委員會委員、中科院哲學社會科學學部委員，對於開拓中國哲學史及古代思想史學術領域的研究有重大貢獻。

〔註16〕　《船山哲學》寫於 1935 年。該小冊收入嵇文甫：《王船山學術論叢》，（北京：三聯書店，1978 年 10 月）。

子靜出而宋亡」，認定陸王是誕妄、無忌憚、避難就易，叛聖學而趨於佛老。這是對明末「狂禪派」所引起的反動，並不能算持平之論。至於程朱，王夫之雖然承認其正統地位，但比不上橫渠。王夫之認爲朱子以格物爲始教之說是「賢者之學」，只有橫渠「以博文之功，在能立之後」、「以天德爲志，所學皆要歸焉」，才是作聖的正路。王夫之的特色在言天、言性、言心，一切從氣上講。理者氣的理，須從氣化上見，捨氣化無所謂理。王夫之把這種唯氣論徹底發揮，以打破程朱的理氣二元論。雖然王夫之力闢陸王，但嵇文甫認爲王夫之在無意間卻和陸王有些共鳴點，王夫之修正程朱之處，也往往正是陸王所指責的地方，這可能是因爲王夫之處於王學盛行的年代之後的緣故。在歷史哲學方面，嵇文甫認爲中國古代傳統是「氣數史觀」，以爲宇宙乃是一片大氣，由這氣的參互錯綜、盛衰消長，形成宇宙間的種種變化，而人類歷史亦全爲這氣所制約，遵循著必然的命運而前進，一切都有定數。王夫之也未嘗不受氣數論的影響，但其中心思想並不在此。王夫之極力反對術數而主張天理論，即使說這氣數是神意的表現，神意也限定表現在這氣數裡，並不能任意喜怒、擅作威福，這比神意史觀更進一步。至於義理的天，乃是說天就是道，就是理。這樣的天沒什麼不可知，也無須用術數去知，一部歷史都是天理的證明，這可以說是「天理史觀」。如朱子與陳同甫辯論，朱子所持的便是天理史觀。但朱子的天理過於超絕，未免枯寂空洞，缺乏歷史的實踐性。王夫之則不然，他依照他的天人合一、理勢合一論，把天理和人情事勢打成一片，拿活生生的現實歷史去充實它的內容。所以他的天理是具體的、是活的，這可以說是一種新天理論。王夫之歷史哲學的長處在於：（一）從發展過程上看歷史事象；（二）社會制度的相關性或整體性；（三）客觀的獨立於意識以外的勢力之存在；（四）偶然中顯現必然。他所重視的是歷史發展客觀的過程，而不是某某聖賢豪傑個人的意識。

（二）蕭萐父〔註17〕

蕭萐父著有〈王夫之矛盾觀中的「分一爲二」與「合二而一」〉〔註18〕一

〔註17〕蕭萐父（1924年～2008年），生於四川成都，1943年進入武漢大學哲學系學習。曾編輯《珞珈學報》、《西方日報》等刊物。畢業後到成都市中學、華陽中學、川西文教廳、四川醫學院馬列主義教研室等處任職。1957年在武漢大學哲學系成爲教授。文革期間遭到迫害，開始寫作《王夫之》。編有《中國哲學史》、《王夫之著作選注》、《王夫之辯證法思想引論》、《中國哲學啓蒙的坎坷道路》、《船山哲學引論》等著作。

文，對王夫之「兩端而一致」的思維模式有所闡發。蕭萐父認爲王夫之經歷了「天崩地裂」的政治變局，其研究哲學是爲了探究自然和社會的變動原因，揭示客觀矛盾運動的固有規律。王夫之的哲學貢獻，也突出地表現爲富於辯證思維，勇於批判形而上學，並在樸素唯物論的基礎上把樸素形態的辯證法尤其是矛盾觀，發展到了時代條件允許的典型高度。蕭萐父認爲，王夫之「兩端而一致」的觀點是對傳統哲學中形而上學外因論的否定。中國哲學史從老莊玄學直到宋明道學，表面上都在講「陰陽動靜」，但卻把「陰陽動靜」的泉源移到物質世界的外部，在現實世界之上去安置一個本體——道、太極，作爲產生「陰陽動靜」的根源。王夫之認爲陰陽是一切事物的固有之蘊，不是動靜所生，而是動靜的主體。在陰陽之外去找動靜的根源，只能是主觀虛構。王夫之從批判外因論而樸素地論證了矛盾的普遍性，提出「乾坤並建」，強調任何具體事物也都是在特定的時空條件下具體的陰陽對立統一體，各自形成特殊的規律。「道」的特定含意就是作爲陰陽對立統一體的物質實體及其總的矛盾法則，離開了現實的陰陽對立統一的客觀矛盾運動就別無所謂「道」。王夫之堅決否定邵雍、朱子把陰陽對立看作是截然分離和絕對對立而沒有任何聯繫、也不會互相轉化的形而上學觀點，力圖用社會和自然現象來說明對立的事物之間並沒有絕對的界限，而往往是互相滲透、互相過渡、互相轉化的。一個「極物理人事之變」的窮理者，應看到對立雙方「相因而非相反」、「相承而無不可通」的一面，從差異、矛盾、對立中認識和掌握統一。蕭萐父認爲，王夫之做爲地主階級的思想家，在特定條件下承認了矛盾的鬥爭性，但他害怕並反對矛盾的鬥爭，希望並相信矛盾能得到調節，鬥爭能得到緩和，不必也不應當發展到極端。王夫之只能在現存的封建關係這個大盤子中旋轉，即承認一定範圍內的變動性，迷信封建制度的常住性，這是他矛盾觀的侷限。

（三）陳來 〔註19〕

陳來對「船山學」的闡釋，以《詮釋與重建：王夫之的哲學精神》〔註20〕

〔註18〕　該文收入蕭萐父：《船山哲學引論》，（江西：江西人民出版社，1993年）。
〔註19〕　陳來（1952年～），生於北京。1976年中南礦冶學院（現中南大學）地質系畢業。1981年獲北京大學哲學碩士。1985年獲北京大學哲學博士。曾師從張岱年、馮友蘭先生。1981年到2009年任教於北京大學哲學系，後轉任清華大學哲學系教授，並重組清華大學國學研究院，清華大學國學研究院院長，清華大學哲學系教授。中國孟子研究院首任學術委員會主任。陳來主要研究儒家哲學、宋元明清理學、現代儒家哲學。

一書爲代表。陳教授的研究取向是將王夫之放在宋明理學史當中，作爲宋明
理學發展過程中的一個環節來考察，強調把王夫之還原到其儒學思想的本來
體系來加以理解，其研究方法甚爲平實，少用西方哲學的觀念及術語。陳教
授認爲清初思想家共用的思想基調是反佛、崇經、重氣、致用，這不是反理
學，而是對明代理學陸王派和程朱派的反思和超越，轉向篤實的道德實踐，
如王夫之即以「文化的反省」和「正統的重建」爲主要特徵。陳教授以《讀
四書大全說》、《思問錄》、《張子正蒙注》三書爲核心，集中探討王夫之的理
氣論、心性論，認爲王夫之理氣觀的要點爲理氣互體、理氣合一；心性論方
面，王夫之認爲良心、仁義之心固然是理，但人之心的功能和內容不止於良
心，在性的主導作用下才能保持心爲善，反對陸王的唯心說。陳教授認爲嵇
文甫以「宗師橫渠、修正程朱、反對陸王」十二字來概括王夫之是很精當的，
與曾昭旭先生的看法「而於程朱，王夫之所以許之者，則只是一種點化之許，
於根本方向上，王夫之於程朱仍數致其不滿」不完全一致，這是可以再深入
研究的。

（四）張立文〔註21〕

　　張立文《船山哲學》〔註22〕中，其以爲王夫之問學，縱貫古今，歷代著
名思想家、哲學家、史學家、文學家幾乎均所涉及，都有評論和揚棄；其所
論述範圍極廣。就哲學而言，在本體論、宇宙論、知識論、方法論、心性論、
價值論、理想論等方方面，都有建樹和創新性的發揮。從對諸子的評述中，
儒家的立場是其出發點和歸結點，這就成爲他評價諸子思想的價值標準，自
覺不自覺地把一切事物、行爲、思想、理論都放置在這個天秤上來衡量其是
非、曲直、善集，然後作出其取捨的決定這樣做的指導思想是爲了「推故而
別致其新」，或「六經責我開生面」的「新」和「生」的學術使命和歷史職責。

〔註20〕　陳來：《詮釋與重建：王船山的哲學精神》（北京：三聯書店，2010 年 12 月）。
〔註21〕　張立文（1935 年）生於浙江溫州人，1985 年出版《宋明理學研究》爲其傑出
　　　　的學術成就，使他成爲全國哲學學科五位國務院特聘教授之一。現任中國人
　　　　民大學人文學院哲學系教授、博士生導師，中國人民大學和合文化研究所所
　　　　長、中國人民大學孔子研究院院長、學術委員會主席，中國周易研究會副會
　　　　長。主要代表作有：《中國哲學範疇發展史（人道篇）》、《周易思想研究》、《朱
　　　　熹思想研究》、《中國哲學範疇發展史（天道篇）》、《傳統學引論——中國傳統
　　　　文化的多維反思》、《周易帛書今注今譯》、《正學與開新：王船山哲學思想》、
　　　　《走向心學之路——陸象山思想的足跡》等。
〔註22〕　張立文：《船山哲學》（台北：七略出版社，2000 年 12 月）。

其實，作者認爲並非「六經責我」，而是王夫之責六經。《六經》作爲歷史文本，是實存的；而它本身不會責我、責人，也不會改變文本之本身以適應人或時代的需要，而是負有時代責任感的人按照時代需要對《六經》，文本作出不同解釋或理解。從這個意義上說，是時代的需要「責我」對《六經》作出新生面的解釋和理解。王夫之轉換爲新生面的《六經》價值理念。王夫之紹承中國傳統文化人文精神，吸取傳統《六經》、諸子的範疇、概念，並依據時代精神的需要和自己對經典文本的理解和解釋，建構了他的哲學邏輯結構。

「氣」範疇是王夫之對於宇宙萬有追根究底的終極說明。氣從存有的狀態上看是陰陽二氣衝突融合的呈現，這種衝突融合的形式便是絪緼。因此，王夫之稱這種氣爲「和氣」，或稱「陰陽和合之氣，即陰陽二氣絪緼融突而和合的氣。這氣是王夫之哲學邏輯結構的最高範疇，並由此而「一以貫之」，構建其完整的哲學體系。

第四節 研究方法

誠如王俊義、趙剛所云：「每個時代的學術思潮，不是個別學者的獨角戲，而是眾多水準各異學者共同演奏的多聲部協奏曲。一個著名學者和思想家，只有在這種文化環境中才能形成，也只有被置於這樣的文化環境，才能顯示其本身的學術價值，因此要揭示一個時代文化的思想演變的內在底蘊，僅剖析其縱向發展顯然是不夠的，還要探討其橫向展開的學術結構。〔註23〕」因此就其所言，而分成以下三種研究方法：

一、原典資料的分類與分析研究

首先將王夫之的原典資料，先進行粗略地義理擇錄。即將「氣」、「理」、「道」、「天」、「太極」、「陰陽」等文句先單獨分項蒐集後，再歸納於「理氣論」之類；將「心」、「性」、「情」、「人心」、「道心」、「義理之性」、「氣質之性」、「善惡」等文句先單獨分項蒐集後，再歸納於「心性論」部分；將「格物」、「致知」、「靜存」、「動察」、「知」、「行」、「學」、「敬」等文句先單獨分項蒐集後，歸類於「修養論」。此後再透過單項蒐集義理屬性相同的文句，分

〔註23〕王俊義、趙剛：〈窺見清初經學堂奧的力作——評清初的群經辨僞學〉，《中國文哲研究通訊》第 4 卷 4 期（1994 年 12 月），頁 97～105。

析、演繹、歸納、比較，找出各自獨立項目，其文句間義理的關聯性所建構出的意義，再從同類別中單項思想系統的相關性與各自義理發展主軸，再與其他大類彙整、比較，探求思想系統整體的概念後，並進一步透過縱向與橫向條分理析地呈現王夫之思想脈絡，並凸顯其義理特色。

二、縱向研究分析

　　以縱向「學術思想史」的角度，並覽觀相關與此論題古今的專著與論文，希望明白儒學「氣」之思想，從先秦至清初氣論發展脈絡後，能通盤瞭解「氣」之思想在不同時代思潮中的特色與重心的轉變，能精準確認王夫之「氣」思想邏輯次序與發展脈絡，藉此可深入探討，其提出此思想論點背後所隱含時代發展的學術意義，期能貫通古今，以確立王夫之思想在明中後期「氣」之概念由潛隱到發端，以至於明末清初的「氣」之學術體系的發展純熟，所代表氣論的定位。

三、橫向研究分析

　　徹底瞭解王夫之思想理論架構之後，再透過另外兩主軸朱學、王學的比較，最後再與明、清其他諸儒做一對比，就相關的議題進行分析，以期能由對王夫之「氣」之思想有正、反兩相對性的評價，進一步凸顯其的學術思想之優缺點，並從當中尋找其對顯當代思想潮流的共通性與差異性，進而探討其思想理論的特色，此即經由與他人思想上的互動，藉以確立其當代之思想地位。

第二章　王夫之時代背景與生平

第一節　明清之際的學術風氣

　　明代政治制度之特色在於君主極權專制，明朝君主集權統治達到登峰造極的地步。從明太祖至明成祖，不但在政治上廢除丞相制度，成立內閣，將朝廷大權集中於皇帝一人之手，更設立廠、衛對文武百官與人民進行監視和鎮壓。明朝皇帝大興文字獄外，並殺害士子，更箝制學術思想的發展，使之為皇權專制統治服務。此情況乃是起因於開國君王朱元璋出身低微，生命歷程是從地位卑微到一統天下，身分轉換中，造就性格上的弊病，進而專制霸道。從前家境清寒，因饑荒戰亂成為孤兒，也當過乞丐、和尚，後又參加過紅巾軍，由一名小卒最終成為獨當一面的大將，爾後更獨立門戶自稱吳國公、吳王到皇帝之高位。這樣的經歷，反映其不平常的生命歷程，其開國經過，在一般世俗眼光看來，並不值得讚揚。其家境貧寒，代表出身於社會底層，曾參加過紅巾，被認為是賊寇。朱元璋對於自己的出身經歷，常是自大又自卑而帶有反覆不定的情緒。

　　因此朱元璋在開創自己的事業後。其極端複雜和不穩定的性格與心理，當他有機會掌理皇權，便會採取異於常人的策略，如同大興文字獄便是其中之一。他特殊的人格特質，「對於文人懷有很大的猜忌心理，既擔心他們會採取舞文弄墨的手段，使用文字以進行譏訕諷刺，更顧慮他們利用職務方便以擅權，甚至與勳臣武將結成黨羽，充當新主人的策士參謀，形成強大的反側

勢力。這樣也同樣有著一個由疑生忌，由忌成仇，由仇恨轉化爲殺機的心理變化過程。〔註1〕」隨著位高權重，日理萬機，享受大權在握的朱元璋對手下的士大夫階級產生複雜的心理變化。

朱元璋喜猜忌且對人刻薄寡恩，「能用人而不信人，對人對事縱橫捭闔，恩威並濟，其變化的幅度極大。他用人在外示寵信之時，在內心中仍保持著高度的戒備，立足在一個『疑』字，著意在一個『防』字，其手段特點又在一個『狠』字。〔註2〕」因此蕭公權評論明代政治狀態：「明代開基，揭民族革命之大義，成光復漢土之偉業，實爲中國歷史上之空前創舉。所可惜者，太祖及其佐治之大臣雖能顛覆異類之政權，而不知徹底改造積弊已深之專制政體。以故亡元苛政之餘毒，始終未能肅清，中葉以後，患且增劇。晚明民生之痛苦，以視元代，殆有過之。〔註3〕」因此明代文人在皇帝反覆無常的專制性格領導下，政治仕途上不被禮遇之外，更長期處在被宦官監控的環境下，並無施展長才的空間，文人遭受不平待遇之景況嚴重至無以復加。明代的皇帝們，善用專制極權，對朝臣刻薄，貶抑士氣，是前所未見。太祖屠殺有功之臣，至於永樂以後，更廷杖大臣，臣子們受辱殺身，情形之嚴重程度更甚太祖之時。而自成祖首開宦官掌行政之權，遂使國政日趨衰頹。忠臣無機會效力朝廷，小人乘機得勢而禍敗亂亡。讀書人又因意氣之爭，結黨相鬥，耽誤科舉，更不用心於關心國政與人民生活。因此士大夫雖身處於社會國家，卻難以施展個人的理想與抱負，進而造成學術思想的僵化。

此外，「明初統治者爲了表示尊崇程朱理學，所做的另一項工作是組織學者修定《五經大全》、《四書大全》、《性理大全》三部大型叢書以統一士人的思想。〔註4〕」這是明帝箝制思想的做法。再者，明代科舉制度的特點在於首創「八股文」取士法，因此明代的科舉考試是以程朱理學爲主要的考試內容，依此爲標準答案。因士大夫重視科舉功名，因此程朱理學之思想逐漸深遠廣

〔註1〕 韋慶遠：《禍由筆墨生──明清文字獄》（台北：萬卷樓，2000 年 8 月），頁 18。

〔註2〕 同上註，頁19。

〔註3〕 蕭公權：《中國政治思想史（下）》（台北：中國文化大學出版部，1993 年 11 月），頁604。

〔註4〕 劉惠恕：《中國政治哲學發展史──從儒學到馬克思主義》（上海：上海社會科學院出版社，2001 年 12 月），頁439。

大，而士子為了應試能順利，寧願用心於背誦科舉時文、八股文選，但對於程朱的經典之注解，反而鮮少有人在用心研讀內容，造成程朱理學逐漸形式化。加上程朱理學之注解內容背離人情，而且科舉考試的極大壓力，讀書人亦日生厭倦，開始對程朱官學產生反動。嵇文甫云：

> 從南宋末年，到明朝中葉，完全是一個朱學獨佔的局面。所謂一代大儒，如許魯齋、薛敬軒輩，都不過陳陳相因，謹守朱子門戶。道學至此，幾乎純成一種爛熟的格套了。於是乎首先出來個陳白沙，既而又出來個王陽明，都舉起道學革命的旗幟；一掃二百餘年蹈常襲故的積習，而另換一種清新自然的空氣，打倒時文化八股化的道學，而另倡一種鞭辟近裏的新道學。〔註5〕

程朱官學在以八股取士的科舉制度下，士子無心鑽研學術，只在乎是否能及第登科，官祿之位更甚於學術研究，因此程朱官學逐漸凋敝，進而產生另一派反對的勢力，並逐漸為有心發展儒學者所接受。

因為中國學術思想向來是由士大夫所主導。只有在社會生活之經濟改變、社會秩序動盪，士人夫集團內部開始分化，對於社會低層之平民才有機會藉此反映其特色與能量。明朝中葉因為商業發達，經商資本擴大，社會繁榮富庶其實是表面景象，因為貧富之差距使人內心有衝突進而紛亂不定，因此產生緊張躍動的氛圍進而刺激人心，而且經濟影響社會世俗民風的改變。主掌社會脈動的道學思想，漸為部分士大夫所不滿。陳白沙、王陽明之出現，反叛正統派道學，此新的思想規模注入新觀念，進而漸漸改善傳統道學之陋習，「道學的左翼〔註6〕」。左傾之道學帶來思想界以很大的刺激，漸形成一嶄然的新思潮。但左翼道學其極端解放之結果，是陽明學派所始料未及。王國良云：

> 明代是中國歷史上非常獨特的時期，也是具有關鍵意義的時期。……自明代中期以後，社會歷史文化條件發生較明顯的變化，民情世風也為之大變。總的歷史趨勢是資本主義萌芽發榮滋長，鄉鎮規模不斷擴大，工商業不斷發展繁榮，鄉鎮人口不斷流入城鎮打工或做買賣，市民階層人數不斷增長，城市市民生活逐漸成為引人注目的中心，鄉村宗族宗法生活模式的約束力逐漸減弱。市民文化的浪漫洪

〔註5〕嵇文甫：《左派王學》（台北：國文天地雜誌社，1990年4月），頁4。
〔註6〕同上註，頁79。

流捲地而來，民間私人利益受到重視和提倡，凝固僵硬的綱常禮教趨於鬆弛和弱化。同時，統治階級內部矛盾和社會危機都不斷加深加劇，皇室、官僚、大地主不受制約的兼併土地，聚斂財富，民間不滿情緒高漲，農民局部起義有發生。程朱理學已難以繼續維持世道、禁錮人心，這是明代思想、也是宋明理學發展史上的關鍵事件。〔註7〕

社會經濟條件的變化，大眾日常生活的多樣化，民風逐漸不再純樸，禮教倫常的約束力減弱，人民對於理學所重視存天理去人欲的核心價值，接受度驟降，甚至覺得有違人情，因此此儒學重要的觀念與價值受到最大的挑戰。再者，破壞統治階級官方哲學的因素大多來自統治階級本身，但因為統治階級制度的專制，產生君臣內部的矛盾，而官員日漸貪腐，追名逐利，聚斂錢財。這樣的風氣使得理學的核心價值變成虛偽的說教。士大夫漸無法接受已經無生命力的舊學術思想，因此「明末反傳統風氣應溯自陽明，並非說陽明反對傳統儒學，而是陽明《傳習錄》中已隱約含有援儒入釋的傾向，遂逐漸形成其末流雜糅儒釋的變相王學以及反傳統的風氣。〔註8〕」王陽明的學說為學術注入一股新的生命與動力，其所反對的傳統儒學，便是已經被八股取士所僵化的程朱官學。

王陽明的心學是繼承朱熹的理學中心學的成分發展而來，最終以良知學說成為獨立體系。其與朱學最大的不同便是擺脫教條的束縛與經院習氣，並融合佛教禪宗思維，因此陽明學說的傳播引領晚明禪學的復興，造成晚明思想史的一個奇特景象。也正因為如此，陽明學說發展逐漸脫離儒學價值核心與宗旨，何佑森云：

> 《傳習錄》上卷所謂「草木瓦石的良知」，即顯然違背了《傳習錄》中卷〈答顧東橋書〉與〈答陸原靜書〉中所論良知的旨意。無敢於斷定由人的良知擴充到草木瓦石的良知間的差異，是否即是明末一輩假道學者借所謂現成良知而公然高喊反傳統口號的禍亂根源，不過清初如顧炎武、王夫之、顏元等一輩明末遺老，為爭孔

〔註7〕 王國良：〈王陽明良知學說與儒學核心價值的繼承與突破〉《明清時期儒學核心價值的轉換》（合肥：安徽大學出版社，2002 年 2 月），頁 107。

〔註8〕 何佑森：《清代學術思潮——何佑森先生學術論文集（下）》（台北：臺大出版中心，2010 年 3 月），頁 47。

孟傳統，爲分儒釋疆界，竭盡心力攻擊王學末流，進而歸罪陽明，說「陽明近禪處尤多」、說「以一人而易天下，其流風至於百有餘年之久者，其在於今，則王伯安（陽明）之良知是也。」說「王氏之學，一傳而爲王畿，再傳而爲李贄。」又說「姚江之學出，更橫拈聖言之近似者，竄入其禪宗，尤爲無忌憚之至。」姑且不論以上言論當與否，然良知説的流變，關係清初學術風氣的轉變則是事實。〔註9〕

王學興起有其時代背景與學術理想，起初並未如其末流般爲士大夫不認同與無法接受，但王學發展到末流爲何會產生乖離王學思想核心的情況？其原因乃是因爲王陽明所提倡之心學具有打破傳統的精神，但不免與傳統的禮制習俗相抵觸。再者，王陽明之出身仍是士大夫階層，故主觀意識濃厚，故仍堅守儒家門戶之見。但陽明學之左派諸人卻不再依循此傳統。有的出身下層社會，有的雖非出身下層社會，亦常在下層社會中活動，其生命逐漸接受下層社會的影響。王陽明本身爲士大夫階層，其學術仍可以堅守儒學傳統價值核心，但其末流的出身有些並非爲嚴守儒學分際的知識分子，故「在這樣複雜的群眾間，士大夫的氣息自然要消除幾分。況且左派諸人都主張教學相長，主張『教不倦』即『學不厭』，主張『察邇言』，『取諸人以爲善』。他們看那班牧豎樵夫都是共學的師友，都有可『察』，都有可『取』。這使他們的意識自然漸漸的下層社會化了。下層社會於傳統的禮教濡染不深，腦子裏原沒有那樣許多格套，其倫理觀念和士大夫很有些差異。他們不僅像陽明那樣不拘守居喪小節，他們簡直把綱常名教根本動搖了。〔註10〕」

何佑森云：「明末清初學者所謂的王學末流，指的是泰州、龍溪以下，如李贄、周汝登、陶氏兄弟，以及石樑弟子，他們的學說流行將近百年，到了清初，才逐漸式微以至消失。泰州諸子不重傳統，不尊孔子，不假文字，講求本體而忽視工夫，二在自得而教人不學。清初學者不然，他們都以改變明末學風作爲他們共同的目標，他們心中只有一個孔子，以爲要挽救風俗人心必須先要講明孔子之學，於是他們特提《論語》中下學而上達的工夫，教人以實濟虛，以工夫明本體，不要將工夫與本體分爲兩截。固

〔註9〕 何佑森：《清代學術思潮——何佑森先生學術論文集（下）》（臺北：臺大出版中心，2010年3月），頁47。
〔註10〕 同上註，頁81～82。

然，不講本體則工夫失去方向，但不論工夫則本體終究是一概念。孔子罕言性與天道，清初學者亦罕言性與天道。《論語》言中時時說一學字，清初學者亦時時要學爲孔子。學是一種工夫。而泰州諸子說人都是現現成成的聖人，才學，便多了，卻教人不學。清初學者不以爲人都是現成的聖人，所以要學爲聖人，學做孔子，這是清初學者表現在治學上的唯一不變的態度。〔註11〕」王學的末流將儒學之經典束之高閣而不觀，更不尊重儒家創始人孔子，亦忽略儒家思想重視的生命修養工夫，現成聖人的「狂禪」之名不脛而走。「王學末流」已經完全偏離王陽明心學之宗旨，更嚴重違背儒家思想之核心價值，崇尚儒家思想的知識分子對王學末流的狂妄行徑已經到極盡反彈的程度。梁啟超云：「何況陽明這邊的末流，也放縱得不成話，如何心隱（本名梁汝元）、李卓吾（贄）等輩，簡直變成一個『花和尚』。他們提倡的『酒色財氣不礙菩提路』，把個人道德、社會道德一切藩籬都衝破了，如何能令敵派人心服？〔註12〕」因此最貼近孔子思想的《論語》成了讀書人反對王學的學術根基。

明末的政治與社會狀況，因宦官專權，政治腐敗。社會民眾受到貪官汙吏的剝削，人禍不斷又適逢饑荒。張獻忠、李自成舉兵攻破京城，逼死崇禎皇帝。至於軍事上，朝臣不和，守疆大臣屢遭殺害，清兵乃得入關。而異族入主中原，引發民眾民族意識高漲，進而極力反抗。在此國家內憂外患而政治社會氛圍不平靜之下，受儒家思想薰陶愛國的知識分子，其所苦心經營的學術環境，亦因此國難，而產生巨大的變動。故「明清之際，之瑜、炎武、宗羲、夫之、顏元共同討論下學之本，各賦予了一個新的含義，充實了下學的內容，將《論語》提昇到與《五經》有同等價值的地位，泰州學風爲之一變，同時傳統儒家的學說與典籍逐漸受到普遍的受重視。〔註13〕」由此可知「尊經」思想已經成爲對抗王學末流與匡扶國政之利器。

謝承仁云：「中國經學之發展形態，歷來有幾種不同觀點，但從其社會功能來看，無非有三種不同的表現方式：從社會政治層面講，表現爲以『求用』

〔註11〕 何佑森：《清代學術思潮——何佑森先生學術論文集（下）》（台北：臺大出版中心，2010年3月），頁55～56。

〔註12〕 梁啟超：《中國近三百年學術史——清代學術概論合刊》（台北：里仁書局，1995年2月），頁5。

〔註13〕 何佑森：《清代學術思潮——何佑森先生學術論文集（下）》（台北：臺大出版中心，2010年3月），頁62～63。

為目的，今文經學為其代表；從歷史文化層面講，表現為以『求實』為目的，古文經為其代表；從哲學本體層面講，表現為以『聞道』為目的，宋學為其代表。〔註14〕」經學是自秦漢以來中學術的主要形式，也可以說是中國傳統學術思想的主流，中國學問一直都與經學有很密切的關係，對儒學文化而言，本來就有著豐富的內涵，然而各種學派之爭論，都只是因為對經典的不同詮釋而引發。故經學本有經世致用與崇實之精神，更有深厚的義理內涵。皮錫瑞云：

> 明永樂十二年，敕胡廣等修《五經大全》，頒行天下。此一代之盛事，自唐修《五經正義》後，越八百餘年而再見者也。乃所修之書，大為人姍笑。顧炎武謂：《春秋大全》全襲元人汪克寬《胡傳纂疏》，《詩經大全》全襲元人劉瑾《詩傳通釋》。其三經，後人皆不見舊書，亦未必不因前人也。取已成之書，鈔謄一過，上欺朝廷，下誑士子，唐、宋之時，有是事乎！經學之廢，實自此始。……元以宋儒之書取士，《禮記》猶存鄭注。明並此而去之，使學者全不觀古義，而代以陳澔之空疏固陋，《經義考》所目為兔園冊子者。故經學至明為極衰時代。而剝極生復，貞下起元，至國朝，經學昌明，乃再盛而駿駸復古。〔註15〕

明代永樂年間，敕撰《四書大全》與《五經大全》二書。其主要依據則是朱子學者的著述。以五經而言，《三禮》中的《禮記》，只採取元朱子學者陳澔的注，但陳澔的注極為淺陋。由於以朱學兩《大全》為「制義」科考的標準的依據，天下學者就不看其他的書，只知讀《四書》、《五經》求功名，而學術思想於是停滯僵化、經學沒落，造成空疏王學的盛行，因此動搖國本，影響士子心性，明代末年東林學派顧憲成制訂〈東林會約〉中提出「尊經」的思想，其云：

> 尊經云何？經，常道也，孔子表章六籍，程子表章《四書》，凡以昭往示來，維世教，覺人心，為天下留此常道也……至乃枵腹師心，目空千古，見子路曰「何必讀書，然後為學」，則亦從而和之；……。見象山曰「《六經》註我，我註之《六經》」，則亦從而和之。……審

〔註14〕 謝承仁：《經學歷史》（北京：人民出版社，2006年5月），頁688。
〔註15〕 同上註，頁317～318。

　　若是，孔子大聖一腔苦心，程朱大儒窮年畢力，都付諸東流也已矣。

　　然則承學將安所持循乎？異端曲說，紛紛藉藉，將安所取正哉？

〔註16〕

晚明「實學〔註17〕」思潮的主要代表是東林學派，他們多從王學中分離出來轉而批評王學，東林「尊經」反映了經學歷史上一次重大的變化，經學自兩漢後，越千餘年，至清朝而又再次興盛。兩漢經學之所以得以盛行，是因爲尊崇經學、稽古右文。而清朝稽古右文，更是超軼前代，故經學更盛於兩漢。方祖猷云：

　　到了啓、禎之際，以經世爲特點的實學思潮開始高漲，經學經世的目的十分明確，經學的復興也有所發展，這表現在三個方面，一先是出現了繼東林學派之後以「復興古學」爲宗旨的復社，所謂的「古學」，即經學。其次，復社的重要人物錢謙益，對宋明經學予以初步總結，明確指出「以漢人爲宗旨」和「正經學」的口號。最後，復社的另一重要人物方以智，對經學復興作出了重要貢獻。〔註18〕

因此「明清之際經世學風的外觀，主要表現在對宋明理學的反省、批判，以及對經史之學的尊崇上。批判朱明理學的重點，在於諸大儒認爲『用心於內』的心性工夫近禪，是一種逃避現實，不能成就事功的空虛茫昧之學。諸大儒既嚴厲批判宋明理學『用心於內』的缺失，他們的學問傾向自然由『內』轉而向『外』，由『本』趨向『末』由『體』進而求『用』，而且他們縱使仍重視道德實踐，但默坐澄心以求證本體的內聖工夫已被平實的『下學上達』工夫取代了。至於諸大儒極度尊崇經史之學，是因爲他們認爲經術可以經世，經學可用以取代理學，而史學則有輔助經學之用。〔註19〕」

〔註16〕（清）高廷珍等：《東林書院志》（光緒七年1881年，無錫趙氏重刊本），卷2，頁7下～8上。

〔註17〕《中國實學思想史（上卷）》：「宋元明清時期，對『實學』所賦予的內涵，大體上是從『實體達用之學』的意義上來使用的。」葛榮晉主編：《中國實學思想史（上卷）》（北京：首都師範大學出版社，1994年9月），頁1。

〔註18〕方祖猷：《清初浙東學派論叢・明清之際經學思潮和史學思潮》（台北：萬卷樓，1996年7月），頁3。

〔註19〕林聰舜：《明清之際儒家思想的變遷與發展》（台北：臺灣學生書局，1990年10月），頁288～289。

士大夫歷史的自覺，從理學重心性的主觀闡釋之空疏，返古而回歸到經學重考據客觀求證之實學。故承晚明經學極衰之後，輕初開始推崇實學，以矯理學末流空疏之弊，故讀書人用力於漢學，重視經典之情況，連唐、宋都不及。

　　經學之復古運動代表的是明末的學術風氣，「尊經」的治學精神更是當代儒者為改進空疏義理之學的弊端而提出，藉此奠定清代考據學大盛之根基。謝承仁云：「今文經學治經，皆藉經典之『微言』以闡發社會政治之『大義』，在今文經看來，凡是與經邦濟世無關之學問，皆為迂闊不實之學。古文經學治經，最講求實事求是，無徵不信，最講嚴謹治學態度和實證治學方法，最具科學精神，清人稱之為『漢學』。而把程朱之學和陸王之學稱之為『宋學』，把理學家稱之為『宋儒』。程朱所謂的『理』與陸王所謂的『心性』，在一般漢學家的眼裡，都是一種『虛而不實』的東西，為了恢復被理學家歪曲之『理』與『心性』的本來面目，就必須回歸儒家原典。回歸儒家原典是以『復興漢學』形式表現出來的。……晚明由於王學勢力過於強大，占據主流思潮，古學（經學）復興運動還處於王學的陰影籠罩之下，還沒有人能夠把經學從理學體系中分離出來。但作為清代考據學興起之前奏，這股古學（經學）復興運動思潮重要意義是值得肯定。清初學風，是以樸學、經世致用思想為主。實學思潮的湧現，其實是對明代王陽明學術之反動。這種樸學治學作風，便是考據之學興生之思潮背景。〔註20〕」

　　清朝統治中國，兩百六十八年，是中國歷史時間長久之朝代。滿人以異族入主中土，因種族不同，故產生民族情緒上的衝突。清初儒者隱跡山林，不就官職。雖然清初康熙皇帝想藉由儒學治國，皇帝讀四書，並尊崇朱熹，開博學鴻詞科，延取士人，欲藉此攏絡士子，進而削減知識分子反清之思維，但因明末學術風氣已轉變為「尊經」、「崇實」的經世風潮。羅光云：「清朝的哲學思想，一方面和明末的哲學思想相連接，一方面受政治環境的影響，乃造成一種畸形的色彩，沒有走上正當發展的途徑。……明末學者的趨勢，因著國家家政治軍事的失敗，趨於實學。〔註21〕」故清初大儒，隱跡山林，逃避官職，專職從事著述，進而使清朝的儒學能開出新的學術風氣，譚丕模云：

〔註20〕謝承仁：《經學歷史》（北京：人民出版社，2006年5月），頁688。
〔註21〕羅光：《中國哲學思想史・清代篇》（台北：臺灣學生書局，1990年11月），
　　　　頁2。

「清代的學術思想，不同於漢唐的『注疏』，更不同於宋明的『理學』，是受其社會條件的決定。清代學術思想的特質，一般史論家稱之爲『樸學』。……一清代學術思想是實際的。清代學者，由於歷史的磨煉，不像宋明學者只從事於瞑想、遊談，而致力於非常實際的同題的研究，以作爲復國的準備。……二清代學術思想是致用的。清代學者，由於歷史的磨煉，不像宋明學者視『堯舜事並如浮雲過目』，而致力於經世致用的學問之探討。……三清代學術思想的研究方法是『近乎科學的』。清代學者受了歷史的磨煉，不像宋明學者單憑主觀的臆測、判斷，毫無根據地分析事理。〔註22〕」而無獨有偶的鄺士元亦云：

> 清代學術，既以「考據學」爲主流，它是主張從古經中尋求眞理，厭棄主觀，傾向客觀，排斥理論而提倡實踐，故稱「樸學」。又其治學方法，宗法兩漢經師，以名物訓詁爲主，注重考據，故又稱「漢學」或「考據學」。其特質約言之有下列三點：一、復古──梁啓超說：「清代學術，一言以蔽之曰：以復古爲解放。……二、科學──清儒之研究法，是頗近於科學的……三、致用──顧炎武曾說：「凡文之不關於六經之旨、當世之務者，一切不爲。」。清儒之治學精神，雖其所謂「用」是否眞爲有用，屬別一問題，但其使學問與社會之關係增加密度，爲不可諱言者。〔註23〕

因爲明末清初經歷政治動盪學者對儒家學術的反思，進而影響清代的學者，使之更接近實用與科學的治學精神，進而接受東漸之西學〔註24〕，開闊學術的眼界，建立儒學思想另一里程碑。

〔註22〕 譚丕模：《宋元明清思想史綱》（上海：上海世紀出版社，2011 年 12 月），頁 1～2。

〔註23〕 鄺士元：《中國學術思想史》（台北：里仁書局，2001 年 5 月），頁 413～414。

〔註24〕 鄺士元云：「明末共清初，西方基督教士源源來華，其最著者如利瑪竇、湯若望、龐迪我等都是曆算專家，與中國李之藻、徐光啓等往來，譯成曆算書籍甚多，在這種新環境下，學術風氣，當然變換。於是當時學風，便由「爲致用而學」一變而成「爲學問而學問」，尤其努力於考古的學問。」鄺士元：《中國學術思想史》（台北：里仁書局，2001 年 5 月），頁 412。

第二節　王夫之生平與學思歷程 〔註25〕

　　王夫之（1619～1692）於明萬曆四十七年（1619）己未九月初一日子時生於湖南省衡州府城（今衡陽市）南的湘江邊。字而農，別號「薑齋」，一號賣薑翁、中歲稱一壺道人，更名壺，一號一瓠道人或一瓠先生，或瓠道人或檮杌外史、雙髻外史、夕堂先生、大明典客、觀我生等稱號。晚年隱居在湘西石船山，故稱船山遺老、船山病叟，其又自號「船山老人」或「船山老農」，而學者稱之為「船山先生」。王夫之五十七歲深秋歸隱於荒僻湘水之西的石船山，並築草堂而居，作〈船山記〉說明「船山」之名的由來：

〔註25〕 王夫之生平參考下列資料：

《船山全書》（湖南（長沙）：嶽麓書社，1991 年 12 月第一版）。第十五冊《姜齋文集》、《顯考武夷府君行狀》、《船山詩文拾遺》、〈自題墓石〉；第十六冊《船山公年譜》、《王船山先生傳》、《湘潭王氏守遺經書屋本》。

（清）王之春編：《先船山公年譜》收入北京圖書館出版社影印室輯：《清初名儒年譜》第八冊（北京：北京圖書館出版社，2006 年）。

（清）劉毓崧編：《王船山先生年譜》收入北京圖書館出版社古籍影印室編著：《叢書人物傳記資料類編・儒林卷》第十三冊、第十四冊（北京：北京圖書館出版社，2006 年）。

王永祥：《船山學譜》收入北京圖書出版社影印室輯：《清初名儒年譜》第七冊（北京：北京圖書館出版社，2006 年）。

張西堂：《明王船山先生夫之年表》（原名《王船山學譜》）（台北：臺灣商務印書館，1978 年 7 月）。

曾昭旭：《王船山哲學・船山之生平》（台北：遠景出版，1983 年 2 月），第一編，頁 1～42。

嵇文甫：《王船山學術論叢・王船山的學術淵源》（北京：三聯書店，1978 年 10 月），頁 33～57。

鄧譚洲：《王船山傳論》（長沙：湖南人民出版社，1982 年 9 月）。第一章〈王船山生平事蹟〉，頁 1～68。第二章〈王船山思想產生的社會基礎和理論淵源〉，頁 69～97。

羅正鈞：《船山師友記》（長沙：嶽麓書社，1982 年 9 月）。

陸復初：《王夫之學案》（湖北：湖北人民出版社，1987 年 6 月）。

劉春建：《王夫之學行繫年》（鄭州：中州古籍出版社，1989 年 4 月）。

夏劍欽：《王夫之研究文集・王夫之傳略》（石家莊：河北教育出版社，1995 年 10 月），頁 3～115。

袁爾鉅：《大儒列傳王夫之》（長春：吉林文史出版社，1997 年 2 月）。

蕭萐父、許蘇民：《王夫之評傳》，收入《中國思想家評傳叢書》（南京：南京大學出版社，2002 年 4 月），頁 37～86。

王夫之生平與學思歷程的介紹，主要揀擇對其學思歷程有重大影響的事件與人物上著墨。

> 船山，山之岑有石如船，頑石也，而以之名。……顧於此閱寒暑者
> 十有七，而將畢命焉，因曰：此吾山也。……夫如是，船山者即吾
> 山也，奚爲而不可也！無可名之於四遠，無可名之於末世，偶然謂
> 之，歘然忘之，老且死，而船山者仍還其頑石。〔註26〕

因山之高處有如船形之石，故以「船山」名之，而王夫之以此山自況，由於
「船山」不論現實世界如何變化，依然屹立不搖，卓絕超然，不受世俗所影
響。王夫之便以船山頑石之精神自勵，希冀在亂世中砥礪節操、堅毅不撓，
不爲名利撼動心志。故於〈自題墓石〉：

> 有明遺臣行人王夫之字而農，葬於此。……自爲銘曰：抱劉越石之
> 孤忠而命無從致；希張橫渠之正學而力不能企。幸全歸於茲丘，固
> 銜恤以永世。〔註27〕

此一自題墓石，銘文言簡意賅，王夫之面對明末異族入侵，自許能與劉琨〔註
28〕（270~318）有相同的政治抱負與忠君愛國之志，明知不可爲而爲之的毅
力與精神。此外，其於治學與思想研究上則企慕張載之學王夫之於《張子正
蒙注》〈序論〉云：

> 謂之《正蒙》者，養蒙以聖功之正也。聖功久矣，大矣，而正之惟
> 其始。蒙者，知之始也。……張子之學，上承孔、孟之志，下救來
> 茲之失，如皎日麗天，無幽不燭，聖人復起，未有能易焉者也。……
> 張子之學曉然大明，以正童蒙之志於始，則浮屠生死之狂惑，不折
> 而自摧；陸子靜、王伯安之蠱然者，亦惡能傲君子以所獨知，而爲
> 浮屠作率獸食人之悵乎！……雖力之未逮，養之未熟，見爲登天之
> 難不可企及，而志於是則可至焉，不志於是未有能至者也，養蒙以

〔註26〕 《薑齋文集》，收入船山全書編輯委員會編校：《船山全書》第十五冊（湖南
（長沙）：嶽麓書社，1991 年 12 月第一版），卷 2，頁 128~129。

〔註27〕 （明）王夫之《薑齋文集補遺》，收入船山全書編輯委員會編校：《船山全書》
第十五冊（湖南（長沙）：嶽麓書社，1991 年 12 月第一版），卷 1，頁 229。

〔註28〕 劉琨（西元 270~318）字越石，晉魏昌人。惠帝時以功封廣武侯，元帝拜爲
侍中太尉。年輕時和祖逖要好，相約要做出一番事業，「聞雞起舞」一詞便出
自他們二人的典故。劉琨忠於晉室，負重望，爲段匹磾所忌被殺。有詩賦文
表行世。
王夫之《讀通鑑論》卷 13〈東晉元帝三〉：「琨乃以孤立之身，遊於豺狼之窟，
欲志之伸也，必不可得；即欲以頸血濺劉聰、石勒，報晉之宗社也，抑必不
能；是以君子深惜其愚也。」

是爲聖功之所自定，而邪說之淫盤不足以亂之矣，故曰《正蒙》也。

〔註29〕

王夫之一生以儒學思想爲其立身處世之宗旨，其認定張橫渠乃上承孔、孟之志，下救明末學術之失，具有儒家聖人復起之姿。其亦立志於張橫渠之學，雖如登天之難不能至，但只要立志之方向正確，將有成功之可能。因此王夫之以張橫渠學說爲端正明末空疏王學之學術思想內涵。

王夫之的著作十分豐富，逝世後，遺書散佚很多。據考證，目前仍傳世或有目可考的尚有一百多種，三百九十八卷。主要著作有：《張子正蒙注》、《尚書引義》、《禮記章句》、《周易外傳》、《周易內傳》、《周易大象解》、《周易稗疏》、《春秋稗疏》、《春秋家說》、《春秋世論》、《續春秋左氏傳博議》、《思問錄》內外篇、《俟解》、《老子衍》、《莊子通》、《莊子解》、《相宗絡索》、《讀四書大全說》、《四書訓義》、《四書箋解》、《四書稗疏》、《四書考異》、《黃書》、《噩夢》、《龍源夜話》、《愚鼓詞》、《讀通鑑論》、《宋論》、《永曆實錄》、《識小錄》、《詩廣傳》、《說文廣義》、《楚辭通釋》、《薑齋詩話》、《姜齋文集》、《南窗漫記》、《夕堂永日緒論》等。其重要著作，直到十九世紀才重新被發掘，著述之豐、層面之廣、思慮之精一代人無可出其右者，其以經書當作身爲儒者所應肩負之己任，其著述範疇主要是針對中國傳統思想文化進行全面、系統、精闢的批判、分析、研究外，並加以注解闡發，因此從其作品中可發現富有個人獨到見地並具有對當代改革性的創新言論。其與顧炎武、黃宗羲並稱清初三大儒者。可惜的事，王夫之長年隱居與學者亦不相來往，導致名聲不顯於當代，雖然其學術深度廣度皆足以與顧、黃並駕齊驅，但就當世而言，王夫之不如二者享富盛譽且對當代之影響亦不如二者。其次，王夫之始終以明之臣民自居，砥礪民族氣節，反對薙髮，終其一生皆完髮未薙，並堅守夷夏之防，在其著作中多用虜夷字眼影射清廷，更令其書隱晦不傳，即便有部分刊行於世者，亦多被刪削篡漏，仍是無法窺其全貌。但後世學者仔細考察研究後，發現王夫之學術內涵的豐富度並不少於顧炎武和黃宗羲兩大家。

王夫之誕生時，父王朝聘年五十，母譚孺人年四十三，叔父王廷聘年四十

〔註29〕　（明）王夫之：〈序論〉《張子正蒙注》，收入船山全書編輯委員會編校：《船山全書》第十二冊（湖南（長沙）：嶽麓書社，1991年12月第一版），頁9〜13。

四，長兄王介之年十四。王夫之先世原是太原人，出姬姓之後，後徙於高郵。
元以前，王家中衰無傳，故不可考，若追溯王朝聘而上，可考者乃十一世祖仲
一，始可系述。十一世祖與兄弟數人均從明太祖起兵逐元，平定天下以軍功顯
赫著名。十世祖全〔註30〕從成祖南下靖難，授衡州衛指揮，乃舉家遷至衡州衡
陽，遂籍於此。一直到五世祖翰，均以軍功顯。雖然王夫之先祖原以武職之功
勳顯名，但從六世祖王震開始轉變家風，始以文教傳家，尤篤志經述理學，曾
與被謫官於湖南的莊定山先生昶講性命之旨，而兩人更有詩文唱和。四世祖
寧，號一山居士，爲定山之門人，不復仕宦，居家以文墨教子弟，起家儒素。
其後，曾祖王雍，以文名著南楚，擔任江西南城縣學諭，家境漸充足富裕。至
王夫之祖父王惟敬，崇志節，尚氣誼，隱處自怡，出入皆有矩度，德操方嚴純
厚，名聞族里。但因家人不事生產，家道漸趨沒落。〔註31〕

　　王朝聘（1564～1647），字逸生，一字脩侯，學者稱武夷先生〔註32〕，王
夫之云：

> 先君子少從鄉大儒伍學父先生定相受業，先生授徒殆百人，先君子
> 爲領袖。雖從事制義，而究極天性物理，斟酌古今，以發抒心得之
> 實。……所授於學父先生者，天人理數財賦兵戎，周不貫洽，而未
> 嘗一語及之。〔註33〕

王朝聘雖研讀制義準備參加科考，但對斟酌古今之變與窮究心性物理之學則
更爲傾心，因而跟從同鄉大儒伍學父先生受業，此人對其學術思想之開展有
很大的啓發。羅正鈞云：

〔註30〕王夫之在〈顯考武夷府君行狀〉言十世祖諱全，九世祖諱成，在〈家世節錄〉
　　　　（王夫之三十七歲作品）言十世祖諱成，九世祖諱全，因〈顯考武夷府君行
　　　　狀〉（王夫之六十四歲作品）爲後出，應以十世祖諱全爲正。詳見曾昭旭：《王
　　　　船山哲學》（台北：遠景出版，1983年2月），頁1～42。
〔註31〕參考〈顯考武夷府君行狀〉、〈家世節錄〉兩篇文章，收入船山全書編輯委員
　　　　會編校：《船山全書》第十五冊（湖南（長沙）：嶽麓書社，1991年12月第一
　　　　版）。
〔註32〕〈姜齋公行述〉：「王父微君諱朝聘，字脩侯，以天啓辛酉副榜授迪功郎，棄
　　　　官隱居，受學於邑大儒伍學父先生定相，究極天性物理，以武夷爲朱子會心
　　　　之地，志游焉以題書壁，學者稱武夷先生。」（明）王敔：〈姜齋公行述〉，原
　　　　載金陵本《船山遺書》，收入船山全書編輯委員會編校：《船山全書》第十六
　　　　冊（湖南（長沙）：嶽麓書社，1991年12月第一版），頁79。
〔註33〕（明）王夫之：〈顯考武夷府君行狀〉，收入船山全書編輯委員會編校：《船山
　　　　全書》第十五冊（湖南（長沙）：嶽麓書社，1991年12月第一版），卷2，頁
　　　　111～112。

伍定相，字學父，一字玉鉉，衡陽人。萬曆時貢生。十三歲即通諸
經、性理、通鑑諸書，稍長，益縱覽群籍，褐衣敝屨，授徒以養母。
動靜語默，必與橫渠、延平兩先生相吻合。鄒泗山先生稱之曰：「居
敬窮理，實踐虛求，伍子一人而已。」爲學綜天文、地紀、人官、
物曲、兵農、水利之書，以淹貫爲主，船山之學，所由本也。

《《阮湘耆舊集》小傳、《陳聖典墓志》）〔註34〕

由「船山之學，所由本也」此句可知：因伍學父「動靜語默，必與橫渠、延
平兩先生相吻合。」間接影響王夫之以張橫渠爲正學，並依據張橫渠學說建
立「以氣爲本」之學術理論。〔註35〕此外，因伍學父爲學綜天文、地紀、人
官、物曲、兵農、水利之書等實學，使王朝聘對於天人理數財賦兵戎，亦無
不貫洽，進而影響王夫之崇實經世之學問方向。王夫之云：

先君子早問道於鄒泗山先生，承東廓之傳，以眞知實踐爲學。當羅
李之徒，紛紜樹幟，獨發光退處，不立崖岸。衣冠時制，言動和易，
自提誠意，爲省察密用。閒居斗室，閉目端坐，寂然竟日，不聞音
響。憂患沓至，睟容不改。大怒不叱，大喜不啓齒而笑，則不孝兄
弟自有識以來，日炙而莫窺其際者也。〔註36〕

王朝聘早年曾問道於東廓先生鄒守益之孫鄒泗山，其以「眞知實踐爲學」，
並自提「誠意」爲省察密用之修養方法。鄒泗山影響王朝聘不與當時空疏
王學相合，此外，對於王夫之重誠意之學的修養功夫亦有所啓發。王夫之
云：

先君諱朝聘，字逸生，一字脩侯，志考閩山之游，以顔其居，學者
稱武夷先生。少師事邑大儒伍學父先生定相，研極群籍。已游鄒泗
山先生之門，講性命之學。萬曆間，爲新建學者甚盛，淫于浮屠。
先君敦尚踐履，不務頑空。嘗曰：「先正有言，難克處克將去，此入

〔註34〕　羅正鈞：《船山師友記》（長沙：嶽麓書社，1982年9月），頁72。

〔註35〕　〈船山先生王夫之〉：「其學深博無涯涘，獨不喜陸子靜、王伯安之說。原本
淵源，尤在《正蒙注》一書，往復辨論，所以歸咎於上蔡、象山、姚江者甚
峻。」收入船山全書編輯委員會編校：《船山全書》第十六冊（湖南（長沙）：
嶽麓書社，1991年12月第一版），頁107。

〔註36〕　（明）王夫之：〈顯考武夷府君行狀〉，收入船山全書編輯委員會編校：《船山
全書》第十五冊（湖南（長沙）：嶽麓書社，1991年12月第一版），卷2，頁
112。

德第一持循處，吾力之而未能也。」一切玩好華靡，不留手目。篤
孝敦友，省心減務。窺所淵際，大概以克己爲之基也。雅不與佛老
人游。曾共釋憨山德清談義，已聞其論，咈然而退。終身未嘗向浮
屠老子像前施一揖。〔註37〕

王朝聘跟從伍學父與鄒泗山兩先生學習，研極群經並講究尚踐履，不務頑空
的性命之學，不與佛老人游，終身未嘗向浮屠老子像前施一揖，此行爲深刻
影響王夫之乃以闢佛老爲其學問宗旨。此外，王父篤孝敦友並奠定以克己爲
學問之根基，律己甚嚴，省心減務，而一切玩好華靡，皆不留手目，過著簡
樸清心寡慾之生活。王夫之云：

當萬曆中年，新學浸淫天下，割裂聖經，依傍釋氏，附會良知之說。
先君子獨根極理要，宗濂洛正傳，以是七試鄉闈不第。逮天啓初，
禪學漸革，而先君子年已遲暮矣。辛酉闈牘，爲繆西溪先生王昌期
所賞拔，副考以觸其私諱置乙榜，用恩例入北廱，乃罷舉。……先
君子食止一盂飯，飲酒不盡一戔，衣無綺縠，嚴寒不親鱸火，泊然
無當世心。游歷吳楚燕趙，不以衣裾拂貴介之門。〔註38〕

王朝聘學問宗濂洛正傳，反對王學依傍釋氏而附會良知之說。其身爲一介書
生，冀望透過科舉考試走上仕途，施展抱負，以報效國家。然而科考之路卻
十分乖舛不順，參與七次鄉試不第，當時已年近五十。爾後再參加鄉試，本
已爲主考官王昌期所賞拔，但卻因對策誤觸副考官朱黃門之名諱，而被置於
乙榜，因只有藉熹宗登基所頒之恩例，特允副第者進入北京國子監就讀〔註
39〕。王朝聘性格耿介不阿，剛正凜然，遊學北廱十年，生活自適易安，淡薄
名利，不以衣裾拂顯貴之門。王夫之云：

〔註37〕 （明）王夫之：〈家世節錄·第十代武夷公〉，收入船山全書編輯委員會編校：
《船山全書》第十五冊（湖南（長沙）：嶽麓書社，1991年12月第一版），卷
10，頁215～216。

〔註38〕 （明）王夫之：〈顯考武夷府君行狀〉，收入船山全書編輯委員會編校：《船山
全書》第十五冊（湖南（長沙）：嶽麓書社，1991年12月第一版），卷2，頁
111。

〔註39〕 （明）王夫之：〈家世節錄·第十代武夷公〉：「先君以萬曆乙卯、辛酉兩副秋
榜，分考胡公允恭首薦，太史西溪繆公昌期業定錄名次，以對策中犯副考朱黃
門童蒙名，黃門不懌，置乙第。是年熹宗登極，以恩予副第者貢太學。先君年
已五袤，倦于文場，嘆曰：『余分在此，且筮一命，或得報政而邀王言，以補
祿養之不逮也。』遂應貢入辟廱。」收入船山全書編輯委員會編校：《船山全
書》第十五冊（湖南（長沙）：嶽麓書社，1991年12月第一版），卷10，頁217。

> 歷滿應部銓，時選政大壞，官以賄定，授正八品官。先君素矜風軌，及是相知聞高者，謂必罷選不就。〔註40〕

王朝聘北京國子監三年學習期滿，僅得一正八品的低階官銜，崇禎元年（1628）王朝聘再度進京參與選官，但當時銓敘之法敗壞，官吏皆索賄以定官位高低，而王朝聘堅持不賄賂，故碎牒而退。〔註41〕《同治衡陽縣志・王夫之列傳》云：

> 既歸閉門，以教授終身。性孤潔，居城中，或竟歲不入市。疾亟，移居衡山山下，曰：「死葬於此，無以櫬行城市也。」〔註42〕

王朝聘投牒既歸，閉門不與外界往來，以教授終老。其本性孤潔，雖居於城中，有時整年不入市。當其病重危急，則移居於衡山下，並告訴其子：若死則直接葬於此地，不要讓其棺木行於城市。此與其隱逸高潔之性格不謀而合，衷心不願沾染世俗之氣，得以在幽靜衡山中享其天年。王夫之云：

> 先君少治《詩》，徙治《春秋》。躡屩東經，走安成亭州問業，所向即傾動人士。已授生徒，精為研鑿。〔註43〕

王朝聘少時治《經》，後改精研《春秋》，並以此教授學生。而《春秋》成王夫之家學，藉此淵源奠定其研究經史之學術根基。陳祖武云：「王夫之潛心史籍，撰成《春秋家說》、《春秋世論》、《續春秋左氏傳博議》，藉評論春秋史事，來闡發自已的歷史和政治觀點。〔註44〕」

王夫之自幼接受父親嚴格之庭訓，讀書十分勤奮。十歲時，父受之經義〔註

〔註40〕（明）王夫之：〈家世節錄・第十代武夷公〉收入船山全書編輯委員會編校：《船山全書》第十五冊（湖南（長沙）：嶽麓書社，1991年12月第一版），卷10，頁217～218。

〔註41〕《同治衡陽縣志・王夫之列傳》中記載：「惟敬子朝聘，字修侯，天啟中副貢生。當選，官吏索賂，朝聘碎牒而退。」收入船山全書編輯委員會編校：《船山全書》第十六冊（湖南（長沙）：嶽麓書社，1991年12月第一版），頁109。

〔註42〕《同治衡陽縣志・王夫之列傳》，收入船山全書編輯委員會編校：《船山全書》第十六冊（湖南（長沙）：嶽麓書社，1991年12月第一版），頁109。

〔註43〕（明）王夫之：〈家世節錄・第十代武夷公〉，收入船山全書編輯委員會編校：《船山全書》第十五冊（湖南（長沙）：嶽麓書社，1991年12月第一版），卷10，頁218。

〔註44〕陳祖武：〈王夫之〉，收入船山全書編輯委員會編校：《船山全書》第十六冊（湖南（長沙）：嶽麓書社，1991年12月第一版），頁122。

〔註45〕王夫之在〈夕堂永日緒論・序〉云：「餘自束髮受業經義，十六而學韻語，閱古今人所作詩不下十萬，經義亦數萬首。」詳見《夕堂永日緒論》收入船山全書編輯委員會編校：《船山全書》第十五冊（湖南（長沙）：嶽麓書

45〕，十四歲考中秀才，因湖廣學政王志堅舉薦而入衡陽州學。〔註46〕他對王夫之治學方法有深刻啓發。羅正鈞云：

> 王志堅，字弱生，昆山人。父臨亨，進士，杭州府知府。志堅舉萬
> 曆三十八年進士，受南京兵部主事，遷員外郎、郎中。暇日邀同舍
> 郎爲讀史社，撰《讀史商語》。遷貴州提僉事，不赴，乞侍養歸。
> 天啓二年起督浙江驛傳，奔母喪歸。崇禎四年復以僉事督湖廣學
> 政，禮部推爲學政第一，六年卒於官。志堅少爲詩文，法唐宋名家。
> 通籍後，卜居吳門古南園，杜門卻掃，肆治經史。讀書先經後史，
> 先史後子、集。其讀經先箋疏而後辯論；讀史先證據而後發明；讀
> 子則謂唐宋而後無子，當收說家之有裨經史補之；讀集則定秦漢以
> 後古文爲五編，考核唐宋碑誌，援史傳，據雜說，以參核其事之同
> 異，文之純駁。其於內典，亦深辨性相之宗。作詩甚富，自選止七
> 十餘首。弟志長，字平仲，亦深於經學。（《明史・文苑》本傳）
> 〔註47〕

王志堅推薦王夫之入衡陽縣學讀書，王夫之不再只讀儒家典籍，兩年縣學求學時期，閱盡縣學藏書，進而得以接觸諸子百家之書，因此大大地闊展其學術視野。此外，王志堅求學問之方，十分合乎晚明回歸經典的學術思潮：先經後史，先史後子、集。此治學方法對王夫之由經入史的學術路徑有深刻影響。而何佑森云：「明人以講習討論爲學，而船山以博文篤行爲學。明末清初學者論學及一生行事，都可以都可說有這個傾向。〔註48〕」

社，1991 年 12 月第一版），頁 817。按：「束髮」是我國古代對成童結髮纓的一種禮儀，一般在八歲左右。「經義」是科舉考試所用的文體之一，是從儒家經籍中擇選一句爲題，讓儒生撰寫文章。唐代以來以此科舉取士，明清兩代，「經義」變爲八股文，稱制藝、時藝或時文。因此對待「經義」的態度便是一個士子看待科舉的態度。王夫之在十歲前後受「經義」，並閱讀古今人所作的「經義」數萬首，此時的他無疑是積極的欲往科舉取士的仕途邁進。

〔註46〕 （明）王敔：〈大行府君行述〉「年十四，督學王聞修先生諱志堅拔入學。」收入船山全書編輯委員會編校：《船山全書》第十六冊（湖南（長沙）：嶽麓書社，1991 年 12 月第一版），頁 70。

〔註47〕 羅正鈞：《船山師友記》（長沙：嶽麓書社，1982 年 9 月），頁 14。

〔註48〕 何佑森：《清代學術思潮——何佑森先生學術論文集（下）》（台北：臺大出版中心，2010 年 3 月），頁 62。

　　至於，韻文的學習，王夫之在〈述病枕憶得〉：「餘年十六，始從裡中知四聲者問韻，……已而受教於叔父牧石先生，知比耦結構……。〔註49〕」王夫之從十六歲（1634）開始向叔父王廷聘學習詩韻與對偶，叔父有詩作數百首，但今已亡佚。叔父對王夫之的詩風與詩學理論有很深的影響。

　　王夫之因年少氣高，關心時政，有救國之志。且當時文人結社風氣鼎盛，王夫之二十歲以詩文會友，參加鄺鵬升的「行社」。次年，再參加好友郭鳳躚、管嗣裘、文之勇之「匡社」。陳祖武云：

> 當時，文人結社的風氣由江南蔓延兩湖。自崇禎十一年（一六三八年）起，涉世未深的王夫之，先後參加了湖南文士結成的「行社」、「匡社」。連年詩文會友，「以雕蟲問世」，自然要耽誤學業，因此還受到他父親的訶責。老人耳提面命，告誡他不能徒尚口舌，追逐聲名，應當走躬行踐履的為學道路。〔註50〕

但王夫之父親卻對其子積極參與結社，不表贊同。並告誡他不能只逞口舌之能，而起追逐聲名之心，應當用心學業，走篤實躬行踐履之為學道路，才能以真才實學報效國家。〔註51〕王敔云：

> 崇禎十五年壬午，以春秋魁與伯父石崖先生同登鄉榜。大主考為太史吉水郭公之祥，諫議大興孫公承澤，房師則安福歐陽方然先生介也。華亭章公諱曠，江門蔡公諱道憲，是科俱為分考，時國勢漸不可支，出場後遂共引為知己，以志節相砥礪。〔註52〕

王夫之於崇禎十五年（1642）24歲時中鄉試第五名春秋經魁〔註53〕，且與長

〔註49〕（明）王夫之：〈述病枕憶得〉，收入船山全書編輯委員會編校：《船山全書》第十五冊（湖南（長沙）：嶽麓書社，1991年12月第一版），頁681。

〔註50〕陳祖武：〈王夫之〉，原載於《清代人物傳稿》，收入船山全書編輯委員會編校：《船山全書》第十六冊（湖南（長沙）：嶽麓書社，1991年12月第一版），頁114。

〔註51〕《同治衡陽縣志‧王夫之列傳》：「夫之少通博，意氣不可一世。朝聘嚴約之，乃極覽宋儒性命之學，尤喜張載書，顧為文浩瀁充沛，一往不窮。」收入船山全書編輯委員會編校：《船山全書》第十六冊（湖南（長沙）：嶽麓書社，1991年12月第一版），頁109。

〔註52〕（明）王敔：〈大行府君行述〉，收入船山全書編輯委員會編校：《船山全書》第十六冊（湖南（長沙）：嶽麓書社，1991年12月第一版），頁79。

〔註53〕（清）劉毓崧：《王船山先生年譜》：「九月，榜發，中式第五名春秋經魁。」收入船山全書編輯委員會編校：《船山全書》第十六冊（湖南（長沙）：嶽麓書社，1991年12月第一版），頁158。

兄王介之同榜。並受到督學高世泰〔註 54〕、考官歐陽霖、章曠等看重，對其
人格與學養皆有重大的影響。羅正鈞云：

> 高世泰，字匯旃，無錫人，崇禎中督學湖廣，究經史，崇尚理學，
> 博徵名儒，讀書濂溪書院，以名節砥礪。著有《三楚文獻錄》。世泰
> 少侍從父左都御史攀龍講席，晚年以東林先緒爲己任，……。〔註 55〕

高世泰主湖廣學政時，評論王夫之作品：「忠肝義膽，情見乎詞。〔註 56〕」王
夫之在《蓮峰志》中提及，並獨尊世泰爲「吾師」〔註 57〕。透露出王夫之與
東林學派的思想淵源。方祖猷云：

> 晚明實學思潮的主要代表是東林學派，他們多從王學中分離出來轉
> 而批評王學，繼續了羅欽順的途徑。如顧憲成在揭示《東林會約》
> 的「尊經」時，以「經，常道也」的命題，代替了王陽明的六經爲
> 「吾心之常道」的命題，一舉而把「吾心」兩字抹去反映了經學歷
> 史上一次重大的變化，即從主觀的闡釋，回歸到客觀的求證，已成
> 爲歷史的自覺。顧氏的友人高攀龍以聖人之心代替了「吾心」，明確
> 提出：「返求諸六經」的口號。〔註 58〕

王學不研讀六經所造成不重視儒家人倫關係之道德思想，進而產生虛無主義
和經學的敗亡，讓明末學術淺薄無根。東林學派與其餘緒多從王學中分離出
來，轉而批評王學，明末知識分子對現況的變化有其歷史自覺，思想主流從
主觀的闡釋回歸到客觀的求證，除了高世泰的父親高攀龍提出「返求諸六經」

〔註 54〕 羅正鈞：「先生淵源家學，其以文受知者，〈行狀〉所述數公，自歐陽方然外，
均未嘗著之言論，惟匯旃先生，《逸文》自序及《蓮峰志》皆稱之爲師。《南
窗漫記》係晚年之作，猶拳拳追念，不知《行狀》何以獨遺之？考《小腆紀
傳》，匯旃入本朝，隱居不仕，講學東林，康熙中葉猶存，而與先生音問互絕，
則以道遠之故，而先生又遁跡深山也。」羅正鈞：《船山師友記》（長沙：嶽
麓書社，1982 年 9 月），頁 18。

〔註 55〕 羅正鈞：《船山師友記》（長沙：嶽麓書社，1982 年 9 月），頁 17。高世泰生
平可見於《國史‧儒林‧高愈傳》、《湖南通志‧名宦傳》。

〔註 56〕 羅正鈞：《船山師友記》（長沙：嶽麓書社，1982 年 9 月），頁 17。

〔註 57〕 王夫之云：「自譚寒河後，近之遊者，有吾師高匯旃先生世泰，令楚撫堵公胤
錫。……」（明）王夫之：〈彭大令〉《蓮峰志‧名遊》收入船山全書編輯委員
會編校：《船山全書》第十一冊（湖南（長沙）：嶽麓書社，1991 年 12 月第一
版），卷 3，頁 631。

〔註 58〕 方祖猷：《清初浙東學派論叢‧明清之際經學思潮和史學思潮》（台北：萬卷
樓，1996 年 7 月），頁 3。

的口號。王夫之好友即復社的方以智亦是經學復興的重要人物〔註59〕，由此可知，王夫之經學思想受東林學派非常深遠地影響。王敔云：

> 是冬上計偕，行至南昌，道梗，歐陽先生諭以歸養。明年癸未，張
> 獻忠陷武昌。逮陷衡州，紳士多反面納款；其不降者，賊投之湘水。
> 亡考匿南岳雙髻峰，大父為偽吏所得，挾質以召伯父與亡考。大父
> 迫欲自裁，亡考哀窘，匿伯父，自刺身作重創，傅以毒藥，舁至賊
> 所。賊不不能屈，得脫於難，復返岳峰。〔註60〕

崇禎十六年（1643）王夫之與長兄介之走水路，同赴京參加會試，當時，因兵馬倥傯，戰火不斷，北上道路已不通，故暫時無法應試。翌年，張獻忠攻陷衡州，欲招納賢士，重新建立政權，但當地士大夫不屈服者，張獻忠皆縛而投之於湘水。王夫之同其兄介之匿居南岳蓮花峰下，拒不受聘。張獻忠為迫使王夫之兄弟就範，將王朝聘扣押作為人質，更欲殺害之。王夫之聞訊，安頓好介之藏身之處後，用利刃刺傷肢體，請人把他抬到張獻忠營地，張獻忠無法使其屈服，王夫之趁其不備，帶父逃回南岳蓮花峰。

　　崇禎十七年（1644），王夫之二十六歲，三月十七日李自成攻陷京師，吳三桂引清兵入關入國都，逼走李自成。而王夫之於此年五月清兵攻克明軍於北京，王夫之始聞國變，哀慟不已，數日未食，作《悲憤詩》一百韻，凡吟輒哭。而明福王由崧於南京建立新政權，次年，為弘光元年，同年五月清兵下金陵，明總兵田雄劫福王，福王降，王夫之聞國變又續作《悲憤詩》一百韻。明唐王聿健重立政權於福州，為隆武元年。王敔云：「乙酉以還，走入永興，將入猺峒，以徵君病，不能往。〔註61〕」隆武元年乙酉，王夫之稱父病，侍奉父親躲避兵亂，入永興之猺洞。隆武二年八月，清兵下汀州，明唐王被抓，王夫之聞國變，再作《續悲憤詩》一百韻。同年十月，瞿式耜等擁立桂王由榔再立政權於肇慶，改明之年號為永曆。王敔云：

〔註59〕　方祖猷云：「復社的另一重要人物方以智，對經學復興作出了重要貢獻。」方
　　　　　祖猷《清初浙東學派論叢・明清之際經學思潮和史學思潮》（台北：萬卷樓，
　　　　　1996年7月），頁3。

〔註60〕　（明）王敔：〈大行府君行述〉，收入船山全書編輯委員會編校：《船山全書》
　　　　　第十六冊（湖南（長沙）：嶽麓書社，1991年12月第一版），頁70～71。

〔註61〕　（明）王敔：〈姜齋公行述〉，原載金陵本《船山遺書》，收入船山全書編輯委
　　　　　員會編校：《船山全書》第十六冊（湖南（長沙）：嶽麓書社，1991年12月第
　　　　　一版），頁79。

清順治四年丁亥，收湖南。是冬王父棄世。亡考營葬岳後，旦夕悲
號，脣難西走。時前大學士瞿公式耜留守桂林，特章引薦。亡考疏
乞終喪。得旨云：「具見孝思，足徵恬品。著服闋另議。」已而歎曰：
「此非嚴光〔註62〕、魏野〔註63〕時也。違母遠出，以君爲命，死生
以之爾。」終制，就行人司行人介子之職。〔註64〕

清順治四年（1647），明永曆元年，王夫之二十九歲，清兵收湖南，是年冬十
一月，王朝聘逝世，年七十有八。明永曆三年，先生本於南嶽整理殘書，母
明白告知王夫之希望他離開衡州，再赴肇慶，追隨明桂王。友人瞿式耜特別
爲了邀請王夫之入閣，而申請閣試，欲引薦給桂王，桂王得知王夫之之父喪，
免其閣試，並授之行人司行人介子之職。王夫之於此段時間結交瞿式耜、嚴
起恒、金堡、劉湘客、鄭古愛、蒙正發、方以智〔註65〕等摯友，彼此以節操

〔註62〕 嚴光（生卒年不詳），又名遵，字子陵，東漢著名高士，生於西漢末年，會稽
郡餘姚縣（今浙江省寧波市餘姚市）人。原姓莊，因避東漢明帝劉莊諱而改
姓嚴。與光武帝同遊學，及光武即位，乃變更姓名，隱居富春山，耕釣以終。

〔註63〕 魏野（960年～1020年），字仲先，號草堂居士，陝州陝縣（今屬河南）人。
終生布衣，築草堂於陝縣東郊。大中祥符四年（1011年），眞宗西行汾水時被
薦徵召，力辭不赴。結交三教九流，與寇準、王旦等往來，聲望在林逋之上。
能詩，師法姚合、賈島，宋僧文瑩《玉壺野史》說：「詩固無飄逸俊邁之氣，
但平樸而常不事虛語」。天禧三年（1019年）十二月九日卒，年六十。卒後贈
秘書省著作郎。有《草堂集》，其子魏閑又輯《鉅鹿東觀集》十卷。《宋史》
卷四五七、《東都事略》卷一一八有傳。

〔註64〕 （明）王敔：〈大行府君行述〉，收入船山全書編輯委員會編校：《船山全書》
第十六冊（湖南（長沙）：嶽麓書社，1991年12月第一版），頁71。

〔註65〕 〈方閣老以智〉：「方以智，字密之，直隸桐城人。姿抱暢達。早已文章譽望
動天下。父孔炤，萬曆丙辰進士，巡撫湖南，以失律逮下獄。阮大鋮與同郡，
尤忮害之，欲致孔炤於死，以智上計偕，忌者欲音文場害之，使絕營救。以
智佯爲不就試，已乃密入闈，中崇禎庚辰進士，選庶吉士，改編修。以智既
官禁苑，在廷稍爲孔炤伸理，得減死論。北都陷，以智間行歸里。大鋮黨欲
以從逆陷之，幾不免。南都陷，以智改姓名爲吳秀才，游南海，瞿式耜聞而
館之。會上即位於肇慶，擢左中允，充經筵講官。司禮監王坤奏薦大臣數十
人，給事中劉鼎抗疏言：內臣不得薦人。坤怒，疑疏出以智手，爲寢經筵。
以智既無宦情，講官之命爲式耜強授，又不見庸，遂掛冠去。客桂、柳間。
粵西稍定，就平樂之平西村，築室以居。以智詩仿錢、劉，平遠有局度，至
是放情山水，觸詠自適，與客語不及時事。楚、粵諸將多孔炤部校，欲迎以
智督其軍，以智咸拒謝之。永曆三年，超拜禮部尚書、東閣大學士，不拜。
詔遣行人李渾敦趨入直，以智野服辭謝，不赴。平樂陷，瑪蛟麟促以智降，
乃舍妻子爲浮屠去。（《永曆實錄》本傳」詳見羅正鈞：《船山師友記》（長沙：
嶽麓書社，1982年9月），頁56。

互相砥礪，生死與共，同以反清復明爲志業。其中又以方以智對其學術思想影響最大。方祖猷云：

> 他所作的《通雅》集晚明考證學之大成，大大超過楊愼和焦竑……
> 方以智是集大成者、又開清初經學的先河。方以智在小學考證中提
> 倡知古必須疑古，疑古必須考古；考古不能泥古，不讓古人才能不
> 泥古，這種推崇獨立思考，不墨守盲從的精神，顯然是宋明疑經思
> 潮和王學的影響所致。但他又反對「糞掃六經，師心杜撰」而與王
> 學不同，這又是受當時實學思潮影響所致。所以他的經學，實已開
> 始了王學與實學相結合、兩條治經道路殊途同歸的趨向。〔註66〕

方以智承襲東林學派尊經的思想並發揚光大，其於經學研究上重視小學的考證，但不因考證而有所偏廢，其不墨守、不泥古，強調學者應有獨立思考的精神，除了治學方法的變革之外，並將王學重主觀思維結合實學重外在客觀思想，更開啓合乎傳統儒學內聖外王並重之路。林聰舜云：

> 在宇宙觀方面，明清之際的儒者在突出「器」與「氣」的地位，反
> 對「理」或「道」存在於、「氣」或、「萬物」之外的反觀念論立場
> 上是一致的。這種主張反映出他們對宇宙間具體對象的重視，對現
> 實存在的眞實性的肯定，也表現出他們的心思已由玄虛的「理」世
> 界落實到具體的形色世界或事物世界。而且「氣」本身就代表生機
> 洋溢的力量，因此重氣的宇宙觀必然也是健動的「宇宙觀」，這又代
> 表當時儒者對「動的世界」的嚮往。〔註67〕

王夫之在永曆朝廷任官其間，對此朝廷官員之間賣官貪污，惡鬥不絕，大失所望。其於〈章靈賦〉中追述之：

> 故將死生以之，豈徒遯世無悶，而終隱之爲得哉？故涉歷險阻，涓
> 戒同志，枕戈待旦，以有事焉。而孤掌之附，自鳴自和，至於敗績，
> 雖云與儷戰者，敗亦非辱，而志事不遂，亦何榮焉？〔註68〕

〔註66〕 方祖猷：《清初浙東學派論叢·明清之際經學思潮和史學思潮》（台北：萬卷
　　　　樓，1996年7月），頁3～4。
〔註67〕 同上註，頁289～290。
〔註68〕 （明）王夫之：〈章靈賦〉《薑齋文集》收入船山全書編輯委員會編校：《船山
　　　　全書》第十五冊（湖南（長沙）：嶽麓書社，1991年12月第一版），卷8，頁
　　　　186。

> 己丑夏，復縶間道赴闕，拜行人，雖陳力之無可致其靖共，而悲憤
> 有懷，不能自匿，故有死諍之事。〔註69〕

> 唯余一意事主，不隨眾狂，而孤立無援，如彼何也。群姦畏死貪賕，
> 復陰戴孫可望，如舍日而媚虹。北辰固為天樞，非彼所思存，睽而
> 去之，如遺屣矣。既三諫不聽，諫道窮矣。乃以病乞身，遂離行闕。

> 而心念此去終天無見吾君之日，離魂不續，自此始也。〔註70〕

王夫之本寄望南明王朝，但親身參與其中，不見南明臣子的忠心與抱負，只
見人性的貪婪，畏懼死亡與隨波逐流，王夫之無法隨之起舞，感到孤立無援。
本想勸諫桂王，但奈何諫道阻塞不通，王夫之無計可施。乃稱病返家，此後，
桂王有意聘請王夫之任官，但皆被其辭而不受。鄧顯鶴云：

> 南渡後，走桂林，依瞿忠宣，薦授行人司行人，崎嶇楚粵滇黔間，
> 備歷艱險。後以母病間道歸，遂不復出。緬甸既覆沒，益自韜晦。
> 嘗匿常寧猺峒，變姓名為猺人。已築土室於石船山、名曰觀生居、
> 敗葉廬，又曰湘西草堂。晨夕杜門著書，滄桑黍離之感，生死不忘。
> 〔註71〕

王夫之以母病歸衡山侍奉，遂不復出。先生三十六歲徙居常寧西南鄉小祇園
側之西莊源，變姓為猺人，生計堪憂，然困阨中，仍不忘為學，並為常寧人
說《易》、《春秋》，此乃王夫之講學之始。

　　永曆十三年（1659），清軍攻入雲南，昆明失陷，桂王逃至緬甸。永曆十
五年（1661）清軍攻入緬甸，桂王被執，南明亡。次年，王夫之四十四歲，
居敗葉廬，得知此消息，又為之痛哭失聲，續作《悲憤詩》一百韻。

　　從王夫之歸隱後，在嶺南結識好友方以智。南明亡後，方以智遁入空門，
出家後更名弘智，字無可，別號藥地，隱居江西青原山。王夫之隱居著述期
間，杜門卻客，只有和方以智書信往來很密切，且詩詞唱和不絕，表現出對
方以智友情之厚，並且非常推崇方以智之學問。王夫之云：

〔註69〕　（明）王夫之：〈章靈賦〉《薑齋文集》收入船山全書編輯委員會編校：《船山
　　　　全書》第十五冊（湖南（長沙）：嶽麓書社，1991年12月第一版），卷8，頁
　　　　186。

〔註70〕　同上註，頁187。

〔註71〕　（清）鄧顯鶴：〈船山先生王夫之〉，原載《沅湘耆舊集》，收入船山全書編輯
　　　　委員會編校：《船山全書》第十六冊（湖南（長沙）：嶽麓書社，1991年12
　　　　月第一版），頁106～107。

密翁與其公子爲質測之學，誠學思兼致之實功。蓋格物者，即物以窮理，惟質測爲得之。若邵康節、蔡西山，則立一理以窮物，非格物也。〔註72〕

嵇文甫云：「『質測』即實驗，語見方氏所著《物理小識》。船山指出這種『質測』方法和邵、蔡等象數之學的區別，非常重要。因爲這就是近代科學所以區別於過去一切占驗迷信和博物志異諸書的一個基本要點。這時候西學已經開始輸入，船山對於利瑪竇等雖也有所指摘，但終不能不服其書器之精。當時自然科學成績最顯著的是曆算。所以船山對於什麼天人感應，五行災變，一切術數家言，都能灼見其謬妄，一一辭而闢之。……當然，這裏所講還遠遠不是當時自然科學發展的全貌。不過就這也已經可以看出，船山的確受到些科學室氣的薰陶。如果說科學每一次進步都會影響到哲學，如經作家所指示；那麼船山所處時代，的確使他接觸些新東西，另換一種眼界，其學術思想中具有許多開明進步因素，從唯心主義轉向唯物主義，也是很自然的了。〔註73〕」王夫之受方以致影響接近現代科學精神的質測之學有很大的興趣。近代科學有別於過去一切占驗迷信和博物志異諸書，所著中在於實驗。雖然王夫之的思想不算完全符合科學，但對其哲學思想有很大的啓迪。羅光云：「康熙時，且重用西洋天主教教士，從事科學的傳譯，後因祭天敬祖的禮儀問題。降旨驅逐教士出境，斷絕了傳習西洋科學的途徑。〔註74〕」可惜的事，清聖祖因祭天敬祖的禮儀問題驅逐西方傳教士，阻絕中國士大夫學習西方科學之路。鄺士元亦提及明末清初士子對「自然著迷的影響」：

晚明育兩部自然科學巨著，一爲徐霞客之霞客遊記，是一部中國實際調查一地理書，一爲宋長庚之天工開物，那是一部研究技藝用具的科學書。這兩部科學的巨著，不獨一洗明人不讀書、尚空談的流弊，而且更開清代重研究、喜踏實的風氣。〔註75〕

明清初的學者對自然科學與地理實察的學問有很大的興趣與理想。而方以智的質測之學乃受西方科學影響，與邵康節、蔡西山象數之學有區別。然王夫

〔註72〕（明）王夫之：《搔首問》，收入船山全書編輯委員會編校：《船山全書》第十二冊（湖南（長沙）：嶽麓書社，1991年12月第一版），頁637。
〔註73〕嵇文甫：〈王船山的學術淵源〉《王船山學術論叢》（北京：三聯書店，1978年10月），頁45～46。
〔註74〕羅光：《中國哲學思想史·清代篇》（臺北：學生書局，1990年11月），頁2。
〔註75〕鄺士元：《中國學術思想史》（台北：里仁書局，2001年5月），頁412。

之與方以智往來密切，間接受此自然科學的質測之學影響，並對其格物思想有重要啓發，王夫之所格之「物」非道德之物，而是具體形器之物。林聰舜云：

> 在知識問題方面，明清之際的儒者已普遍意識到知識的重要性，並有初步的知識理論的建立，尤其是方密之更熱衷於科學技術方面的知識追求。這種重視知識的表現，在以「成德之教」爲主我的儒學傳統裡，是相當難能可貴的，它代表當時儒者超越茫昧的努力，也代表他們企圖宰制客觀世界的雄心，而這種重知識的態度，也正是近代人重智性、重理性的前驅。〔註76〕

王夫之的格物之學，不再如王學爲心所賦予之物，而是現實世界之器物。《清史列傳》亦提及：「其說《易》，不信陳摶之學，亦不信京房之術，於先天諸圖及緯書雜說，排之甚力，而亦不空談元妙，附合老莊之旨。〔註77〕」王夫之論現實世界人事變化之《易》，亦不由空談元妙著手，故其學術從理學重視心性的內聖之學，逐漸走向實學重經世的外王之學。由於王夫之的時空背景乃政治動亂異族入侵的時代，爲了對抗清人與重振凋敝的國勢，明末清初哲學思潮重實達用學術風氣轉變，王夫之學術思想中亦具有許多開明進步之因素足以影響後代。

王夫之五十一歲（1669）冬，由敗葉廬遷住新築草屋「觀生居」，坐北向南，已感安適，而自題觀生居堂聯：「六經責我開生面，七尺從天乞活埋。〔註78〕」則是鄭重宣告：其堅持民族大義，寧死不屈！王夫之云：

> 方密之閦學逃禪潔己，受覺浪記蔚，主青原，屢招余將有所授，誦「人各有心」之詩以笑答之……。〔註79〕

王夫之精研佛、道，顯然之不是以佛、道爲精神寄託。其從佛、道中汲取豐富理論思維爲養分，藉以打破理學經過長時間發展，導致僵化而狹隘，且受

〔註76〕 林聰舜：《明清之際儒家思想的變遷與發展》（台北：臺灣學生書局，1990年10月），頁290。

〔註77〕 《清史列傳‧王夫之》，收入船山全書編輯委員會編校：《船山全書》第十六冊（湖南（長沙）：嶽麓書社，1991年12月第一版），頁106～107。

〔註78〕 （明）王夫之：《船山詩文拾遺》，收入船山全書編輯委員會編校：《船山全書》第十五冊（湖南（長沙）：嶽麓書社，1991年12月第一版），頁921。

〔註79〕 （明）王夫之：《南窗漫記》，收入船山全書編輯委員會編校：《船山全書》第十五冊（湖南（長沙）：嶽麓書社，1991年12月第一版），頁887。

儒學傳統的束縛，進而可以開闊學術眼界與心胸。王夫之五十三歲（1671）時，方以智一再來信勸其遁入空門，王夫之心中著實感激他能在患難中眞情相待，但以人各有志，他以儒學爲其學問之宗旨，不會輕易隱於佛道。做學問只求心靈自適逍遙，並堅守家訓，以民族復興爲志業，並投身於研究與注解傳統儒家文化經典之著作。王夫之認爲方以智是知心之友，他完全可以體會王夫之的學術方向與人生選擇。隔年（1672）聞方以智慘遭不幸之噩耗，悲傷至無法承受。因方以智是王夫之在學術思想與人生道路上，能互相切磋勉勵，而不可多得的重要精神支柱。王敔云：

> 吳三桂之抗命也，一時僞將招延，亡考堅避不出，或泛舟漻、湘間，訪故人以避之。及三桂僭號衡州，僞僚有屬亡考作勸進表者。亡考直答曰：「我安能作此天不蓋、地不載語耶！」其人大愕。亡考徐曰：「某先朝遺臣，誓不出仕，素不畏死。今何用不祥之人，發不祥之語耶？」其人讋縮而退。僭號在戊午，春盡也。其日亡考長嘯山中，作〈祓禊賦〉……時與前諫議蒙公正發酬答頗多，而二作明言其情，要之白不受點，抗獻忠，遠必正，遁定國，避三桂，異事同情，初終一致也。〔註80〕

平西王吳三桂抗清命發動三藩之亂〔註81〕欲反清，康熙十七年戊午春之三月，吳逆僭號於衡州，吳三桂爲了自己的利益，並不敢乘機收復中原的故土，反而是和清廷議和，王夫之從吳三桂此舉，看出其野心並不在反清復明，當吳三桂之邀其寫《勸進表》，王夫之以「安能作此天不蓋、地不載語」堅拒之，並逃至深山，作〈祓禊賦〉表明心跡，可知其人的胸懷坦蕩，其志之光風霽月，且始終如一。余廷燦云：

〔註80〕　（明）王敔：〈大行府君行述〉，收入船山全書編輯委員會編校：《船山全書》第十六冊（湖南（長沙）：嶽麓書社，1991 年 12 月第一版），頁 75。
潘宗洛云：「先生之未沒也，盛名爲湖南之冠。戊午春，吳逆僭號於衡，僞僚有以勸進表屬先生者。先生曰：『某本亡國遺臣，扶傾無力，抱憾天壤。國破以來，苟且食息，偷活人間，不祥極矣。今汝亦安用此不祥之人爲？』遂逃之深山，作〈祓禊賦〉。」（清）潘宗洛：〈船山先生傳〉，收入船山全書編輯委員會編校：《船山全書》第十六冊（湖南（長沙）：嶽麓書社，1991 年 12 月第一版），頁 89。

〔註81〕　清聖祖康熙十二年（1673），明降將平西王吳三桂因朝廷撤藩而起兵叛變，平南王尚可喜之子尚之信與靖南王耿仲明之子耿精忠等亦附之，後於康熙二十年遭平定，史稱爲「三藩之亂」。

> 吳逆既平，湖南中丞鄭公端聞而嘉之，屬郡守崔某餽粟帛請見。先
> 生以病辭，受其粟，返其帛。未幾，卒於石船山，葬於大樂山高節
> 里。〔註82〕

吳三桂爲清廷平定之後，湖南中丞鄭公端聞王夫之之義行，欲嘉勉之，衡陽郡守崔某以餽粟帛請見之。先生以病辭而不見，只受其粟，歸還其帛。不久，王夫之卒於康熙三十一年（1692）農曆正月初二日，享壽七十有四，葬於大樂山高節里。

王夫之暮年身體孱弱，但不畏艱難之困境，仍在湘西草堂潛心著述，堅持不輟。其頑強之勇氣與非凡的毅力，撰寫出了許多富含學術價值的著作。潘宗洛贊曰：

> 明之支藩，播遷海澨，先生非不知其無能爲也，猶間關跋涉，發讜
> 論，攻憸邪。終擯不用，隱而著書，其志有足悲者。以先生之才，
> 際我朝之興，改而圖仕，何患不達？而乃終老於船山，此所謂前明
> 之遺臣者乎！及三桂之亂，不屑勸進，抑又可謂我朝之貞士也哉！
>
> 〔註83〕

南明經歷四次政權之興迭，王夫之並非不知南明諸王之無能，但其仍是抱一臣之孤忠，願意勞碌奔波，跋涉千里，發正直警醒人心之言論，以攻擊邪惡奸人之私，傾力報效明朝。先生之才能卓越，本有許多被重用的機會，得以飛黃騰達，加官進爵，但其心中卻只以明之遺臣自許，所願者乃在侍奉明王。至吳三桂反清，請其撰寫《勸進表》一事，亦未撼動其心志，仍不屑榮華富貴與高位，潘宗洛所言「明朝之貞士」可謂其一生之寫照。

〔註82〕 （清）余廷燦：〈王船山先生傳〉，收入船山全書編輯委員會編校：《船山全書》
第十六冊（湖南（長沙）：嶽麓書社，1991年12月第一版），頁95。

〔註83〕 （清）潘宗洛：〈船山先生傳〉，收入船山全書編輯委員會編校：《船山全書》
第十六冊（湖南（長沙）：嶽麓書社，1991年12月第一版），頁89～90。

第三章　太虛之氣

　　本章主要在於說明王夫之氣論思想中以無形無狀虛空之氣爲本體，但此本體雖名爲「太虛」，但卻是一「實有」之本體。曾昭旭云：「吾人看船山之重言氣，絕不可誤解之爲『只是氣』，而當正解之爲『亦是氣』，『只是氣』便是唯物論（『唯』即是『只』義），『亦是氣』則即氣以顯體，與其前之儒學只是進路不同，實體不二也。……船山集中，提氣者甚多。氣者，存在之意，存在有全體之存在，有個體之存在，前者是指『宇宙之全體』，後者是指一一分殊之個體也。宇宙之全體即是無限之密藏與無限之活動過程，即是一切個體存在及活動之依據，故即有本體義。……船山以重宇宙真實存在無妄之存在性，故重即氣言體。〔註1〕」由上之論述可知，太虛之氣雖虛而無形但卻真實存在，更不因爲是氣便墮入唯物論之說。故王夫之氣論是以氣爲中心，開展出其他不同理論架構。

第一節　虛氣相涵之實有本體

　　太虛之氣乃王夫之氣論中繼承張載「虛空即氣」之思想，其「虛」中乃是虛涵氣，氣充虛，並認爲「氣」爲「實有」之「本體」而非「無」，故王夫之太虛之氣乃形上形下之一氣流行，將其氣論思想不再割裂本體與形氣爲形上下與有無二者，不僅止於提升氣被貶低之地位，更讓氣論之系統更有完整性。王夫之云：

〔註1〕　曾昭旭：《王船山哲學》（台北：遠景出版事業公司，1983年2月），頁329～
　　　　330。

太虛之爲體，氣也，氣未成象，人見其虛，充周無間者皆氣也。
〔註2〕

王夫之認爲天地之間空曠之「虛」由「氣」充滿天地使之相近。

虛，謂天地之間空曠；盈，謂天地相近而氣充滿。〔註3〕

人之所見爲太虛者，氣也，非虛也。虛涵氣，氣充虛，無有所謂無者。【敬按：先子《和陳白沙六經總在虛無裏詩》：「六經總在虛無裏，方信虛無不是無。」】〔註4〕

王夫之認爲「人之所見爲太虛者，氣也，非虛也。」高攀龍於〈與管東溟虞山精舍問答〉中：

翁曰：公近釋《正蒙》，且論太和何如？曰：張子謂虛空即氣，故指氣以見虛，猶易指陰陽以謂道也。曰：即此便不是謂氣在虛空中則可，豈可便以虛空爲氣。余曰：謂氣在虛空中，則是張子所謂以萬象爲太虛中所見之物。虛是虛，氣是氣，虛與氣不相資入者矣。翁但曰：總不是、總不是。余亦不敢與長者屢辨，而止。因思學問從入之途不同，斷無合并之理，吾儒以秩序命討自然之天理爲理，其自然之條理毫髮差池不得處，正是大覺。〔註5〕

高攀龍亦贊成張載「虛空即氣」「虛」乃充周無間者皆氣，並認爲「氣」爲「實有」之「本體」而非「無」之「虛」，故言「指氣以見虛，猶易指陰陽以謂道」，更反對「氣在虛空中」之「虛與氣不相資入」的「虛」、「氣」是二的狀況。張立文云：

張載以太虛爲氣的本然狀態，氣先是虛，虛就是氣。他說：「太虛者，氣之體。……形聚爲物，氣散形潰反原。」氣聚成形爲物，氣散形

〔註2〕（明）王夫之：〈可狀篇〉《張子正蒙注》，收入船山全書編輯委員會編校：《船山全書》第十二冊（湖南（長沙）：嶽麓書社，1991年12月第一版），卷9，頁377。

〔註3〕（明）王夫之：〈參兩篇〉《張子正蒙注》，收入船山全書編輯委員會編校：《船山全書》第十二冊（湖南（長沙）：嶽麓書社，1991年12月第一版），卷1，頁51。

〔註4〕（明）王夫之：〈太和篇〉《張子正蒙注》，收入船山全書編輯委員會編校：《船山全書》第十二冊（湖南（長沙）：嶽麓書社，1991年12月第一版），卷1，頁30。

〔註5〕（明）高攀龍：〈與管東溟虞山精舍問答〉，《高子遺書・經解類》，（台北：臺灣商務印書館，1983年，影印《文淵閣四庫全書》本），卷3，頁377。

潰反原，復歸太虛，太虛是氣的別名，二者涵義相當其區別在於，
太虛是無形之氣，氣的有形狀態是萬物，太虛不具備有形的屬性。
張載指出「太虛不能無氣，氣不能不聚而爲萬物，萬物不能不散而
爲太虛。」太虛的無形與萬物的有形是互相轉化的，因爲它們的根
據都是氣。〔註6〕

高攀龍藉由張載的話說「指氣見虛」，但高攀龍善用具體的東西作說明：「指
氣以見虛，猶易指陰陽以謂道也。」希望我們可以透過具體的東西，看到其
中所隱含的主體義。知道那具體的形氣是來自於虛空的元氣，由形氣看到主
體義。雖然他與張載皆言「虛空即氣」，但此與張載所言的重心不同。張載是
較具理論完整的說明，有一虛空的元氣，所以虛空即是氣，而此虛空的元氣
會凝結成具體的形氣。但高攀龍則不明白把元氣凝成形氣的過程說出，而是
直接把重點放在形氣上，說此形氣中可直接感受到主體義。所以高攀龍是較
圓融的說，非分解來說。因爲從氣本論發展的進程來看，高攀龍所處的時代
思潮，已經是氣學理論發展較成熟的時候，所以他不再由最原始的元氣凝結
成形氣的過程談論，而直接由已經創造完成的形氣來談元氣主體義中的
「虛」。王廷相云：

> 天地未形，唯有太空，空即太虛，沖然元氣。氣不離虛，虛不離氣。
> 天地日月萬形之種皆備於內，一絪蘊萌孽而萬有成質矣。是氣也者
> 乃太虛固有之物，無所求而來，無所從而去者。元氣之上無物，不
> 可知其所自，故曰太極，不可象名狀，故曰太虛。太極者，道化至
> 極之名，無象無數，而天地萬物莫不由之以生，實混沌未判之氣也，
> 故曰元氣。〔註7〕

王廷相甚至把「氣」提高到天地未形之前稱「太空」即張載的「太虛」，故其
稱此氣爲「沖然元氣」。張載云：

> 虛者天地之祖，天地從虛中來。〔註8〕

張載強調「太虛即氣」之「太虛」乃具體氣化生成萬物之根本。而「太虛」
因爲「虛」而無具體形狀，故可創生天地萬物。王廷相之「沖然」乃「氣不

〔註6〕　張立文：《中國哲學範疇精粹叢書——氣》（台北：漢興書局有限公司，1994
　　　　年5月），頁146。

〔註7〕　（明）王廷相：《王廷相集》，（北京：中華書局，1989年9月），頁849。

〔註8〕　（宋）張載：〈語錄下〉，《張載集·張子語錄》，（台北：漢京文化，1983年3
　　　　月），頁326。

離虛，虛不離氣」，「氣」乃「太虛」固有之物，此「沖然元氣」中充滿天地日月萬形之種，當氣氤氳之萌蘗，則創生萬有成質之物，因不可藉由耳目感官象其名狀，故曰「太虛」。其無象無數，天地萬物莫不由此太虛之氣而生，此太虛之氣實爲混沌未判之氣，故曰元氣。

> 視之而見，聽之而聞，則謂之有；目窮於視，耳窮於聽，則謂之無；功效可居，則謂之實；頑然寂靜，則謂之虛。故老氏以兩間爲橐籥，釋氏以法界爲夢幻，知有之有，而不知無之有；知虛之虛，而不知虛之實，因謂實不可居而有爲妄。〔註9〕

人習慣以自己耳目視聽來判斷「有」、「無」；並以有功效者爲「實」而頑然不易變化之寂靜爲「虛」。因此有老氏以天地兩間之虛空爲「橐籥」，《老子》:「天地之間，其猶橐籥乎？虛而不屈，動而愈出。〔註10〕」橐是最早的鼓風器，也是風箱的前身。橐，也稱「橐籥」。橐，以獸皮製成的風袋；籥，用竹管做成上面有吸氣和排氣的孔眼，皮囊受壓力鼓動，空氣即可從籥管中吸入或排出原指吹口管樂器，老子稱天地如同橐籥，乃用它比喻天地之體內本空虛無物，則越動則風愈出，此乃造物者之大自然使之。黃潤玉云：

> 四明方君必明，聞持一冊訪予，曰：「太虛六合之中，一氣橐籥，而水居三分氣之一，大地山岳，亦是氣舉之，非水之能載也」是氣也，貫乎水土之間，氣或久鬱騰于雲，則雨施于山，則泉湧，故《易》曰：「山澤通然」，然氣大鬱，則雨水過盛，沱滂而不可止過。〔註11〕

黃潤玉是以氣爲本體，而其五行之次序，則是以「水」爲最先，可知除了以氣爲本體之外，其非常重視水之素質。然此處特意提及黃潤玉乃因其有「一氣橐籥」的思想，乃是希冀以氣本論之「一氣橐籥」來對比老氏之以天地兩間之虛空爲「橐籥」的思維。

　　黃潤玉認爲在太虛無限時空氣化流行之世界中，上下四方，氣像風箱一樣進進出出，氣進出包括了往來、升降、隱顯、氤氳、上下等變動不息。六

〔註 9〕　（明）王夫之：〈可狀篇〉《張子正蒙注》，收入船山全書編輯委員會編校：《船山全書》第十二冊（湖南（長沙）：嶽麓書社，1991 年 12 月第一版），卷9，頁 361～362。

〔註10〕　朱謙之：《老子校釋・道經》，收入《新編諸子集成》第一輯（北京：中華書局，1998 年 12 月），第五章，頁 23。

〔註11〕　（明）黃潤玉：〈泉源遺響序〉《南山黃先生家傳集》（台北：國家圖書館善本書室，明藍格抄本），卷37。

虛六和之中，是一氣橐籥，而在氣的中間水就佔三分之一，於是三分之一的氣支撐大地山岳，而非水之能載也。古時認爲地下皆是水，地是漂浮在水上，但這裡指的地不是漂浮在水上，地是浮在氣上，黃潤玉認爲地上是天、是氣，地中也是氣，地下也是氣，於是氣承載著地，所以天、地、地下這三層面皆是氣，地上有水，居氣的三分之一，氣貫注水土之間，久之會凝結而上升到天上，即成雲，雲成雨，下到山中，山中之水成泉，山澤相通，而氣會凝結鬱積蒸騰，故雨水會過剩，而滂沱不可遏止。由此段文字的敘述，可知黃潤玉具體討論天地萬物的循環過程。其以更接近現實世界自然變化的文具描繪氣之創生萬物首出之五行爲水，故水爲五行之始的具體氣化「大地觀」，而認爲氣乃貫注於水土之間，使大地有生生不息的變化。

相對於老子之以天地兩間之虛空爲「橐籥」的思維，黃潤玉的六虛六和之「一氣橐籥」中有氣像風箱一樣進進出出，往來、升降、隱顯、氤氳、上下等變動不息。其說法與王夫之所謂「『聚散相盪』，聚則成而盪其散者之弱，散則游而盪其聚者之滯也。『升降相求』，陰必求陽，陽必求陰，以成生化也。『絪縕相揉』，氣本虛清，可以互入，而主輔多寡之不齊，揉離無定也。〔註12〕」氣之升降飛揚意義相近。此外，黃潤玉乃以氣化「一氣橐籥」爲理論核心觀察自然界之氣生水的模式說明其宇宙論，此與被王夫所反對的老氏以天地兩間之虛空爲「橐籥」有明顯的不同。

此外，王夫之認爲釋氏以現實世界之具體有形萬物爲夢幻泡影，老氏、釋氏兩者皆以現實具體有形之物爲「有」，而不知無形無狀之「無」仍可以爲眞實之「有」〔註13〕。知道無形無狀之虛空爲「虛」，而不知此「虛」之可以是眞實之存有，因此稱氣之實是不可無限居存，並識此「氣」之實有爲妄。

> 無形則人不得而見之，幽也。無形，非無形也，人之目力窮於微，
> 遂見爲無也。心量窮於大，耳目之力窮於小。〔註14〕

因無形則人不能見之，稱爲隱微不顯之「幽」，但無形不可見並非無，只是人

〔註12〕（明）王夫之：〈太和篇〉《張子正蒙注》，收入船山全書編輯委員會編校：《船山全書》第十二冊（湖南（長沙）：嶽麓書社，1991年12月第一版），卷1，頁54～55。

〔註13〕此乃王夫之以氣論觀點論佛、老。

〔註14〕（明）王夫之：〈太和篇〉《張子正蒙注》，收入船山全書編輯委員會編校：《船山全書》第十二冊（湖南（長沙）：嶽麓書社，1991年12月第一版），卷1，頁28。

的目力有窮於微，所以以爲隱微不顯即是無。但人之心量是無限大，而耳目能力對小而隱之狀態是無法辨別。

> 小，謂耳目心知見聞覺知之限量；大者，清虛一大之道體；末者，散而之無，疑於滅，聚而成有，疑於相緣以起而本無生。〔註15〕

因此耳目心知見聞覺知識的認之作用是有限量：而心量所欲窮盡之大者，乃清虛一大之道體。然而有形之物有聚散生滅，人誤以爲聚爲有，散爲無，並認爲是有條件互相爲因緣而產生，故視之爲無自性之生。

> 離明，在天爲日，在人爲目，光之所麗，乃著其形。有形則人得而見之，明也。〔註16〕

> 明則謂有，幽則謂無，眾人之陋爾；聖人不然。〔註17〕

人之耳目會受形之有無限制，而誤判眞實之有無。如日之離明，在天爲日，而人之目見之，可見光之所麗，故日之形顯而可見。因有形則人能藉目之能而能見之，此即所謂「明」。因此「明」者人則稱之爲「有」，反之目所無法看見之「幽」，便稱作「無」。

> 太虛即氣，絪縕之本體，陰陽合於太和，雖其實氣也，而未可名之爲氣。〔註18〕

太虛乃氣絪縕之本體，其中有陰陽相合亦稱爲太和，太和本質是氣，但因其同具陰陽二氣合而不悖，故未可只單純名之爲氣。

> 象未著，形未成，人但見太虛之同於一色，而不知其有陰陽自有無窮之應。〔註19〕

象未著，形未成，人囿於耳目心知見聞覺知限量之小體只見太虛之氣無形無狀絪縕之同一色，而不知此清虛一大之道體中，有其陰陽自有無窮創生之應。

〔註15〕 （明）王夫之：〈大心篇〉《張子正蒙注》，收入船山全書編輯委員會編校：《船山全書》第十二冊（湖南（長沙）：嶽麓書社，1991年12月第一版），卷4，頁153。

〔註16〕 （明）王夫之：〈太和篇〉《張子正蒙注》，收入船山全書編輯委員會編校：《船山全書》第十二冊（湖南（長沙）：嶽麓書社，1991年12月第一版），卷1，頁28。

〔註17〕 同上註，頁29。

〔註18〕 同上註，頁32。

〔註19〕 （明）王夫之：〈可狀篇〉《張子正蒙注》，收入船山全書編輯委員會編校：《船山全書》第十二冊（湖南（長沙）：嶽麓書社，1991年12月第一版），卷9，頁378。

> 陰陽二氣絪縕於宇宙，融結於萬彙，不相離，不相勝，無有陽而無
> 陰，無有陰而無陽，無有地而無天，無有天而無地。故《周易》並
> 建〈乾〉、〈坤〉為諸卦之統宗，不孤立也。〔註20〕

清虛之道體所具陰陽自有無窮創生之應，乃因陰陽二氣絪縕渾合充周無間於宇宙，陰陽二氣融結於萬彙形氣中，兩者存於其中不相離亦不相勝，所以物物皆無有陽而無陰、無有陰而無陽。故宇宙亦無有地而無天、無有天而無地之時。故說明天地創生與萬物運行規律之《周易》，則是並建〈乾〉、〈坤〉為諸卦之統宗，而不孤立陽或陰。張立文云：「世界萬物為什麼絪縕、動靜、變化？是氣這個和合體內部存在著互相對待、互相排斥，而又互相依存、互相融合的兩種力量或勢力、兩種性能或傾向。這裡的兩，是指陰陽：『升降飛揚，乃二氣和合之動幾，雖陰陽未形，而已全具殊質矣』。又說：『皆陰陽和合之氣所必有之幾』。陰陽在船山哲學邏輯結構中，作為實性範疇向虛性範疇的過渡的實虛範疇，可以象徵、替代天地、乾坤、父母、男女、上下、正負等等。所以陰陽『兩端』，即可象徵自然、社會、人生中對待的兩端。氣雖為一，為和合之體，由於氣固有地蘊含著陰陽兩端，所以氣為兩端之一，對待的和合，而非無兩端之一，無對待的和合。『一氣之中，二端既肇，摩之盪之而變化無窮』。一氣和合體之中，陰陽二端開始發生，便出現相互摩擦衝突，相互動盪搖動等作用，從而推動世界事物的變化無窮。〔註21〕」呂坤云：

> 形者，氣之橐籥也；氣者，形之線索也。無形，則氣無所憑藉以生；
> 無氣，則形無所鼓舞以為生。形須臾不可無氣，氣無形則萬古依然
> 在宇宙間也。〔註22〕

呂坤用「橐籥」來論形與氣之關係，而其所謂的「橐籥」並非老子所言「橐籥」之形上本體，而是萬物的形氣之身，與王夫之所言之「萬彙」之義同。而呂坤認為形上氣本體之「太虛元氣」是萬古不變依然存在於宇宙之間，因此無滅息之日，但人身之形體乃有限空間的「橐籥」，不可須臾無生生之「元氣」鼓舞充塞，若無則「橐籥」無「生氣」而死亡。

〔註20〕 （明）王夫之：〈坤〉《周易內傳》，收入船山全書編輯委員會編校：《船山全書》第一冊（湖南（長沙）：嶽麓書社，1991 年 12 月第一版），卷 1 上，頁74。

〔註21〕 張立文：《船山哲學》（台北：七略出版社，2000 年 12 月），頁 377～378。

〔註22〕 （明）呂坤：〈天地〉《呻吟語》，（台北：志一出版社，1994 年 7 月），卷 4，頁 189。

《周易》並建〈乾〉、〈坤〉爲大始，以陰陽至足者統六十二卦之變通。古今之遙，兩間之大，一物之性體，一事之功能，無有陰而無陽，無有陽而無陰，無有地而無天，無有天而無地。〔註23〕

《周易》並建〈乾〉、〈坤〉爲諸卦之統宗之大始，其不孤立陽或陰，而以陰陽至足者統六十二卦之變與通。由此可知，古今時間之遙，天地兩間之大，任一形物之性體，一事之功能，皆爲無有陰而無陽，無有陽而無陰之陰陽並建。此乃如宇宙之無有地而無天，無有天而無地。王廷相云：

天者，太虛氣化之先物也，地不得而並焉。天體成，則氣化屬之天矣；譬人化生之後，形自相禪也。是故太虛眞陽之氣感於太虛眞陰之氣，一化而爲日、星、雷、電，一化而爲月、雲、雨、露，則水火之種具矣。有水火，則蒸結而土生焉。日滷之成鹺，煉水之成膏，可類測矣。上則地之道也，故地可以每天，不得以對天，謂天之生之也。有土則物之生益眾，而地之化益大。金木者？水火土之所出，化之最末者也。〔註24〕

王廷相認爲天乃太虛首創之物，而太虛中藉由眞陽之氣感於太虛眞陰之氣創生天之日、星、雷、電與月、雲、雨、露，而其中並具水火之種。其又以火的有氣而無質和水之有質而不結，成爲五行創造的開始，而氣是萬物創生之源頭，一氣可以生化出火水兩個素質，水火再生出土，土中才生出木金。故王廷相提出太虛之「眞陽之氣感於太虛眞陰之氣」爲其氣化世界日新又新之本原。劉宗周云：

此人心中以陽統陰之象。盈天地閒，一氣而已矣，而陰陽分。非謂分一氣以爲陰，分一氣以爲陽也。一氣也，來而伸者，陽也。，往而屈者，陰也。來則必往，伸則必屈，總一陽之變化也。故盈天地閒，陽嘗爲主，而陰以輔之，陰不得與陽擬也，明矣。〔註25〕

劉宗周認爲盈天地間只有一氣，不是分一爲陽氣，一爲陰氣。一氣中本具動而創生之作用者爲陽與會靜而消失凝聚者爲陰，一氣中以陽爲主導者，因爲

〔註23〕（明）王夫之：〈乾〉《周易内傳》，收入船山全書編輯委員會編校：《船山全書》第一冊（湖南（長沙）：嶽麓書社，1991年12月第一版），卷1上，頁43。

〔註24〕（明）王廷相：《王廷相集》（北京：中華書局，1989年9月），頁752。

〔註25〕（明）劉宗周：《劉宗周全集》，（台北：中央研究院中國文哲研究所籌備處，1997年6月），第二冊，頁149。

生生動力是一氣流行重要作用，但陰陽是相互完成，故動靜無端而不會止息。此與王夫之「日新盛德，乾之道，天之化也。〔註26〕」，其「乾坤並建」乃以乾爲主的概念相同。

> 性天之旨盡於《易》，《易》卦陰陽互相參伍，隨時變易，而天人之蘊，幽明之故，吉凶大業之至賾備矣。〈乾〉有六陽，〈坤〉有六陰；而其交也，至〈屯〉、〈蒙〉而二陽參四陰，至〈需〉、〈訟〉而二陰參四陽，非陰陽之有缺也。〈屯〉、〈蒙〉之二陽麗於明，四陽處於幽，〈需〉、〈訟〉之二陰處於明，四陰處於幽；其形而見者爲〈屯〉、〈蒙〉，其隱而未見者爲〈鼎〉、〈革〉；形而見者爲〈需〉、〈訟〉，隱而未見者爲〈晉〉、〈明夷〉變易而各乘其時，居其位，成其法象，非所見者有，所不見者無也。故曰「〈乾〉、〈坤〉其《易》之縕邪」，言《易》藏畜陰陽，具足充滿，以因時而成六十二象。惟其富有，是以日新，有幽明而無有無，明矣。〔註27〕

王夫之認爲《易》並建〈乾〉、〈坤〉爲諸卦之統宗之大始，故其藏畜陰陽，每一卦象皆陰陽具足並充滿其間，而陰陽有其隱顯，並因時而形成六十二象。因各卦皆富有陰陽，而「《易‧繫傳》文。體異，故相感而合。以成乎不息之德。〔註28〕」是以《易》藉由卦之陰陽互相參伍，隨時變易，卦象的陰陽的隱顯變化顯現其各成時位的變異，日新月異地造成形氣世界法象之聚散變化，聚成形體之「有」與散而無狀之「無」。固天地之間有幽明變化而所謂有形與虛無之狀皆爲氣之「有」，惟太虛之氣中涵陰陽渾合變動不已的氣之「富有」，是以可「日新」創生而不輟，故知天地間之氣的變動情形乃以隱而幽或顯而離轉化不息，而不是受限於人之耳目小體所見之有與無的形體改變。由此可知天人之際蘊含於此幽明之故，且《易》之吉凶大業之至與陰陽之賾亦皆備於此矣。

〔註26〕　（明）王夫之：〈至當篇〉《張子正蒙注》，收入船山全書編輯委員會編校：《船山全書》第十二冊（湖南（長沙）：嶽麓書社，1991年12月第一版），卷5，頁195。

〔註27〕　（明）王夫之：〈太和篇〉《張子正蒙注》，收入船山全書編輯委員會編校：《船山全書》第十二冊（湖南（長沙）：嶽麓書社，1991年12月第一版），卷1，頁30。

〔註28〕　同上註，頁38。

第二節　太虛之神生萬變形質而不窮

　　太虛之氣性中本具神之良能，因為神乃氣之清者，無形無狀，故神之虛靈生生貫穿形氣萬象之中而無礙，因此可藉由氣化流行於種類繁雜之人倫庶物中，且不累於有形之事物，使氣之神無法無限創造。因此氣之神乃太虛創物之作用，亦是形氣世界能生生不息之因。

　　　　性，謂其自然之良能，未聚則虛，虛而能有，故神。虛則入萬象之
　　　　中而不礙，神則生萬變之質而不窮。〔註29〕

　　　　為主於無聲無臭之中而不累於無，流行於人倫庶物之繁而不累於
　　　　有，能明太虛之有實，乃可知萬象之皆神。〔註30〕

氣性即指太虛所具自然之良能，其氣之未聚則虛，但其雖虛而無形卻能以其陰陽渾合之體，無有間隙地實存於無聲無臭宇宙之間而不累於無，故可言其神。而此太虛的氣之神虛靈生生貫穿於形氣萬象之中而無礙，流行於人倫庶物之繁而不累於有，明白太虛之氣雖為氣之虛但確是實有之體。故可知萬象之皆神所為，而太虛之神則可藉陰陽二氣之靈動，無窮盡地創生萬變之形質。

　　　　太虛，至清之郛郭，固無體而不動；而塊然太虛之中，虛空即氣，
　　　　氣則動者也。此義未安。〔註31〕

　　　　塊然，猶言溘然，充滿盛動貌。徧太虛中皆氣也。〔註32〕

王夫之認為說「太虛，至清之郛郭，固無體而不動」，此義未安。雖塊然太虛之中，徧太虛中皆氣，氣本體自然之良能必動而溘然充滿盛動如雲氣湧起，但氣所充塞者，為無時空限制之宇宙，且太虛乃一實存且有體用之絕對本體，而非有限空間且無體而不動之至清郛郭。王廷相云：

　　　　氣為造化之宗樞。〔註33〕

〔註29〕（明）王夫之：〈可狀篇〉《張子正蒙注》，收入船山全書編輯委員會編校：《船山全書》第十二冊（湖南（長沙）：嶽麓書社，1991年12月第一版），卷9，頁359。
〔註30〕同上註，頁374。
〔註31〕（明）王夫之：〈參兩篇〉《張子正蒙注》，收入船山全書編輯委員會編校：《船山全書》第十二冊（湖南（長沙）：嶽麓書社，1991年12月第一版），卷1，頁50。
〔註32〕（明）王夫之：〈太和篇〉《張子正蒙注》，收入船山全書編輯委員會編校：《船山全書》第十二冊（湖南（長沙）：嶽麓書社，1991年12月第一版），卷1，頁27。
〔註33〕（明）王廷相：《王廷相集》，（北京：中華書局，1989年9月），頁755。

天地未生，只有元氣，元氣具，則造化人物之道理及此而在，故元
氣之上無物、無道、無理。〔註34〕

王廷相之太虛「元氣」其中含造化人物之道理，故可爲「造化之宗樞」。因此
氣本體如王夫之所言必動而瀚然充滿盛動爲生物造化之樞紐。然氣所充塞
者，爲無時空限制之宇宙，故此「元氣」之上無物、無道、無理，代表「太
虛」乃一實存且有體用之絕對本體。

氣之所至，神皆至焉。氣充塞而無間，神亦無間，明無不徹，用無
不利，神之爲德莫有盛焉矣。〔註35〕

氣充塞所至，氣之神皆至，非只運行於無體而不動有限空間之至清郛郭。故
氣充塞無間之宇宙，神亦無時空限制，明無不徹，用無不利，所以神創生之
德莫有盛焉。

氣之與神合者，固湛一也。〔註36〕

太虛之氣，無同無異，妙合而爲一，人之所受即此氣也。故其爲體，
湛定而合一，湛則物無可撓，一則無不可受。〔註37〕

湛，澄澈而止也。感而生，游氣交感而人資以生也。言太和絪縕爲
太虛，以有體無形爲性，可以資廣生大生而無所倚，道之本體也。

二氣之動，交感而生，凝滯而成物我之萬象，雖即太和不容已之大
用，而與本體之虛湛異矣。〔註38〕

太虛之氣，乃形上絕對本體，無同無異之別，太虛中本質之氣與氣中神用相
妙合而爲無有間隙之本體，故爲無形無狀、虛而實有之湛一本體。而此湛一
本體乃太和絪縕爲太虛，以其有體無形爲性，可以資廣生大生而無所倚，亦
所謂「道之本體」也。

〔註34〕　（明）王廷相：《王廷相集》，（北京：中華書局，1989 年 9 月），頁 842。

〔註35〕　（明）王夫之：〈神化篇〉《張子正蒙注》，收入船山全書編輯委員會編校：《船
山全書》第十二冊（湖南（長沙）：嶽麓書社，1991 年 12 月第一版），卷 2，
頁 78。

〔註36〕　（明）王夫之：〈誠明篇〉《張子正蒙注》，收入船山全書編輯委員會編校：《船
山全書》第十二冊（湖南（長沙）：嶽麓書社，1991 年 12 月第一版），卷 3，
頁 123。

〔註37〕　同上註。

〔註38〕　（明）王夫之：〈太和篇〉《張子正蒙注》，收入船山全書編輯委員會編校：《船
山全書》第十二冊（湖南（長沙）：嶽麓書社，1991 年 12 月第一版），卷 1，
頁 40～41。

但「道之本體」藉由二氣之動交感而生，凝滯而成物我之萬有形氣之象，此即太和不容已之大用，「隨時而起化者，必以健順、動止、浩、湛之幾爲與陰陽、翕闢、生殺之候相應以起用，不然，又將何以應乎時哉？〔註39〕」所以此太和不容已之大用隨時而起化，必以健順、動止、浩、湛之幾爲與陰陽、翕闢、生殺之候相應以起用，並以此應乎宇宙時位之變化。然而與本體之虛靜湛一有所不同。而人與天地之變化亦相應。因此人之初生受即太虛之氣游氣交感所資而生，故人以太虛之「湛一」爲本體，故湛定而合一，湛則澄澈而止，物無可攪擾、阻擾人清明之表現；故可貞定於一，則物無不可受，應物亦皆適切恰當。高攀龍云：

> 精者，精明不昏昧也；一者，純一不散亂也。惟此心精明純一，則
> 允復於喜怒哀樂未發之中，而人心皆道心矣。〔註40〕

王夫之之「湛一」如高攀龍之「精一」，其言精」乃「精明不昏昧」，即是形氣之心保持虛靈知覺而不迷失。「一」是「純一不散亂」即形氣之心在身中，而不起心動念，不受「識」之造作而逐於外物。故「不動心」乃允復於喜怒哀樂未發之「中」的「精一之心」，而此時「人心」之「識」爲「道心」之「覺」所主宰，因此形氣之人心表現皆是「天地之心」之道心之道德展現，故形氣之身其一舉一動表現皆爲全然道德。吳廷翰云：

> 聖人之學，精一而已矣。精者，察識之眞，人心道心皆必有以審其幾
> 焉。一者，持守之嚴，人心道心皆必有以守其正焉。如是，則人心之
> 危者有以節制之而安，道心之微者有以擴充之而著，是爲有得乎不偏
> 不倚之本體，而自無過不及之差矣，豈非信能執其中乎？〔註41〕

吳廷翰認爲聖人之學只是「精一」之「中」。「精」乃察識之眞，故人心道心皆必審其心動之幾。「一」乃持心守嚴，故人心、道心皆必有以守其正。進而達到「人心」危則有以節制之，故心安而不馳外而橈，「道心」微而擴充之，使之顯著。

〔註39〕（明）王夫之：〈神化篇〉《張子正蒙注》，收入船山全書編輯委員會編校：《船山全書》第十二冊（湖南（長沙）：嶽麓書社，1991年12月第一版），卷2，頁82。

〔註40〕（明）高攀龍：〈中說〉，《高子遺書‧經解類》，（台北：臺灣商務印書館，1983年，影印《文淵閣四庫全書》本），卷3，頁363。

〔註41〕（明）吳廷翰：《吳廷翰集‧吉齋漫錄》，（北京：中華書局，1982年2月），卷上，頁32。

神在形中。〔註42〕

老、釋以無在有外，夐然無對之孤光爲性，惟不知神之與氣，氣之與形，相淪貫而爲一體，虛者乃實之藏，而特聞見之所不逮爾。〔註43〕

王夫之反對老、釋以無在有外，夐然無對之孤光爲性，因太虛之「神」本在形氣之身體中爲人之心。孫應鰲云：

天地之德，元屬之矣。天地之所以爲天地渾然，唯此元氣也。故曰乾元，曰坤元。元氣之成象爲日、月，元氣之運行爲四時，元氣之變化爲鬼神，元氣之虛靈者之在人者爲心。〔註44〕

孫應鰲明白說出「元氣」之「易」其生生變化之「鬼神」，即爲氣之虛靈者，而此虛靈之鬼神在人身之形體中爲「心」。而王夫之認爲老、釋不知神之與氣，氣之與形，相淪貫而爲一體，而虛之神乃實體中之藏，而此特聞見之理有未逮。

陰陽之糟粕，聚而成形，故內而爲耳目口體，外而爲聲色臭味，雖皆神之所爲，而神不存焉矣，兩相攻取而喜怒生焉。心本神之舍也，馳神外徇，以從小體而趨合於外物，則神去心而心喪其主。知道者凝心之靈以存神，不溢喜，不遷怒，外物之順逆，如其分以應之，乃不留滯以爲心累，則物過吾前而吾已化之，性命之理不失而神恒爲主。舜之飯糗茹草與爲天於無以異，存神之至也。〔註45〕

此身體乃陰陽之糟粕，聚而成形，故身體之內而具耳目口體感官之能，身外有各種聲色臭味，兩相攻取而喜怒生焉，雖耳目口體感官之能乃氣之神所爲，而當身馳神外徇而小體之耳目趨合於外物與物接引而互爲攻取時，攻取之氣逐物而往，恆不知反，此時虛靈之神已無法表現其大用，如同身失其主，人之心神彷彿不存於身。

〔註42〕（明）王夫之：〈可狀篇〉《張子正蒙注》，收入船山全書編輯委員會編校：《船山全書》第十二冊（湖南（長沙）：嶽麓書社，1991年12月第一版），卷9，頁378。

〔註43〕同上註，頁362。

〔註44〕（明）孫應鰲：《淮海易談・孫應鰲文集》，收入貴州教育出版社編：《陽明學研究叢書》，（貴陽：貴州教育出版社，1990年），頁19。

〔註45〕（明）王夫之：〈神化篇〉《張子正蒙注》，收入船山全書編輯委員會編校：《船山全書》第十二冊（湖南（長沙）：嶽麓書社，1991年12月第一版），卷2，頁95。

攻取之氣，逐物而往，恆不知反。善反者，應物之感，不爲物引以
去，而斂之以體其湛一，則天理著矣。此操存捨亡之幾也。〔註46〕

善反於人本虛靈不執於物之狀態者，當面對物而感之時，可不爲物所牽引而
不與之攻取不息，並明白應凝心之靈以存神，不溢喜，不遷怒，故能面對外
物之順逆，恰如其分地應對之，因不執著而不留滯爲心之累，此乃不逐物而
收斂其心之神，並體物其人身本乃湛一，達到物過吾前而吾已化之，性命之
理不失，而神恆爲身之主。如此太虛之陰陽分致之天理昭著。此即是指人面
對太和不容已之大用，其所產生之外物變化時，人所應操存捨亡之幾。

第三節　太虛之氣聚散無始終

　　太虛之氣其虛空之情狀，表示太虛之氣乃屬無限無垠之本體層次，但此
太虛之氣不由形上形下來區分無形無限、有形有限，而是以無形之氣幽而隱，
有形之氣明而顯樣態之不同，說明兩者同爲太虛之氣，但只是在氣化世界中
樣態不同。無形之隱與有形之顯此兩狀樣態之氣，本原皆同爲太虛之氣，只
是表現不同情狀，但兩者本質相同。然而兩者差異性在於：顯而有形之氣，
因有其具體之物身，故因歲月之消逝，會見有損壞甚至是生機止息之一日，
但此有形之氣會回歸於無形之氣彌綸無涯中，並不會消失。王夫之云：「天地
之化，人物之生，皆具陰陽二氣。其中陽之性散，陰之性聚，陰抱陽而聚，
陽不能安於聚必散，其散也陰亦與之均散而返於太虛。〔註47〕」天地之氣化
創生人物，人物之中本皆具陰陽二氣。形氣之物中，陽氣之性質爲散，陰氣
之性質爲聚，兩者在形氣之物中之狀態是陰抱陽而聚，但由於陽不能安於陰
聚而不變化，故必會生生不斷表現其陽之發散作用，故當陽氣散，而形氣之
物中之陰氣亦與陽氣一同消散，而返於太虛。就太虛本體而言，此乃氣之只
有聚散、有無、隱顯之別，而無所謂生而存與死而滅之異。更因如此可保持
此太虛之氣保有其本體之位階而非只是唯物論所說氣是生物之材料。

〔註46〕　（明）王夫之：〈誠明篇〉《張子正蒙注》，收入船山全書編輯委員會編校：《船
　　　　　山全書》第十二冊（湖南（長沙）：嶽麓書社，1991 年 12 月第一版），卷 3，
　　　　　頁 126。
〔註47〕　（明）王夫之：〈太和篇〉《張子正蒙注》，收入船山全書編輯委員會編校：《船
　　　　　山全書》第十二冊（湖南（長沙）：嶽麓書社，1991 年 12 月第一版），卷 1，
　　　　　頁 57。

　　　虛空者，氣之量；氣彌綸無涯希微不形，則人見虛空而不見氣。凡
　　　虛空皆氣也，聚則顯，顯則謂之有；散則隱，隱則謂之無。神化者，
　　　氣之聚散不測之妙，然而有迹可見；……。〔註48〕

氣彌綸無涯希微不形，則人見虛空而不見氣。其實虛空乃氣充周量之表現。
其氣聚則出入爲人物則形，散而入太虛則不形，抑必有所從來。陰陽者氣之
二體，動靜者氣之二幾，體同而用異則相感而動，動而成象則靜，動靜之幾，
聚散、出入、形不形之從來也。孫應鰲云：

　　　生生者，不外於陰陽，不逐於陰陽，不倚於陰陽，不雜於陰陽，是
　　　以能生生也。此天地之心，即人之心也。邵子曰：「一動一靜之間，
　　　天地人之至妙者歟！」，得《易》者，得此一動一靜之間而已。

〔註49〕

「不外」、「不逐」、「不倚」、「不染」其皆指不執著而無心無爲之意，若執著於
陰陽相生便是不合於順應之理，故此處孫應鰲藉陰陽強調「生生」之自主性。
邵雍認爲動靜相生正是天地人至妙之創造作用，乃可由陰陽一動一靜之間，窺
得《易》生生之大妙。然而孫應鰲不謂「一陰一陽之謂道」，而言「一陰一陽
即道〔註50〕」乃因「一陰一陽之謂道」偏重陰陽相生之調理作用，乃較爲虛玄
之論述；「一陰一陽即道」則強調陰陽相生之過程作用與具體萬物之總合。故
孫應鰲言「生生者」乃氣本體，而所謂「不外於陰陽」乃陰陽具相生之作用，
離陰陽無所生。「不逐於陰陽」，表不執著於陰陽，表無心無爲。「不倚於陰陽」，
表陰陽並非創生本體，只是創生作用。「不雜於陰陽」表陰陽之作用有動靜之
別，不能相混爲一。故陰陽動靜之間正是天地「生生」特別之處。

　　　氣在空中，空無非氣，通一無二者也。其聚則出入爲人物則形，散
　　　而入太虛則不形，抑必有所從來。蓋陰陽者氣之二體，動靜者氣之
　　　二幾，體同而用異則相感而動，動而成象則靜，動靜之幾，聚散、
　　　出入、形不形之從來也。〔註51〕

〔註48〕（明）王夫之：〈太和篇〉《張子正蒙注》，收入船山全書編輯委員會編校：《船
　　　山全書》第十二冊（湖南（長沙）：嶽麓書社，1991年12月第一版），卷1，
　　　頁23。
〔註49〕（明）孫應鰲：《淮海易談・孫應鰲文集》，收入貴州教育出版社編：《陽明學
　　　研究叢書》（貴陽：貴州教育出版社，1996年4月），卷4，頁126。
〔註50〕同上註。
〔註51〕同上註。

太虛之氣其神之變化，即氣之聚散妙而不可測。雖然如此，但仍有迹可見，如氣在空中，虛空皆氣也，氣之聚則顯，顯則謂之有；氣之散則隱，隱則謂之無，故氣可通一無二也。

> 散而反原，無復有形之蕞然者以拘之。即前身爲後身，釋氏之陋說也。〔註52〕

形氣之變化乃「聚而散，散而聚，故時存時亡。〔註53〕」故氣散而反其本原，無受此形之蕞然得以拘束之。王夫之反對「前身爲後身，釋氏之陋說也。」故其又云：「西域愚陋之夷，本不足以知性命。中國之儒者，抑不能深研而體驗之，而淫於邪說。故聞太虛之名，則以爲空無所有而已，明則謂之有，幽則謂之無，豈知錯綜往來，易之神乎！〔註54〕」不明究理者，聞太虛之名，則以爲空無所有而已，以明知可見則謂之有，幽之不可見則謂之無，其實幽明有無之辯，在錯綜往來《易》之並建〈乾〉、〈坤〉爲諸卦之統宗之大始，故其藏畜陰陽，每一卦象皆陰陽具足並充滿其間，而陰陽有其隱顯，並因時而形成六十二象。因各卦皆富有陰陽，藉由卦之陰陽互相參伍，隨時變易，卦象的陰陽的隱顯變化顯現其各成時位的變異，日新月異地造成形氣世界法象之聚散變化中已昭然若揭。高攀龍云：

> 伊川先生說：遊魂爲變。曰：既是變，則存者亡，堅者腐，更無物也。此殆不然，只說得形質耳。遊魂如何滅得，但其變化不可測識也。聖人即天地也，不可存亡言。自古忠義士何曾亡滅。避佛氏之說而謂賢愚善惡同歸於盡，非所以教也。況幽明之事昭昭於耳目者，終不可掩乎。張子曰：大易不言有，無言有，無諸字之陋也。〔註55〕

高攀龍並不贊成伊川先生所「遊魂爲變」之觀念，因爲若言「遊魂爲變」，其「變」即表「遊魂」乃「存者亡，堅者腐，更無物也」。高攀龍主張陰陽創生之「神」不會因死亡氣散而滅絕。如同忠義之士生生創德之精神不曾亡滅。反對佛家「賢愚善惡同歸於盡」。故其贊同張載《易》是不以有、無論生死聚

〔註52〕（明）王夫之：〈可狀篇〉《張子正蒙注》，收入船山全書編輯委員會編校：《船山全書》第十二冊（湖南（長沙）：嶽麓書社，1991年12月第一版），卷9，頁379。

〔註53〕同上註。

〔註54〕同上註，頁374。此處王夫之以氣論思想闘佛，非佛家本意。

〔註55〕（明）高攀龍：《高子遺書・會語》（台北：臺灣商務印書館，1983年，影印《文淵閣四庫全書》本），卷1，頁341。

散的鬼神之「變」，因爲陰陽之生生作用並非有或無的變化，而是幽明、隱顯
的變化。

> 其聚其散，推盪之者神爲之也，而其必信乎理者誠也。以《易》言
> 之，〈乾〉陽顯而陰隱，〈坤〉陰顯而陽隱，〈屯〉、〈蒙〉、〈鼎〉、〈革〉、
> 〈剝〉、〈復〉、〈夬〉、〈姤〉之屬相錯而迭爲隱顯，聚之著也。〈乾〉、
> 〈坤〉並建，而大生廣生以備天下之險阻，位有去來，時有衰王，
> 推之盪之，日月、雷風、男女、死生、榮謝，同歸而殊塗，萬化不
> 測而必肖其性情，神之妙也，非象所得而現矣。〔註56〕

氣之聚其散，乃推盪之者神爲之也，而其必信乎理者誠也，故氣本體大生廣
生，因此位有去來，時有衰王，推之盪之，日月、雷風、男女、死生、榮謝，
死而同歸而生而殊塗。然此天地萬象之變化，可由《易》卦中顯現其結果，
因爲每卦中皆有陰陽並建其中，故其卦象乃在陰陽的隱顯遞嬗中，漸漸改變。
但卦象改變中隱微之氣化之誠然之理序，則不可得而見。

> 《易》言：「原始反終，故知死生之說」，「始終」字，自不可作「生
> 死」字看。使云「原生反死，故知死生之說」，則不待辨而自知其不
> 可矣。所以然者，言死生則兼乎氣，言始終則但言其理而已。如雲
> 氣聚而生，散而死，可以聚爲始而散爲終乎？死生自有定期，方生
> 之日謂之生，正死之日謂之死。但自形氣言之，則初生者吾之始也，
> 正死者吾之終也。原始反終而知死生之說，則死生所指有定，而終
> 始所包者廣矣。〔註57〕

> 要以未死以前統謂之生，刻刻皆生氣，刻刻皆生理；雖綿連不絕，
> 不可爲端，而細求其生，則無刻不有肇造之朕。若守定初生一日之
> 時刻，說此爲生，說此爲始，則一受之成型，而終古不易，以形言
> 之，更不須養，以德言之，更不待修矣。〔註58〕

《易・繫辭上傳》云：「原始反終，故知死生之說。精氣爲物，遊魂爲變，是

〔註56〕　（明）王夫之：〈大易篇〉《張子正蒙注》，收入船山全書編輯委員會編校：《船
　　　　　山全書》第十二冊（湖南（長沙）：嶽麓書社，1991年12月第一版），卷7，
　　　　　頁312。

〔註57〕　（明）王夫之：〈先進篇〉《讀四書大全說・論語》，收入船山全書編輯委員會
　　　　　編校：《船山全書》第六冊（湖南（長沙）：嶽麓書社，1991年12月第一版），
　　　　　卷6，頁750。

〔註58〕　同上註，頁751。

故知鬼神之情狀。〔註59〕」《易》所言之「原始反終，故知死生之說」中之「始終」字，不可作「生死」字看。其原始反終而知死生之說，則是言死生所指有定，而終始所包者廣矣。因未死以前皆統謂之生，刻刻皆太虛之神所生生之氣貫通於形氣之中。

> 人之與天，理氣一也；而繼之以善，成之以性者，父母之生我，使我有形色以具天性者也。理在氣之中，而氣爲父母之所自分，則即父母而溯之，其德通於天地也，無有間矣。〔註60〕

故時時刻刻皆具生理，不可滯於生或死之一端，若執於一端則無視人存活其形氣有時刻不同之變化。故應細求人「生」時之狀，則因太虛氣之神無刻不生，故無刻不有生生肇造之徵兆。若云「原生反死，故知死生之說」則不待辨而自知其不可矣。由此可知，言死生則兼乎氣之聚散，言始終則但言氣之理而已。人形體之死生自有其定期，方生之日謂之生，正死之日謂之死。但自形氣言之理，則初生者吾之始也，正死者吾之終也。若守定初生一日之時刻論此爲「生」，說此爲「始」，則人一受氣成型，便終古不易，若以此觀念論之，則無人文化成之可能，因此以形體言之，更不須滋養；以道德論之，人更不待修身。如雲氣聚而生，散而死，可以聚爲始而散爲終乎？死生自有定期，方生之日謂之生，正死之日謂之死。但自形氣言之，則初生者吾之始也，正死者吾之終也。原始反終而知死生之說，則以死生觀念論本體太虛則其所指則受限定，若以終始論之則此觀念所包者廣矣。

> 始終，非有無之謂也；始者聚之始，日增而生以盛，終者聚之終，數盈則日退而息於幽。非有則無以始，終而無則亦不謂之終矣，所自始者即所自終。〔註61〕

> 不滯於一端而貫通乎終始，故變易而皆以順乎大經，易所以著其錯綜化生之象。〔註62〕

王夫之言「始終」而不言有無，即告訴世人氣之本體雖虛空但是無「始終」

〔註59〕（宋）朱熹：《周易本義》（台北：大安出版社，1999年7月），卷3，頁237。
〔註60〕（明）王夫之：〈乾稱篇〉《張子正蒙注》，收入船山全書編輯委員會編校：《船山全書》第十二冊（湖南（長沙）：嶽麓書社，1991年12月第一版），卷9，頁352。
〔註61〕（明）王夫之：〈可狀篇〉《張子正蒙注》，收入船山全書編輯委員會編校：《船山全書》第十二冊（湖南（長沙）：嶽麓書社，1991年12月第一版），卷9，頁375。
〔註62〕同上註，頁376。

之絕對本體，超越在時間之始終與死生之上，應不滯於一端而可貫通乎終始。
亦非以耳目聞見所判定空間之有、無，其以「始者」乃聚之始，太和不容已
日增而生始形氣世界盛多；然所謂「終者」乃氣聚之終而散入無形之虛中，
因太和氣機數盈則日退而息止於隱微之幽，非眞無。此乃故變易而皆以順乎
大經，即其形氣世界之變化皆順其所言「經者，人物事理之大本。〔註63〕」，
而易之所顯著乃其錯綜化生之象。劉宗周云：

> 或曰虛生氣，夫虛即氣也，何生之有，吾遡之未始有氣之先亦無往
> 而非也。當其屈也，自無而之有，有而未始有；即其伸也，自有而
> 之無，無而未始無也。非有非無之間，而即有即無是謂太虛。〔註64〕

因爲人習慣以自己耳目視聽來判斷「有」、「無」，如此一來會使人誤認爲由「無」
之「虛」生出「有」之「氣」，墮入老氏之「無生有」、釋氏之「萬法皆空」的
弊端，故劉宗周則明說「或曰虛生氣，夫虛即氣也，何生之有」。由此可知「虛」
就是「氣」，「氣」就是「虛」，並無相生的關係。而形上「太虛」本體與形下
「形氣」的分別，「太虛」是無形無狀的元氣，「形氣」是有形有狀的萬物。故
「當其屈也，自無而之有，有而未始有；即其伸也，自有而之無，無而未始無
也。」當太虛之氣凝聚時，就是由無形變爲有形，也是萬物生成之時；當形氣
消散，則又回到太虛無形無狀的狀態，雖是無形無狀，但卻不是「無」。因爲
太虛元氣是眞實的存有，只是無具體形狀。人不應囿於耳目而誤判。

> 於太虛之中具有而未成乎形，氣自足也，聚散變化，而其本體不爲之
> 損益。【敬按：理具陰陽，陰陽具理，理氣渾然，是爲本體。】〔註65〕

以始終而不以死生言太虛本體，此所代表另一形上義是爲表達太虛之氣本
體，其自足而不待外物來充實之，其神之瞬息萬變而形氣之聚散變化，對氣
之本體自身不爲之損益。故「形散而氣不損。〔註66〕」

〔註63〕（明）王夫之：〈神化篇〉《張子正蒙注》，收入船山全書編輯委員會編校：《船
　　　　山全書》第十二冊（湖南（長沙）：嶽麓書社，1991 年 12 月第一版），卷2，
　　　　頁 98。

〔註64〕（明）劉宗周：《劉宗周全集》，（台北：中央研究院中國文哲研究所籌備處，
　　　　1997 年 6 月），第二冊，頁 639。

〔註65〕（明）王夫之：〈太和篇〉《張子正蒙注》，收入船山全書編輯委員會編校：《船
　　　　山全書》第十二冊（湖南（長沙）：嶽麓書社，1991 年 12 月第一版），卷1，
　　　　頁 17。

〔註66〕（明）王夫之：〈可狀篇〉《張子正蒙注》，收入船山全書編輯委員會編校：《船
　　　　山全書》第十二冊（湖南（長沙）：嶽麓書社，1991 年 12 月第一版），卷9，
　　　　頁 379。

第四節　太虛之氣充周無間隙

本節所要討論在虛空之氣彌綸無涯希微不形中，氣之動以流行、靜以凝止，與陰陽二氣藉由體性之各自不，表現出升降飛揚等各種可能性，此變化無端之情狀是無間隙地充周於太虛之氣中。藉此展現太虛之氣生物不測之樣態與面向是萬有不同。

> 惟不能窮夫屈伸往來於太虛之中者，實有絪縕太和之元氣，函健順五常之體性，故直斥為幻妄。己所不見而謂之幻妄，真夏蟲不可語冰也。〔註67〕

太虛之中具實有絪縕太和之元氣中所涵陰陽二氣健順五常之體性，故可藉陰陽之氣能量達到動之創生與靜之成形而有屈伸往來幽明變化之狀態。此狀態乃太虛本體真實之狀，不可因耳目之窮無法見之而稱為幻妄。

> 虛者，太虛之量；實者，氣之充周也。升降飛揚而無間隙，則有動者以流行；則有靜者以凝止。〔註68〕

前所言乃太虛形上變化之通則，然虛者代表太虛之無限量；而此無限量之空間中所充實者，乃氣之周徧無間。故太虛具體展現在形氣世界，則有其升降飛揚而無間隙，而動以流行、靜以凝止等變化無端之情狀。所謂「升降飛揚，乃二氣和合之動幾，雖陰陽未形，而已全具殊質矣！『生物以息相吹』之說，非也。此乃太虛之流動洋溢，非僅生物之息。引此者，言莊生所疑為生物之息者此也。〔註69〕」莊子云：「野馬也，塵埃也，生物之以息相吹也。〔註70〕」陳鼓應釋曰：

> 野馬也，塵埃也，生物之以息相吹也：「野馬」，謂空中遊氣。「塵埃」，謂空中遊塵。「生物」，謂空中活動之物。此句，猶謂空中之遊氣，遊塵，以及活動之物，皆由風相吹而動（陳啟天《莊子淺說》）。〔註71〕

〔註67〕（明）王夫之：〈大心篇〉《張子正蒙注》，收入船山全書編輯委員會編校：《船山全書》第十二冊（湖南（長沙）：嶽麓書社，1991年12月第一版），卷4，頁153。

〔註68〕（明）王夫之：〈太和篇〉《張子正蒙注》，收入船山全書編輯委員會編校：《船山全書》第十二冊（湖南（長沙）：嶽麓書社，1991年12月第一版），卷1，頁27。

〔註69〕同上註。

〔註70〕（清）王先謙：〈逍遙遊〉《莊子集解》（台北：世界書局，2003年10月），卷1，頁1。

〔註71〕陳鼓應：〈逍遙遊〉《莊子今註今譯（上冊）》（台北：臺灣商務印書館，1998年10月），頁5～6。

高攀龍亦有「野馬氤氳」的論點：

> 王南塘先生言，可睹可聞皆氣也。此句極妙，所謂野馬氤氳亦云微
> 矣，雖微，猶氣也。神則無形之可見，但一屬神，即是感底朕兆，
> 動之幾萌於此矣。寂然不動乃誠也。學問只到幾處可知，幾之上即
> 不可知也。〔註72〕

由「可睹可聞皆氣也」可知高攀龍認爲形氣是具體有形，故是耳目感官之可
睹可聞。「野馬氤氳」乃「微」而不顯，故所指爲形上價值層面無形之氣。此
「微」字所指如同王夫之「絪縕太和之元氣」是陰陽二氣渾淪絪縕而未具明
確形體，但因其隱微而不可明見且無固定之形狀，才可以不受形器之拘局創
生出無限可能之萬殊形體。

王夫之反對莊子空中之游氣、游塵，以及活動之物，皆由風相吹而動。
因爲游氣、游塵中皆本具陰陽二氣之體性，故不待風便能變化生生不息。故
言「陽之清引陰以偕升，陰之濁挾陽以俱降，其神之清通者，則貫乎其中而
未有礙也。〔註73〕」高攀龍云：

> 吾嘗謂天地間惟生機相摩相盪，爲不可致思，故鳥之伏卵、木之接
> 枝，或同氣而運於各質，或異質而聯其一氣，所謂摩盪之神，聖哲
> 所不得而知也。〔註74〕

高攀龍天地間乃二氣和合升降飛揚的動之生機。乃因陰陽之神相摩相盪，無
心無爲故不可致思，如同鳥之伏卵、木之接枝，或許多萬物皆同一太和之氣
運於各形質中，成爲形質相異之萬物，但仍可會通於其本源之太和一氣，故
太虛之流動洋溢，非僅生物一呼一吸之息而已，因「摩盪之神」在萬物之中
爲其生物之生息的動，未凝結在萬彙之身時，乃一無形而不可見生生之神，
連聖哲都不得而知也。

> 氣之未聚於太虛，希微而不可見，故清；清則有形有象者皆可入於
> 中，而抑可入於形象之中，不行而至神也。反者，屈伸聚散相對之

〔註72〕（明）高攀龍：《高子遺書·會語》，（台北：臺灣商務印書館，1983年，影印
《文淵閣四庫全書》本），卷5，頁417。

〔註73〕（明）王夫之：〈太和篇〉《張子正蒙注》，收入船山全書編輯委員會編校：《船
山全書》第十二冊（湖南（長沙）：嶽麓書社，1991年12月第一版），卷1，
頁28。

〔註74〕（明）高攀龍：〈薛少泉翁先生七十序〉，《高子遺書·序》，（台北：臺灣商務
印書館，1983年，影印《文淵閣四庫全書》本），卷9下，頁590。

謂，氣聚於太虛之中則重而濁，物不能入，不能入物，拘礙於一而不相通，形之凝滯然也。〔註75〕

氣之未聚於太虛，希微而不可見，故清；而氣之虛清則有形有象可入於其本體之中，而氣之本體亦可入於形象之中，氣之神可貫通有形無形間創生不已。清之反者，即氣聚於太虛之中則成固定之形其氣重而濁，他物不能入，因不能入他物，故拘礙於一形體之中，而不與他物相通，此形之凝滯。如其言「聚，陰聚也。陰之所聚，陽所不得而出入也。遠則風大而緩，近則風小而暴，虛則雷易出而小，實則雷難出而暴。〔註76〕」

於是而靜者以陰爲性，雖陽之靜亦陰也；動者以陽爲性，雖陰之動亦陽也。陰陽分象而剛柔分形，剛者陽之質，而剛中非無陰；柔者陰之質，而柔中非無陽。就象而言之，分陰分陽。就形而言之，分柔分剛。就性而言之，分仁分義。分言之則變其異，合體之則會其通，故張子統言陰陽剛柔以概之。機者，飛揚升降不容已之幾。始者，形象之所繇生也。〔註77〕

陰陽二氣絪縕於宇宙，融結於萬彙，不相離，不相勝，無有陽而無陰，無有陰而無陽，故「陰氣上升，初尚輕微，無形無象，陽氣欲散之，而驅之太驟，則陰弗能即與相得，而相保以聚，有爲雨之勢，故曰斂聚；然多不雨，彌久而後交於陽，故曰未散。前言飄揚而升者，倏起旋滅之雲；此言班布太虛者，彌亘不散之雲也。〔註78〕」現實之形氣世界之陰陽不會孤立變化，兩者不相離，故互相感應，互爲其根而不悖，以螺旋式變化不已，於是所謂靜者乃以陰爲性，雖陽之靜亦陰也；動者乃以陽爲性，雖陰之動亦陽也。

雨雪則陰降入地中而任陽之出入，和而散其聚矣；霜露又其微而緩者。〔註79〕

陽急欲散而陰之凝結益固，然其勢必不能久聚，激爲戾氣疅霆而後散焉。〔註80〕

〔註75〕 （明）王夫之：〈太和篇〉《張子正蒙注》，收入船山全書編輯委員會編校：《船山全書》第十二冊（湖南（長沙）：嶽麓書社，1991 年 12 月第一版），卷 1，頁 31。

〔註76〕 同上註，頁 58～59。

〔註77〕 同上註，頁 27。

〔註78〕 同上註，頁 57～58。

〔註79〕 同上註，頁 59。

〔註80〕 同上註。

當形氣世界表面狀態乃有陰陽分象而剛柔分形，則剛者陽之質，但剛中非無陰；柔者陰之質，而柔中非無陽。故就形氣之象而言之，有分陰分陽。就形氣之體而言之，有分柔分剛。就人之性而言之，分仁分義。所謂的「分」，即陰陽相異進而可產生變化而生生不已，代表世界之變動不已。所謂的「合」，代表陰陽之同類，則可會通使變動不已世界趨於靜之安穩。氣之機者，代表陰陽二氣相義而感故飛揚升降不容已之幾。而所謂的「始」，則代表形象之所繇生也。

第四章　太和之氣

張立文云：「船山認爲，『太極』、『太虛』、『道』、『理』作爲形上學本體之所是，均爲和合實體，它可稱謂爲『和合之體』。……『至一』爲『太虛』。『至一』可理解爲形上學的存有。但『一』是由『兩而見一』，無『兩』而不可見『一』，亦不能見」。『兩』是指陰陽、剛柔對待分體的衝突融合而和合，而成一『和合之體』。換言之，這個『和合之體』是陰陽二氣絪縕於太虛，而爲一氣之體。在此『和合之體』中，人事與天德，知生與知死，存神與養氣，體與用等對待衝突，都涵攝於『和合之體』中。〔註1〕」從上可知，王夫之提出「太虛之氣」後，又續言「太和之氣」，就其氣論本身而言，看似衝突或多餘，其實「太和之氣」乃爲補充說明「太虛之氣」之「虛」非眞虛，而是眞有之「實」，太虛之氣中具有「陰陽和合之體」，故又名爲「太和之氣」，此「太和之氣」藉由其陰陽渾合不相悖離之作用，使太虛之氣其氣之量不因形物之生死聚散而消減，而此「太和之氣」之「陰陽和合之體」亦藉由氣化流行凝於形物之身，物物中亦有此「陰陽和合之體」，各自創造其流行不已之生命歷程。

第一節　陰陽和合之體

王夫之云：「絪縕太和，合於一氣，而陰陽之體具於中矣。〔註2〕」認爲

〔註1〕 張立文：《船山哲學》（台北：七略出版社，2000年12月），頁155～156。
〔註2〕 （明）王夫之：〈太和篇〉《張子正蒙注》，收入船山全書編輯委員會編校：《船山全書》第十二冊（湖南（長沙）：嶽麓書社，1991年12月第一版），卷1，頁46。

陰陽二氣在太和之氣中，陰陽絪縕渾淪無間與太和本質同爲氣，是一而非二，兩者不相悖害，故亦可稱爲陰陽之體。高攀龍云：

> 要知天地間一太和之氣而已，易曰：天地氤氳，此所謂太和也。人之生也得此以爲生。〔註3〕

和王夫之同時代的高攀龍亦爲氣本論學者，其提出「天地間一太和之氣」之觀點，代表王夫之「絪縕太和，合於一氣」非孤鳴獨發。至於「太和之氣」有「陰陽之體具於中」，代表此太和之氣中具備陰陽兩體性。王夫之爲何要將陰陽二氣提升至本體的層面？羅光云：

> 爲能夠有變化，務必要有一二。沒有一，變化不能有根本；沒有二，變化不會發作……一二兩字，在這裡不代表一元或二元論，乃是代表變化的兩種因素。〔註4〕

故萬物的變化，若僅包含奇數一類或是偶數一類的變化，是無法把世間的一切都包羅於中。《易·說卦》云：

> 昔者聖人之作《易》也，將以順性命之理。是以立天之道曰陰與陽，立地之道曰柔與剛，立人之道曰仁與義。兼才而兩之，故《易》六畫而成卦。；分陰分陽，迭用柔剛，故《易》六位而成章。〔註5〕

陰陽、柔剛、仁義兩兩相對的詞語中，不難發現於天道理氣中有陰與陽，在地文質性中有剛與柔，在人情時空上有仁與義，換言之，在論道陰氣與陽氣的關係中，有一個是必不能忽略的部份，那就是陰陽不離的事實。揚雄云：

> 立天之經曰陰與陽，形地之緯曰從與橫，表人之行曰晦與明。陰陽曰合其判，從橫曰緯其經，晦明曰別其材。陰陽，該極也。經緯，所遇也。晦明，質性也。陽不陰無與分其施，經不緯無以成其誼，明不晦無以別其德。陰陽所以抽嘖也，從橫所以瑩理也，明晦所以昭事也。〔註6〕

「陽不陰無與合其施」事物組合而成的基本元素爲陰氣與陽氣，當唯有單獨一體性之氣是無法有交感而可施氣、發氣之可能，故便無法生成萬物。因此

〔註3〕（明）高攀龍：〈子貢問師與商也孰賢章〉，《高子遺書·講義》，（台北：臺灣商務印書館，1983年，影印《文淵閣四庫全書》本），卷4，頁392。

〔註4〕羅光：《儒家形上學》（台北：臺灣學生書局，1991年9月），頁77～78。

〔註5〕（宋）朱熹：《周易本義》（台北：大安出版社，1999年7月），卷4，頁268。

〔註6〕（漢）揚雄撰、（宋）司馬光集注、劉韶軍點校：《太玄集注》（北京：中華書局，2005年），頁191。

天之陰陽分合而以生萬物；地之經緯縱橫而以成文章；人之賢愚分別而以明
其才，陰陽統攝了所有天地間事物，但陽氣若無陰氣相合則不能施化生成萬
物；經無緯則不能成其物誼；明無晦則不能分其質性。故陰陽乃出自萬物之
情而來；縱橫則可明天地之理；明晦乃可昭知天下事。

> 太和之中，有氣有神。神者非他，二氣清通之理也。不可象者，即
> 在象中。陰與陽和，氣與神和，是謂太和。〔註7〕

氣本體之「太和」中有渾淪未判的陰陽二氣外，另有此二氣清通之理之神。
此氣之「清」表示此理乃無形無狀不可名象，而不受形體限制，故氣之「通」
則代表其非孤懸虛空之理，乃寓立於氣中，且貫通於氣之形象有無變化間。
陰陽二氣互相渾合，二氣和合之神理亦與氣相依不離不悖，故稱爲「太和」。
王廷相云：

> 元氣之外無太極，陰陽之外無氣。以元氣之上不可意象求，故曰太
> 極；以天地萬物未形，渾淪沖虛，不可以名義別，故曰元氣；以天
> 地萬物既形，有清濁、牝牡、屈伸、往來之象，故曰陰陽。三者，
> 一物也，亦一道也，但有先後之序耳。不言氣而言理，是舍形而取
> 影，得乎？〔註8〕

王俊彥說明之：「王廷相言『太極者，道化至極之名，無象無數，而天地萬物
莫不由之以生，實混沌未判之氣也，故曰元氣。』太極是最高地形上本體，
也就是元氣，宇宙的初始就是元氣，元氣之外沒有另一更高的主宰太極。太
極是形容此元氣爲不可意象求之最高主體。元氣是形容此主體爲萬物未行前
的根源。陰陽是此氣有生化萬物的作用。彼此以指涉之對象、位階、功能不
同，而有異名，實皆一氣。但有先後，必先有元氣，才有陰陽，再生化萬物，
最後消散又回歸元氣。所以說生化之秩序是有先後，但生化本體則是唯一之
元氣。〔註9〕」王廷相「天地萬物未形，渾淪沖虛」者即王夫之所謂的「太和
之氣」王廷相認爲陰陽與氣三者乃一物，而元氣是最高主宰，如王夫之亦以
此陰陽渾合之太和之氣爲其造物不測之主體。

〔註7〕　（明）王夫之：〈太和篇〉《張子正蒙注》，收入船山全書編輯委員會編校：《船
　　　　山全書》第十二冊（湖南（長沙）：嶽麓書社，1991 年 12 月第一版），卷 1，
　　　　頁 16。

〔註8〕　（明）王廷相：《王廷相集》（北京：中華書局，1989 年 9 月），頁 597。

〔註9〕　王俊彥：〈元氣無息論〉《王廷相與明代氣學》（台北：秀威資訊科技，2005
　　　　年 10 月），頁 35。

健而動，其發浩然，陽之體性也；順而止，其情湛然，陰之體性也。
〔註10〕

陰陽二氣雖渾合爲陰陽之體，但各有不同之體性。陽氣行健不息變化流動，其散發浩然充沛。陰氣順理勢而凝止，其情狀寧靜湛然，無物可撓。崔銑云：

> 流者，陽也，凝者，陰也。陰生物非陽運之則弗能，故陽得陰而行，
> 陰得陽而靈，若曰陰陽一氣爾，人死而魂魄離者何居？〔註11〕

陽乃流行之動力，陰乃完成之作用，陽流行之動力必在陰之作用所完成之形體中，陰之作用所完成之形體中必有陽流行之動力，兩相激盪，才能多端變化、凝結而產生更多形物。崔銑強調陰、陽各具不同作用。一氣中有分合、生殺、動靜、盛衰皆由之而有，若陰陽只一氣，則不能相資相成萬物。

> 在天者和氣絪縕於太虛，充塞無間，中函神妙，隨形賦牛而不滯。
> 〔註12〕

陰陽和氣絪縕於太虛天中，二氣充塞於天地而無間。莊子云：「天地者形之大者；陰陽者，氣之大者也。〔註13〕」而此虛空無形之實氣中函有氣之神妙而不測之陰陽，此太虛可隨形賦其二氣所渾合之神理，且不滯留任何一固定樣態之形氣。《呂氏春秋》云：

> 太一出兩儀，兩儀出陰陽。陰陽變化，一上一下，合而成章。渾渾
> 沌沌，離則復合，合則復離卜，是謂天常。天地。天地車輪，終則
> 復始，極則復反，莫不咸當。日月星辰，或疾或徐；日月不同，以
> 盡其行。四時代興，或寒或暑，或短或長，或柔或剛，造於太一，
> 化於陰陽。萌芽始震，凝寒以形。〔註14〕

《呂氏春秋》認爲宇宙從混沌中分化出「太一」又從「太一」分出「兩儀」

〔註10〕 （明）王夫之：〈神化篇〉《張子正蒙注》，收入船山全書編輯委員會編校：《船山全書》第十二冊（湖南（長沙）：嶽麓書社，1991年12月第一版），卷2，頁82。

〔註11〕 （明）崔銑：《士翼》（明嘉靖乙未14年（1535）平陽刊本），卷1，頁8。

〔註12〕 （明）王夫之：〈可狀篇〉《張子正蒙注》，收入船山全書編輯委員會編校：《船山全書》第十二冊（湖南（長沙）：嶽麓書社，1991年12月第一版），卷7，頁367。

〔註13〕 （清）王先謙：〈則陽〉《莊子集解》（台北：世界書局，2003年10月），卷7，頁247。

〔註14〕 （戰國）呂不韋：《呂氏春秋・大樂》（台北：臺灣商務印書館《四部叢刊》影上海商務印書館縮印明刊本，1975年臺3版），卷5，頁30。

再從「兩儀」生出「陰」「陽」這兩種基本作用力，最後由「陰陽」之氣的消長變化生成萬物。「太一」應指陰陽未分之「氣」也就是「宇宙原初混沌爲一的第一實體〔註15〕」。在秦漢這樣大一統的時代下，爲國家政治版圖的擴張，必然重視宇宙演化與現實萬物生長的問題，故《呂氏春秋》也對提出重現實「氣化」的看法，並爲漢代氣化宇宙論奠下厚實的基礎。

> 涵，如水中涵影之象；中涵者其體，是生者其用也。輕者浮，重者沉，親上者升，親下者降，動而趨行者動，動而赴止者靜，皆陰陽和合之氣所必有之幾。〔註16〕

虛空無形之氣中涵神妙之情狀，如同水中涵影之象。形氣之象中涵氣本體之神理，而此氣本體中本具陰陽渾合不悖之體性，可依陰陽二氣體性之特色，展現氣中神之條理，進而產生作用。此作用乃爲陽氣輕者浮，陰氣重者沉，陽氣之親上者升，陰氣之親下者降，陽氣動而隨之趨行者即變動不止，當陽氣動欲赴凝止者則歸於陰氣之靜，於此則氣本體產生陰陽和合之氣所必有變化無端之氣幾。薛瑄云：

> 然則明暗孰爲之哉？曰：氣機一動而群陽辟，晝之明從焉；氣機一靜而群陰翕，夜之暗隨之。動靜翕辟，皆機之所爲，而實未嘗有爲也，是皆循環相推而不得已焉爾。〔註17〕

因氣化無一息止停，故動靜翕辟之氣亦不曾止息。然氣機變動萬起萬滅，無須臾停，而且氣之本體創生萬有皆非有心有爲，只是順氣化陰陽之動靜循環推盪便必然有如此表現。故氣本體中有一無形卻又毫無差爽且必然如此晝之必明、夜之必暗的氣機作用。薛瑄主張理氣是一所以兩者並無罅縫，故作爲有動辟靜翕規律之氣機，不可只看作一無形動靜聚散的機制，而應當作一具體眞實的氣化作用。透過此具體創生之氣化作用，才能產生眞實存有之天地萬物。薛瑄一動一靜之氣機則同於王夫之所謂「太和」之氣創生萬物之氣幾，可以動靜無端生生不息。從氣本論立場而言，元氣中生生作用稱作「神」，但

〔註15〕曾春海：《兩漢魏晉哲學史》（台北：五南圖書出版，2004年1月2版1刷），頁11。

〔註16〕（明）王夫之：〈太和篇〉《張子正蒙注》，收入船山全書編輯委員會編校：《船山全書》第十二冊（湖南（長沙）：嶽麓書社，1991年12月第一版），卷1，頁15～16。

〔註17〕（明）薛瑄：《薛文清公讀書錄》，收入《薛瑄全集》（山西：山西人民出版社，1990年8月），卷3，頁1099。

元氣凝爲形氣時，此「神」即轉入形氣中，則稱作「氣機」。王廷相云：

> 元氣中萬有具備，以其氣本言之，有蒸有濕。蒸者能運動，爲陽爲
> 火；濕者常潤靜，爲陰爲水。無濕則蒸靡附，無蒸則濕不化。始雖
> 清微，鬱則妙合之而凝，神乃生焉。故曰「陰陽不測之謂神」。是氣
> 者形之種，而形者氣之化，一虛一實皆氣也。神者形器之妙用，三
> 者一貫之道，夫神必藉形氣而有者，無形氣神滅矣。〔註18〕

> 存乎體者，氣之機也，故息不已焉；存乎氣者，神之用也，故性有
> 靈焉。體壞則機息，生機息則氣滅，氣滅則神反。〔註19〕

王廷相提出元氣中萬有具備，故其氣本體中有陰陽之不同變化，故有蒸有濕。
蒸者能運動，爲陽爲火；濕者常潤靜，爲陰爲水。無濕則蒸靡附，無蒸則濕
不化。氣之神就在開始之清微，陰鬱則聚而妙合而凝中展開生化，故曰「陰
陽不測之謂神」。元氣中本具各形器之氣種。

> 萬物巨細柔剛各異其材，聲色臭味各殊其性，閱千古而不變者，氣
> 種有定〔註20〕

因陰陽相盪相摩之相生而偏勝而產生客觀機率決定一切，故元氣凝爲形氣
時，即表現成陰陽比例不同的萬殊之形氣，但萬殊之形氣在無形元氣本體中
所具萬有不同之種子時已經決定。王俊彥云：

> 氣種有殊，其殊雖本於太虛之固有，但此氣種因陰陽偏盛而決定後，
> 即不再受外在影響，亦即人只能爲人，物只能爲物，而人物只能憑
> 其自身之條件，去承擔成就造化大功之責任。〔註21〕

因此若非具無窮生生可能之鬼神，在形氣世界中如何能有這無窮萬種之表
現。而形氣之萬物乃元氣之生化，虛之元氣與實之形氣，不論有形無形或一
虛一實本質皆氣也。而神者乃凝於形氣中之妙用，元氣、形氣、神三者一貫
之道。神必藉形氣而顯著，無形氣則神滅而無法再顯現其生生作用。說明「神」
是元氣萬物造化之生生作用。「神」是指元氣生生不息之作用，「機」是指形
氣活動不息之作用。合而言之，氣中之「神」入於形氣中則爲「機」。形氣壞

〔註18〕（明）王廷相：《王廷相集》，（北京：中華書局，1989年9月），頁963。
〔註19〕同上註，頁766。
〔註20〕同上註，頁754。
〔註21〕王俊彥：〈王廷相的元氣無息論〉，收入《章太炎與近代中國學術研討會論文
集》，（台北：里仁書局，1999年6月），頁518。

則生機息，生機息則形氣滅，形氣滅則「神」返太虛本體之中。所以王廷相言「夫神必藉形氣而有者，無形氣神滅矣」。薛瑄云：

> 「沖漠無朕之中，萬象森然已具」。竊意萬象如人與鳥獸、草木、昆蟲之類，莫不有一定之象具於沖漠無朕之中，及陰陽流行之後，其可見之象，即沖漠無朕中之象。

薛瑄此段主張與較他晚八十五年之王廷相氣種有定說相同，其乃由理氣是一的形上本體，來論說理氣兩者必然可貫穿無形與有形間。而且在氣本未創生形物前，其沖漠無朕中，早已具有形氣創生時一定之象與一定之理，當陰陽聚成有形後，此氣中本具之已定之象與理，便凝聚成一具定象與定理，但卻各各樣態不同之人或物。人與物雖有不同樣態，但都源自同一氣本體，故萬物皆各自具氣本體所凝結之主體性。此外，萬物更各具從氣本體中陰陽相合而產生一定之象與理，不論在一氣流行前或後，都是緊密無間同時齊具。此乃薛瑄順「理氣是一」的說法，進一步再提出以一定之象貫穿已形與未形兩間。然朱子亦曾提出人物有種的說法。朱子云：

> 天地間人物草木禽獸，其生也莫不有種。定不會無種子白地生出一個物事，這個都是氣。若理，則是個淨潔空闊的世界，無形迹，他卻不會造作；氣則能醞釀凝聚生物也。但有此氣，則理便在其中。

〔註22〕

朱子雖說理在氣中，但理是只存有而不氣化生生之形上本體，故活動而凝聚生物者則是形下之氣。理是氣的形上之所以然之根源，所以朱子的「理在氣中」，理與氣不是同質同層的是一，而是異質異層的相合，理掛搭在動靜不已的創生之氣中，是一超越形下而為陰陽二氣中所以然的一指導原則。此外，朱子理唯靜而不動，而薛瑄太極之理則有動靜之能，此乃朱子與薛瑄之理最大的不同點。朱子以為人物創生之有其種子，而此種子便氣中之理，而氣順此理之種，凝聚生成各種形態之萬物。由此可知朱子以理為本，故認理為氣之種。薛瑄則是「理氣是一」，所以說「一定之象」在於陰陽流行後為人物之種。但種內涵之理與象則早具氣化未形前。如此可避免形上理與形下氣未必全然相應無隔的缺點。王俊彥云：

> 王廷相則由元氣中二五比例各有不同一氣種，及陰陽流行凝聚不同

〔註22〕　（宋）朱熹撰，黎靖德編：〈理氣上〉《朱子語類》，（台北：文津出版社，1986年12月），第一冊，卷1，頁3。

萬物，萬物之所以有不同，則是由元氣中各不相同之氣種來規定。
此是順薛瑄以一定之象貫穿無形前與有形後的說法，進一步將氣種
定位為先天之氣種，且更清楚地以元氣中不同之二五比例，取代薛
瑄未形前的「一定之象」。可知薛瑄與王廷相皆由「一定之象」或「氣
種」，貫穿氣化前與氣化後，可視為氣本論的天人合一主張的基礎。
薛瑄與王廷相雖仍多採用中庸「天命之謂性」的系統說天人合一。
但以一定之象與氣種貫穿兩間的說法，實已隱然提出可與天命之謂
性系統相呼應的另一套系統。〔註23〕

王夫之以前的氣本論學者認為沖漠無朕之中是萬象森然已具之形上氣本體
中，含有萬物氣種，此乃啟發王夫之「太和」之氣中本具陰陽二體性之兩端
一致的思想，因此思想更將氣種之思想發揚光大，因王夫之形氣之中亦具「太
和」陰陽二體性之氣種，如其云：「自太和一氣而推之，陰陽之化自此而分，
陰中有陽，陽中有陰，原本於太極之一，非陰陽判離，各自孳生其類。故獨
陰不成，孤陽不生，既生既成，而陰陽又各殊體。〔註24〕」

太虛者，陰陽之藏，健順之德存焉；氣化者，一陰一陽，動靜之幾，
品彙之節具焉。〔註25〕

和氣絪縕於太虛，其中蘊藏陰陽和合之氣所必有健順變化無端之氣幾，此「太
和」之氣順二氣清通之理條理主持下開始氣化，藉由一陰一陽動靜之幾其氣
之陰德之順降而靜之凝止與陽德之健升而動之散發，而創生各種品彙之萬物。

神者，不可測也，不滯則虛，善變則靈，太和之氣，於陰而在，於
陽而在。〔註26〕

陰陽之體中具有陰陽二氣互相渾合之神，其中清通之理不可測地寓於所生萬
物之品彙中，且過化不滯於任何一形氣之物，清虛而自由地貫通於任一形氣
中，善變而靈動不已。此神可虛靈之因乃太和之氣陰陽和合之神於不論任何
品物流行之時位，於陰而在，於陽而在，陰陽不離各依其體性相偕變化，故
可靈動生生不已。黃潤玉云：

〔註23〕 王俊彥：〈王廷相的元氣無息論〉，收入《章太炎與近代中國學術研討會論文
集》，（台北：里仁書局，1999年6月），頁274～275。

〔註24〕 （明）王夫之：〈太和篇〉《張子正蒙注》，收入船山全書編輯委員會編校：《船
山全書》第十二冊（湖南（長沙）：嶽麓書社，1991年12月第一版），卷1，
頁47。

〔註25〕 同上註，頁33。

〔註26〕 同上註，頁46。

> 大凡必得乎氣而後靈，塊然天地，雖然人物，苟無是氣，其於靈也，
> 何有？蓋克塞乎兩間，氤氳乎方寸者，此一氣也。然氣以虛言，則
> 曰：「天心」，曰：「人心」；以靈言，則曰：「天」。「心神」，其理一
> 而已矣。〔註27〕

黃潤玉明白指出「氣」有生生之靈，故無論是天地或是人物皆要得此，才有
靈動生生之可能。氣之所以能靈動，乃因其中具有陰陽二體性可相感而生生
者。此靈動之氣充塞在天地、有無之間。然而陰陽二氣氤氳充塞人心，故心
要得此氣才能靈動而生生，不然只是拘局於身之耳目感官知覺意識自由之
靈，非有無限之可能創造道德之能。氣本論不認同有純粹意識流動之層面，
認為一切流動都在氣化層面之中，氣化世界是克塞兩間，不論有形無形或在
方寸間全都流行於氣中。氣會靈和虛，因氣本身就是自由貫穿兩間的無限之
氣，若是以朱子理氣二分來說，則氣是形下有限，不可能是虛而靈者，對於
以氣為主體並認為此氣乃流行生動不測的創生主體，其氣才是虛靈，而虛靈
之氣其認知表現心之神當然也是虛靈。

> 清虛之中自有此分致之條理，此仁義禮知之神也，皆可名之為氣而
> 著其象。蓋氣之未分而能變合者即神，自其合一不測而謂之神爾，
> 非氣之外有神也。〔註28〕

「太和」之清虛中，涵陰陽二氣分致清通之條理，清通二氣之「分致」有形
上本體之主持分際之條理義，若此理於形氣世界便轉化成具仁義禮知之道德
義，氣本體分致清通之條理與人性中之仁義禮知，兩者本質皆氣，只藉由氣
之形狀、樣態顯現性理變化不滯之虛靈特質。唐鶴徵云：

> 盈天地之間，一氣而已，生生不已皆此也。乾元也，太極也，太和
> 也，皆氣之別名也。自自其分陰分陽，千變萬化，條理精詳，卒不
> 可亂，故謂之理。〔註29〕

唐鶴徵說明乾元太極、太和皆乾元生生不已之氣，此氣之神中生化條理、秩
序便是理。王夫之氣之本體渾然未分而陰陽和合之時，能虛靈變合無端者即

〔註27〕　（明）黃潤玉：〈慶典文衡詩序〉《南山黃先生家傳集》（明藍格抄本），卷33，
　　　　　頁12。

〔註28〕　（明）王夫之：〈神化篇〉《張子正蒙注》，收入船山全書編輯委員會編校：《船
　　　　　山全書》第十二冊（湖南（長沙）：嶽麓書社，1991年12月第一版），卷2，
　　　　　頁82。

〔註29〕　（明）唐鶴徵著、黃宗羲編、沈芝盈點校：《桃溪劄記、明儒學案》（北京：
　　　　　中華書局，1985年），卷26，頁606。

氣之神。因其能由自與「太和」之清虛陰陽合一且變化不測，故謂之神，非此氣本體外另有神，此神乃氣之神。

> 皆不知氣之未嘗有有無而神之通於太和也。〔註30〕

故「太和」之氣本體未嘗有有形與無形之別，只有隱與顯、幽與明狀態的不同。而此氣之神貫通陰陽有無之上與氣本體之太和同質同層。

第二節　太虛之和氣必動之幾

王夫之運用「太虛之和氣」代表其太虛之氣與太和之氣只是一氣，何以有二名，乃爲方便說明本體論與宇宙論之差別，儒家傳統本體、宇宙論是一，而「太虛之氣」是爲了說明本體之氣，具有無限無垠之特質與形上下只是一「氣」之實有。而太和之氣乃爲說明其宇宙論之最高主體中本具「陰陽和合之體」，此體具創生作用，且打破言陰陽必爲形下氣之迷思，此陰陽和合之體藉由陰陽不同體性所產生之變化，更能使宇宙論之生物不測表現更爲淋漓盡致。

> 陰陽合於太和，而性情不能不異；惟異生感，故交相欣合於既感之後，而法象以著。藉令本無陰陽兩體虛實清濁之實，則無所容其感通，而謂未感之先初無太和，亦可矣；今既兩體各立，則溯其所從來，太和之有一實，顯矣。非有一則無兩也。〔註31〕

若從動之創生的角度觀之，王夫之認爲陰陽二氣本合於太虛之中，然陰陽之性情不能不異，因惟異可生感。董仲舒云：

> 天意難見也，其道難理。是故明陽陰、入出、實虛之處，所以觀天之志。辨五行之本末順逆、小大廣狹，所以觀天道也。〔註32〕

> 天道大數，相反之物也，不得俱出，陰陽是也。〔註33〕

〔註30〕　（明）王夫之：〈太和篇〉《張子正蒙注》，收入船山全書編輯委員會編校：《船山全書》第十二冊（湖南（長沙）：嶽麓書社，1991 年 12 月第一版），卷 1，頁 21。

〔註31〕　同上註，頁 36。

〔註32〕　（漢）董仲舒：《春秋繁露》（台北：臺灣商務印書館《四部叢刊》影上海商務印書館縮印武英殿聚珍本，1975 年臺 3 版），頁 94。

〔註33〕　（漢）董仲舒：《春秋繁露·陰陽出入》（台北：臺灣商務印書館《四部叢刊》影上海商務印書館縮印武英殿聚珍本，1975 年臺 3 版），卷 12，頁 66。

> 天之常道，相反之物也，不得兩起，故謂之一。一而不二者，天之
> 行也。〔註34〕

董仲舒認為天的意志非由天本身的直接行動來表現，而是需透過陰陽五行之氣的出入、虛實、順逆、大小等變化來呈現出來，故能夠從觀察陰陽五行的變化來推測天道。然存於天道之間的陰陽二氣，無論是天道所生之物的數量或是陰陽二氣在天之運行的方向都是以相反方式運動。陰陽雖相反，但兩者乃統一之氣，非本質相異之兩物。陰陽二氣運行乃氣之一種無形象徵之作用，其出入雖非耳目感官可見，但陰陽二氣卻又是從萬事萬物之自身都能感應到的神妙作用，故可說陰陽二氣是在天道間某種無形的實質作用。故董仲舒云：「是故惟天地之氣而精，出入無形，而物莫不應，實之至。〔註35〕」

　　然王夫之認為陰陽二氣交相欣合於既感之後，形氣萬物之法象才得以顯著。反之，王夫之若從靜之本體角度觀之，只有一氣，雖言若無陰陽虛實、清濁相反之實，則無所容其異之感通，但在本體未動而感之先，可言初無陰陽和合的「太和」之名。然今既從太虛之氣完成創生萬物之角度論之，則陰陽兩體各立，則溯其所從來，則顯然可知，此乃源於太虛之和氣中故有一實，此太和實氣中非有一則無兩也。

> 健順，性也；動靜，感也；陰陽合於太和而相容，為物不貳，然而
> 陰陽已自成乎其體性，待感而後合以起用。天之生物，人之成能，
> 非有陰陽之體，感無從生，非乘乎感以動靜，則體中槁而不能起無
> 窮之體。體生神，神復立體，由神之復立體，說者遂謂初無陰陽，
> 靜乃生陰，動乃生陽，是徒知感後之體，而不知性在動靜之先本有
> 其體也。〔註36〕

健順，乃氣之陰陽不同之體性也；動靜，為氣陰陽相異而感。而此陰陽合撰於太和之氣中且相容不悖，相感則為物不貳，然而陰陽已自成健順之體性，待感而後陰陽渾合興起作用。故云：「健順剛柔，相須以濟，必感於物以生其

〔註34〕（漢）董仲舒：《春秋繁露‧陰陽出入》（台北：臺灣商務印書館《四部叢刊》影上海商務印書館縮印武英殿聚珍本，1975 年臺 3 版），卷 12，頁 67。

〔註35〕（漢）董仲舒：《春秋繁露‧循天之道》（台北：臺灣商務印書館《四部叢刊》影上海商務印書館縮印武英殿聚珍本，1975 年臺 3 版），卷 16，頁 87。

〔註36〕（明）王夫之：〈可狀篇〉《張子正蒙注》，收入船山全書編輯委員會編校：《船山全書》第十二冊（湖南（長沙）：嶽麓書社，1991 年 12 月第一版），卷 7，頁 366。

用，而二端本太和，感之斯合矣。〔註37〕」陰陽之體相感使天創生萬物、人成其能。乘乎動靜陰陽德以相感，則無窮氣之體不能槁。固此陰陽之體生神用，而神用息復立於陰陽之體中。由神之復立體，認定初無陰陽，靜乃生陰，動乃生陽。此說法並非就氣本體具陰陽之體性而言，而是就陰陽相感後動靜以分之體言，故不知陰陽在動靜之先就本有其體性。高攀龍亦談及天之感應而可爲物不貳，高攀龍云：

> 人莫要知天，知天則知感應之必然。今人所謂天，以爲蒼蒼在上者云爾。不知九天而上，九地而下，自吾之皮毛骨髓，以及六合內外皆天也。……曰自感自應何以謂之天？何以謂天，必知之也。曰自感自應所以爲天也，所以爲其物不貳也。若曰有感之者，又有應之者，是貳之矣。爲不貳，所以不爽也。〔註38〕

高攀龍言「人莫要知天」，由此可知其認爲「知天」是人生重要課題。因爲「天」乃形氣之「身」、「心」由氣化所生之本原。高攀龍進一步說明「天」之意義爲何？高攀龍以爲當時之人都誤認「天」只是「蒼蒼在上者云爾」，如吾人所謂「蒼天」者，其實「天」乃具體形氣世界之總稱。因此高攀龍進一步解釋「九天而上，九地而下」、「吾之皮毛骨髓」與「六合內外」皆是「天」。不論天與地、人之身或六合內外都由「天」所含括。高攀龍又言「自感自應所以爲天也，所以爲其物不貳也。」故「天」不再爲傳統人們所認知之「蒼天」，由此可知高攀龍「天」之概念，很能凸顯其思想學說之特色，因其重視形氣世界，而不談與人無所交涉之形上虛空境界，雖然重視形氣層面之具體性，但是氣化世界無形之氣的「天」仍具有「自感自應」之「爲其物不貳」無限創生義爲其主體，此乃不違背傳統儒家思想中對「天」的看法。

> 虛必成實，實中有虛，一也。而來則實於此，虛於彼，往則虛於此，實於彼，其體分矣。止而行之，動動也：行而止之，靜亦動也，一也。〔註39〕

〔註37〕　（明）王夫之：〈可狀篇〉《張子正蒙注》，收入船山全書編輯委員會編校：《船山全書》第十二冊（湖南（長沙）：嶽麓書社，1991年12月第一版），卷7，頁365。

〔註38〕　（明）高攀龍：〈知天說〉，《高子遺書‧經解類》（台北：臺灣商務印書館，1983年，影印《文淵閣四庫全書》本），卷3，頁362。

〔註39〕　（明）王夫之：〈太和篇〉《張子正蒙注》，收入船山全書編輯委員會編校：《船山全書》第十二冊（湖南（長沙）：嶽麓書社，1991年12月第一版），卷1，頁36。

若就太和生生創造來論動靜、虛實。太和之氣中必有陰陽實體，而陰陽實體中有未形之氣，虛實皆氣所以是一。也陰虛實不定，互相函攝，故可變動無端，萬化不測。當氣有之動靜之機，「來」表氣之神陽動而物之創生，然則當氣之陰靜則形凝，則氣之實體完成於此，而於彼處則因物之尚未造就故虛；而當氣之神陽動前往彼處繼續創生，則氣之陽故虛於此，於彼則另造一物之實體。故雖太和之氣「來」則靜之陰氣凝物而止於此，然其動之陽氣欲行於彼，此即「止而行之，動動也」；太和之氣「往」動之陽氣欲從此行於彼，然則靜之陰氣凝物欲止於此，此即「行而止之，靜亦動也」，然則不論氣之往來，其情狀皆同為動中有靜，靜中有動，故言兩者是一也。劉宗周云：

> 就其生生之中，指其常體不易者而謂之靜，謂之陰之生，非謂靜而後生陰也。若果靜而後生陰，動而後生陽，則是陰陽動靜截然各自為一物矣。陰陽一氣也，一氣屈伸而為陰陽；動靜一理也，一理隱顯而為動靜。〔註40〕

劉宗周認為陰陽乃非由動靜所生的形下之氣。因為陰代表的是常體不易之「靜」的特質，而陽代表的是氣之生生創造的特質。陰陽之所以能生生，乃由動靜相生而來，則認為在陰陽相生之中，妙合不息並不斷相生作用稱陽，不斷相成卻是不改變者則稱陰。劉宗周則稱陽為動，表陽是相生不已，然而此陽動亦是一不改變之常體，則稱靜。再者，陰陽視同存於一氣中，交感而動雖稱作陽，但不可言動生陽，因順此說法，表動乃決定者，陽為被決定者。唯有陰陽相生不已，才可稱動。但動中一定有靜，靜中一定有動，故其亦反對靜生陰。因其以為陰陽陰陽乃一氣中動靜變化自然有或屈或伸兩種相生之作用。由此說法可知，動、靜為一理，絕不可言動為創造，靜為完成，因為所謂動，指陰陽相生不已之狀態；所謂靜，則表陰陽相生不已之狀態是永不改變。由此可知，動、靜兩者內容其實是一，故可言動靜一理。然動、靜皆為存在同一相生之理中，互為隱顯之表現。當相生之理開始動而創生時，稱為顯，此即陽之動；相生之理之狀態隱於動中而為永恆不變者，稱為隱，此即陰之靜。故劉宗周論一氣之陰陽重視對氣本體的作用作有機性的描述，並重視現實世界一氣流行之生生變化。此與王夫之論太和一氣之動靜、陰陽有相同之處。

動有動之用，靜有靜之質，其體分矣。聚者聚所散，散者散所聚，

〔註40〕（明）劉宗周：《劉宗周全集》，第二冊（台北：中央研究院中國文哲研究所籌備處，1997年6月），頁483。

一也。而聚則顯，散則微，其體分矣。清以爲濁，濁固有清，一也。
而清者通，濁者礙，其體分矣。使無一虛一實，一動一靜；一聚一
散，一清一濁，則可疑太虛之本無有，而何者爲一。惟兩端迭用，
遂成對立之象，於是可知所動所靜，所聚所散，爲虛爲實，爲清爲
濁，皆取給於太和絪縕之實體。一之體立，故兩之用行；如水唯一
體，則寒可爲冰，熱可爲湯，於冰湯之異，足知水之常體。〔註41〕

王夫之認爲太和之氣其內在陰陽體性在造物之後，陽氣動有動之用，陰氣靜
有靜之質，其陰陽體性之動靜始分，而具體萬物形氣之創生亦始於此，各形
氣創造內在之陰陽比例亦定於此。

其次，就太和之氣絪縕渾合之狀論聚散，則聚者聚所散，散者散所聚，
一也。若就太和之氣其創生具體形氣萬物後論聚散，則聚則氣顯而有形可見，
散則無形隱微不可見，其體亦分矣。

若再就太和之氣絪縕渾合之狀論清濁，則清以爲濁，濁固有清，兩狀態
渾沌不分，故言一也。就氣之具體成形後，論清濁，則清者通，濁者礙，其
體分矣。

假使現實中無一虛一實，一動一靜；一聚一散，一清一濁之別，則可懷
疑太虛本體中之本無有此兩兩相異卻又統一之體性。但因現實可見此相異兩
端互相迭用，遂成對立之象，於是可知所動所靜，所聚所散，爲虛爲實，爲
清爲濁，皆取給於太和絪縕之實體。當此兩端爲一之體立，故兩端相異之用
即可表現無礙；如同水唯一體，則遇寒可爲冰，遇熱可爲湯，於冰湯之異，
足知水爲其之常體。

氣有陰陽二殊，故以異而相感，其感者即其神也。無所不感，故神
不息而應無窮。〔註42〕

故太和之氣有陰陽不同之體性兩端迭用，遂成對立之象，因陰陽體性有異而
可相感，陰陽相感即所謂氣之神。因陰陽兩者無所不感，故氣之神變化不息
而且應物無窮。

〔註41〕 （明）王夫之：〈太和篇〉《張子正蒙注》，收入船山全書編輯委員會編校：《船
山全書》第十二冊（湖南（長沙）：嶽麓書社，1991 年 12 月第一版），卷 1，
頁 36。

〔註42〕 （明）王夫之：〈可狀篇〉《張子正蒙注》，收入船山全書編輯委員會編校：《船
山全書》第十二冊（湖南（長沙）：嶽麓書社，1991 年 12 月第一版），卷 7，
頁 377。

至虛之中，陰陽之撰具焉，絪縕不息，必無止機。故一物去而一物
生，一事已而一事興，一念息而一念起，以生生無窮，而盡天下之
理，皆太虛之和氣必動之幾也。陰陽合而後仁義行，倫物正，感之
效也；無所不合，感之周徧者也，故謂之咸。然則莫妙於感，而大
經之正，百順之理在焉，二氏欲滅之，愚矣。〔註43〕

此太和之氣至虛之中，具陰陽合撰而可絪縕不息，故必無停止的生生之機。
王夫之言「陰陽實體，乾坤其德也。體立於未形之中，而德各效焉，所性也。
有陰則必順以感乎陽，有陽則必健以感乎陰，相感以動而生生不息，因使各
得陰陽之撰以成體而又生其感。〔註44〕」陰陽乃氣實體中二種特質，其動靜
創生而有乾坤道德義之本質。陰陽之體寓於未成形之虛空中，其陰陽之德各
有其效能，此乃陰陽二氣所性之本質。有陰則必順以感乎陽，有陽則必健以
感乎陰，相感以動而生生不息，因使各得陰陽之撰以成體而又生其感。

　　「神」在人身為人心之作用，故現實中一物去而一物生，一事已而一事
興，一念息而一念起，可以生生無窮，而其理可應對天下之萬事，此即源於
太虛之和氣必動之幾。陰陽合而後仁義行，倫物正，皆陰陽相感之功效也；
而此陰陽無所不合，感而可周徧不遺，故謂之咸。然則此感變化神妙莫測，
並藉氣本體中陰陽分致的百順之理周全應物。

第三節　萬象萬物必兼有陰陽

　　本節乃就形氣萬象萬物之身所具有太虛和氣之「陰陽和合之體」在具體
形氣世界中的變化狀況與原則。因為太虛之氣中有「陰陽和合之體」故能藉
由氣之清之陽之生發與氣之濁之陰凝結之氣的兩體性，不斷循環創生萬物，
而當氣之凝滯成形，此形氣之物中，亦有此「陰陽和合之體」於其中，因此
太虛之氣繼續流行於形物之生命中，故萬物之身同具此太虛之體，萬物之有
形與無形之太虛仍貫通於一氣，未曾因為氣之有形無形而割裂成形上形下之
別，故藉由一氣貫通，「陰陽和合之體」會繼續宰制此形氣之生命變化，不會
因有形氣之身而受限制便成一死物。

〔註43〕　（明）王夫之：〈可狀篇〉《張子正蒙注》，收入船山全書編輯委員會編校：《船
　　　　山全書》第十二冊（湖南（長沙）：嶽麓書社，1991 年 12 月第一版），卷 9，
　　　　頁 364～365。
〔註44〕　同上註，頁 363。

> 此則就分陰分陽各成其氣以主群動者言也。循環迭至，時有衰王，
> 更相爲主也。聚散相盪，聚則成而盪其散者之弱，散則游而盪其聚
> 者之滯也。升降相求，陰必求陽，陽必求陰，以成生化也。〔註45〕

從「就分陰分陽各成其氣以主群動者言」可知此乃太虛之和氣形之游氣欲凝
結爲具體形氣之物其過渡之歷程。因爲陰陽二氣有不同的體性，故當此二氣
循環迭至，故產生陰陽之氣時有衰與王之變化，因爲變化無端，固更相輪流
爲主，而產生陰聚陽散相摩相盪，陰氣之聚則成物之形，但此陰氣必而盪其
陽氣之散而弱者，故此散則游之陽氣則會生發而盪其陰氣之聚而再次凝滯，
故兩氣升降相求，陰必求陽，陽必求陰，以成生化也。

> 絪緼相揉，數本虛清，可以互入，而主輔多寡之不齊，揉離無定也。
> 二氣所生，風雷、雨雪、飛潛、動植、靈蠢、善惡皆其所必有，故
> 萬象萬物雖不得太和之妙，而必兼有陰陽以相宰制，形狀詭異，性
> 情區分，不能一也；不能一則不能久。〔註46〕

陰陽二氣絪緼相揉雜，其本原乃太虛之氣，而此二氣狀態是虛清而可以互相
入於形氣之中，而當兩氣入於有形之氣中，其主輔與比例多寡各物不同故有
不齊與揉離無定之狀況。然而二氣所生，風雷、雨雪、飛潛、動植、靈蠢、
善惡具陰陽此陰陽和合之體，故萬象萬物雖不得太和之妙，而必兼有陰陽以
相宰制，形狀不同，性情區分，不能再等同於無形太虛之和氣中之「陰陽和
合之體」，因不能同於無形太虛之和氣中之「陰陽和合之體」代表此形氣已落
入有限，故不能長久存在。

> 變者，陰變爲陽；化者，陽化爲陰；六十四卦互相變易而象成。進
> 退者，推盪而屈伸也；推之則伸而進，盪之則屈而退，而變化生焉。
> 此神之所爲，非存神者不能知其必然之理。然學《易》者必於變化
> 而察之，知其當然而後可進求其所以然，王弼「得言忘象，得意忘
> 言」之說非也。〔註47〕

〔註45〕 （明）王夫之：〈太和篇〉《張子正蒙注》，收入船山全書編輯委員會編校：《船
　　　　山全書》第十二冊（湖南（長沙）：嶽麓書社，1991年12月第一版），卷1，
　　　　頁54～55。
〔註46〕 同上註。
〔註47〕 （明）王夫之：〈大易篇〉《張子正蒙注》，收入船山全書編輯委員會編校：《船
　　　　山全書》第十二冊（湖南（長沙）：嶽麓書社，1991年12月第一版），卷7，
　　　　頁313。

陰陽二氣絪縕於宇宙，融結於萬彙，不相離，不相勝，無有陽而無陰，無有陰而無陽。氣化之所謂變者，乃陰變爲陽；所謂化者，陽化爲陰。朱子注《周易》〈乾〉卦《象》曰：「乾道變化，各正性命。保合大和，乃利貞。首出庶物，萬國咸寧。〔註48〕」，其云：

> 變者，化之漸；化者，變之成。物所受爲命，天所賦爲命，太和即陰陽會合、中和之氣也。「各正」者，得於有生之初；「保和」者全於已生之後。此言乾道變化，無所不利，而萬物各得共性命以自全，以釋「利貞」之義也。〔註49〕

朱子認爲「變」爲「化」之漸，而「化」乃「變」之完成。若再參照王夫之的說法，則「陰變爲陽」之「變」爲「陽化爲陰」之「化」所漸漸形成，而「陽化爲陰」之「化」由「陰變爲陽」之「變」所完成。故「陽化爲陰」之「化」漸漸累積其變化之動能，將有「陰變爲陽」之頓「變」的產生，由此頓變完成漸變之陰化爲陽的作用。簡而言之，「化」之漸會產生「變」之頓，由此頓變完成漸化之功。因此萬物的產生，由陰陽二氣之體性互相推盪與屈伸由絪縕之漸化，天命至氣凝而變，產生形氣之萬物，物在先天時受此命，後天繼續保合天所命之氣本體太和中陰陽合和的「中和之氣」中之「化」、「變」之陰陽生生動能，藉由形氣之身實踐道德以正其所受之天命。

　　王夫之認爲《周易》並建〈乾〉、〈坤〉爲諸卦之統宗，不孤立也，六十四卦互相變易而象成。故陰陽之聚散會有互相推盪之理勢，陰氣聚則靜止成形，但會與陽氣散之弱推盪而動。陽氣散之游則會與陰氣聚之滯相盪。進退者，乃氣之推盪而有屈伸；推之則伸而進，盪之則屈而退，而變化生焉。陰陽相感之變化讓聚散、推盪變動不已，故陰陽二氣於太虛中升降相求，陰必求陽，陽必求陰，以成生化也。此神之所爲，非存神者不能知其必然之理。《管子》云：

> 春者，陽氣始上，故萬物生。夏者，陽氣畢上，故萬物長。秋者，陰氣始下，故萬物收。冬者，陰氣畢下，故萬物藏。故春夏生長，秋收冬藏，四時之節也。〔註50〕

〔註48〕　（宋）朱熹：〈上經・乾〉《周易本義・象》（台北：大安出版社，1999 年 7 月），卷 1，頁 30。

〔註49〕　同上註，頁 31。

〔註50〕　（春秋）管仲：《管子・卷二十・形勢解》（台北：臺灣商務印書館《四部叢刊》影上海商務印書館縮印常熟瞿氏藏宋本，1975 年臺 3 版），頁 113。

管子認爲可由四時的變化，體現出了陰陽二氣升降盛衰的運動變化。王夫之云：「陽爲陰纍則鬱蒸，陰爲陽迫則凝聚，此氣之將成乎形者。養生家用此氣，非太和絪縕、有體性、無成形之氣也。〔註51〕」而已分陰陽體性之形氣，乃一般養生家用以養生之氣，此非太和絪縕、有體性、無成形之氣。

太和絪縕相揉有體性無成形之氣，數本虛清，可以會通互入於有無之間，其陰陽主輔多寡之不齊，揉離無定。但依但成爲具體有形之氣則其陰陽比例固定，所以陰陽二氣所生之風雷、雨雪、飛潛、動植、靈蠢、善惡皆其所必有，然「太和未分之前，初得其精者，日月也；陰陽成質以後，而能全其精者，人也。〔註52〕」故萬象萬物雖不像人可得太和「陰陽和合之體」之精，但各物必兼有陰陽以相宰制，形狀詭異，性情區分，已不能再同於太虛之和氣中無形無限之狀，因此形氣萬物會聚散消亡，不能長存。漢代《淮南鴻烈》亦有明顯「宇宙生氣」的概念，認爲氣是構成世界萬物的最幽微而不顯的原始物質，而氣之所以能化生萬物，是因爲氣內部具有對立統一陰陽兩氣之體性，《淮南鴻烈》云：

> 天地之襲精爲陰陽，陰陽之專精爲四時，四時之散精爲萬物，積陽之熱氣生火，火氣之精者爲日；積陰之寒氣爲水，水氣之精者爲月。
>
> 日月之淫爲精者爲星辰。天受日月星辰，地受水潦塵埃。〔註53〕

所謂「精」乃指精氣，也就是陰陽二氣，透過陰陽二氣而生成天地、萬物、日月、星辰。並因萬物都由陰陽二氣而來，故萬物能「皆象其氣，皆應其類〔註54〕」。王夫之亦云「天地之化，人物之生，皆具陰陽二氣。其中陽之性散，陰之性聚，陰抱陽而聚，陽不能安於聚必散，其散也陰亦與之均散而返於太虛。〔註55〕」

〔註51〕 （明）王夫之：〈神化篇〉《張子正蒙注》，收入船山全書編輯委員會編校：《船山全書》第十二冊（湖南（長沙）：嶽麓書社，1991年12月第一版），卷2，頁82。

〔註52〕 （清）王夫之：〈參兩篇〉《張子正蒙注》，收入船山全書編輯委員會編校：《船山全書》第十二冊（湖南（長沙）：嶽麓書社，1991年12月第一版），卷1，頁55。

〔註53〕 （漢）劉安：《淮南子‧卷三‧天文》（台北：臺灣商務印書館《四部叢刊》影上海商務印書館縮印影鈔北宋本，1975年臺3版），頁17。

〔註54〕 （漢）劉安：《淮南子‧卷四‧地形》（台北：臺灣商務印書館《四部叢刊》影上海商務印書館縮印影鈔北宋本，1975年臺3版），頁27。

〔註55〕 （清）王夫之：〈參兩篇〉《張子正蒙注》，收入船山全書編輯委員會編校：《船山全書》第十二冊（湖南（長沙）：嶽麓書社，1991年12月第一版），卷1，頁57。

> 屈伸動靜，感也，感者，因與物相對而始生，而萬物之靜躁、剛柔、
> 吉凶、順逆，皆太和絪縕之所固有，以始於異而終於大同，則感雖乘
> 乎異而要協於一也。是以神無不妙，道無不通，皆原於性之無不體；
> 在天者本然，而人能盡性體道以窮神，亦惟不失其感之正爾。〔註56〕

感乃由與物之相對的特性而開始產生，但現實萬物之靜躁、剛柔、吉凶、順
逆，皆本於太和絪縕之所固有陰陽相異之體性之相感變化而來，故形氣變化
可見其異，但追本溯源則通於太虛本體氣與神合之一太和之氣，是以神無不
妙，道無不通，皆原於性之無不體。在天則爲太虛本然，在人則因其能全太
和之精故能盡性體道以窮神，亦惟不失其感之正。

> 感者，交相感；陰感於陽而形乃成，陽感於陰則象乃著。遇者，類
> 相遇，陰與陰遇，形乃滋，陽與陽遇象乃明。感遇則聚，聚已必散，
> 皆升降飛揚自然之理勢。風雨、霜雪、山川、人物，象之顯藏，形
> 之成毀，屢遷而已結者，雖遲久而必歸其原，條理不迷，誠信不爽，
> 理在其中矣。教者，朱子所謂「示人以理」是也。〔註57〕

物物皆有陰陽，而其陰陽相感，乃交相感，即陰感於陽而形乃成，陽感於陰
則象乃著。然物與物間有所未遇者，及同類相遇，陰與陰遇，形乃滋，陽與
陽遇象乃明。然感遇則聚，而聚已必散，此聚散乃形氣所必經之道，此皆陰
陽二氣升降飛揚自然之理勢。故風雨、霜雪、山川、人物，象之顯藏，形之
成毀，屢遷而已結者，雖時間遲久不定但必歸其本原，此變化之條理不迷，
誠信不爽，乃因太虛二氣清虛神之理寓於其中。

> 既感而成象，漸以成形，靈蠢、大小、流峙、死生之散殊，雖各肖
> 其所生而各自爲體，不可以數計，而神皆行乎其間。無數者，不可
> 紀之辭。性情、形象、色聲、臭味，無相肖者，人事之得失、悔吝
> 亦如之。但此陰陽之變化屈伸，無有乖越，而欲分類自言之，則終
> 不可得。邵子以數限之，愚所未詳。〔註58〕

〔註56〕　（明）王夫之：〈可狀篇〉《張子正蒙注》，收入船山全書編輯委員會編校：《船
山全書》第十二冊（湖南（長沙）：嶽麓書社，1991 年 12 月第一版），卷 7，
頁 367。
〔註57〕　（明）王夫之：〈太和篇〉《張子正蒙注》，收入船山全書編輯委員會編校：《船山
全書》第十二冊（湖南（長沙）：嶽麓書社，1991 年 12 月第一版），卷 1，頁 28。
〔註58〕　（明）王夫之：〈可狀篇〉《張子正蒙注》，收入船山全書編輯委員會編校：《船
山全書》第十二冊（湖南（長沙）：嶽麓書社，1991 年 12 月第一版），卷 9，
頁 377～378。

王夫之云「絪縕之中，陰陽具足，而變易以出，萬物並育於其中，不相肖而各成形色，隨感而出，無能越此二端。〔註59〕」固既感而成象，漸以成形，靈蠢、大小、流峙、死生之散殊，雖各肖其所生而各自爲體，不可以數計，而此氣化之神皆依氣之條理行乎其間。此即前所言王夫之繼承氣本論學者「氣種有定」之說法。而其又云「無數者，不出陰陽之二端；陰陽之合於太和者，一也。〔註60〕」而此所謂無數非邵子以數限之者，「無數」乃無可數紀之義，即性情、形象、色聲、臭味，無相肖而變化無端者，此外無具體形物的人事之得失、悔吝亦如有形有象之萬物，皆太和之氣所生。

> 絪縕，太和未分之本然；相盪，其必然之理勢；勝負，因其分數之多寡；乘乎時位，一盈一虛也。勝則伸，負則屈；勝負屈伸，衰王死生之成象，其始則動之幾也。此言天地人物消長死生自然之數，皆太和必有之幾。〔註61〕

絪縕乃太和陰陽未分之本然狀態，而陰陽相求相盪，則氣化必然之理勢，陰陽二氣勝負，造成其分數之多寡。「陰弱爲萌，陽盛爲滋。益盛也。〔註62〕」陰氣之能量弱則凝止之力小，物開始萌發，而陽氣之能量盛則物開始生長、繁殖。由此形氣之萬物日益增加。然「不動則不生，由屈而伸，動之機爲生之始，〈震〉也。〔註63〕」故陽氣之能以動爲主，而陽氣不動便不創生。動之陽乃氣機屈伸之始。陰陽二氣乘乎氣化流行之時位變化，陽勝則伸而物增，陽負則屈而物減，此一盈一虛也。而陰陽二氣之勝負屈伸，則呈現衰王死生之成象，不論是陽盛或陰衰，其變化之始則創生之動幾。而此動之始便是太和必有之幾，掌握天地人物消長死生自然之數之增損。

〔註59〕　（明）王夫之：〈太和篇〉《張子正蒙注》，收入船山全書編輯委員會編校：《船山全書》第十二冊（湖南（長沙）：嶽麓書社，1991年12月第一版），卷1，頁43。

〔註60〕　（明）王夫之：〈可狀篇〉《張子正蒙注》，收入船山全書編輯委員會編校：《船山全書》第十二冊（湖南（長沙）：嶽麓書社，1991年12月第一版），卷9，頁378。

〔註61〕　（明）王夫之：〈太和篇〉《張子正蒙注》，收入船山全書編輯委員會編校：《船山全書》第十二冊（湖南（長沙）：嶽麓書社，1991年12月第一版），卷1，頁15～16。

〔註62〕　（明）王夫之：〈大易篇〉《張子正蒙注》，收入船山全書編輯委員會編校：《船山全書》第十二冊（湖南（長沙）：嶽麓書社，1991年12月第一版），卷7，頁299。

〔註63〕　同上註，頁297。

> 寒已而暑，暑已而寒，循環而如相反，四時之行，生殺之用，盡此
> 矣：蓋二氣之噓吸也。屈者屈其所伸，伸者伸其所屈，群動之變，
> 不能離此二用，動靜、語默、喜怒、行藏之變，盡此矣：蓋二氣之
> 舒斂也。〔註64〕

四時之行，寒已而暑，暑已而寒，循環而如相反，對自然界萬物之生命具有生殺之用，此乃陰陽二氣之噓吸。陰陽二氣屈者屈其所伸，伸者伸其所屈，主導群動之變，亦不能離此二用。人類之動靜、語默、喜怒、行藏之變，亦由此陰陽二氣之舒斂之變化。

以「氣本論」角度言之，「氣機」指形氣之生生，而與其相對者是天地乾坤造物之「神」。高拱云：

> 凡乾坤之闔闢，日月之往來，寒暑之推遷，人物之生息，其機皆可
> 識矣。〔註65〕

高拱言乾坤、日月、寒暑、人物之更迭交替，使萬物生生化化而無窮，其氣化之端倪，亦即太和之神生化之作用，皆在其闔闢、往來、推遷、生息之中可見。

第四節　太和之氣貫通形器先後

由上可知，有形之形氣其身中雖具有太虛之和氣「陰陽和合之體」但因受限於形氣之身，故其陰陽之作用有主輔之不同，陰陽之比例亦有多寡之情形，而此乃產生形氣萬物有詭異之形與性情之差異，但由此亦可知，形氣萬物身中所具之「陰陽和合之體」，在形氣之物毀壞機息之日，此「陰陽和合之體」亦回無形之虛空中。由此可知，太虛之和氣貫通形器之創生之先與後，只是有形、無形兩者表現有所不同，但本質是一。

> 人物同受太和之氣以生，本一也：而資生於父母、根荄，則草木鳥
> 獸之與人，其生別矣。人之有君臣、父子、昆弟、夫婦、朋友，親
> 疏上下各從其類者分矣。於其同而見萬物一體之仁，於其異而見親

〔註64〕（明）王夫之：〈太和篇〉《張子正蒙注》，收入船山全書編輯委員會編校：《船山全書》第十二冊（湖南（長沙）：嶽麓書社，1991年12月第一版），卷1，頁35。

〔註65〕（明）高拱：《高拱論著四種》，（北京：中華書局，1993年7月），頁357。

親、仁民、愛物之義，明察及此，則繇仁義行者皆天理之自然，不待思勉矣。〔註66〕

王夫之認為人物皆同受太和之氣而生，人物本原一也。但人之資生於父母，而草木鳥獸之與人之生有別。故人之有君臣、父子、昆弟、夫婦、朋友，親疏上下而各從其類而分的人倫之別。於其同於太和之氣故可見萬物一體之仁，於其相異而見親親、仁民、愛物之義，明察及此，而此則不待思勉仍可繇仁義行，此乃天理之自然。

從其大者而言之，則乾坤為父母，人物之胥生，生於天地之德也固然矣；從其切者而言之，則別無所謂乾，父即生我之乾，別無所謂坤，母即成我之坤；惟生我者其德統天以流形，故稱之曰父，惟成我者其德順天而厚載，故稱之曰母。故《書》曰「惟天地萬物父母」，統萬物而言之也；《詩》曰：「欲報之德，昊天罔極」，德者，健順之德，則就人之生而切言之也。盡敬以事父，則可以事天者在是；盡愛以事母，則可以事地者在是；守身以事親，則所以存心養性而事天者在是；推仁孝而有兄弟之恩、夫婦之義、君臣之道、朋友之交，則所以體天地而仁民愛物者在是。人之與天，理氣一也；而繼之以善，成之以性者，父母之生我，使我有形色以具天性者也。理在氣之中，而氣為父母之所自分，則即父母而溯之，其德通於天地也，無有間矣。若舍父母而親天地，雖極其心以擴大而企及之，而非有惻怛不容已之心動於所不可昧。是故於父而知乾元之大也，於母而知坤元之至也，此其誠之必幾，禽獸且有覺焉，而況於人乎！故曰「一陰一陽之謂道」，乾、坤之謂也；又曰「繼之者善，成之者性」，誰繼天而善吾生？誰成我而使有性？則父母之謂矣。繼之成之，即一陰一陽之道，則父母之外，天地之高明博厚，非可躐等而與之親，而父之為乾、母之為坤，不能離此以求天地之德，亦照然矣。〔註67〕

從其大者而言之，則乾坤為父母，人物之生於天地之德；從其切而言之，則別

〔註66〕　（明）王夫之：〈作者篇〉《張子正蒙注》，收入船山全書編輯委員會編校：《船山全書》第十二冊（湖南（長沙）：嶽麓書社，1991年12月第一版），卷5，頁221。

〔註67〕　（明）王夫之：〈乾稱篇〉《張子正蒙注》，收入船山全書編輯委員會編校：《船山全書》第十二冊（湖南（長沙）：嶽麓書社，1991年12月第一版），卷9，頁351～353。

無所謂天之乾，父即生我之乾，別無所謂地之坤，母即成我之坤；惟生我者其德統天以流形，故稱之曰父，惟成我者其德順天而厚載，故稱之曰母。故《尚書》曰「惟天地萬物父母」，乃統萬物之創生而言之。然《詩經》曰：「欲報之德，昊天罔極」，此德者，乃乾坤健順之德，則就人之生而切言之，所言者乃父母。故人在家便應盡敬以事父，則如同其可事天；在家盡愛以事母，如同其可事地；守身以事父母，即所謂存心養性而事天者。故可推仁孝而有兄弟之恩、夫婦之義、君臣之道、朋友之交，則所以體天地而仁民愛物者亦在此。人可以如此乃因人之與天，理氣一也，人繼之以善，成之以性者，父母之生我，使我有形色以具天性之理，而此理在氣之中，而氣為父母之所自分，則即父母而溯之，其德通於天地也，無有間矣。若捨父母而親天地，雖可極其心以擴大而企及之，但無有對雙親惻怛不容已之心。故於父可知乾元之大，於母可知坤元之至也，此其誠之必幾，禽獸且有覺焉，而況於人乎！故曰「一陰一陽之謂道」，乾、坤之謂也；父母繼天而善吾生，父母成我而使有性。人有生之後繼之成之，即一陰一陽之道，則父母之外，天地之高明博厚，非可躐等而與之親，而父之為乾、母之為坤，不能離此以求天地之德，亦可明之。

> 得，謂得之於天也。凡物皆太和絪縕之氣所成，有質則有性，有性則有德，草木鳥獸非無性無德，而質與人殊，則性亦殊，德亦殊爾。若均是人也，所得者皆一陰一陽繼善之理氣，才雖或偏而德必同，故曰「人無有不善」。〔註68〕

凡物皆太和絪縕之氣所成，有不同之形質，則有不同物性，性乃得之於天，然草木鳥獸非無性無德，但因其形質與人有異，則性亦殊，故其得之於天之德亦殊。若均是人也，其形質相近，從天所得之性，皆太和之氣一陰一陽繼善之理氣，氣質之才雖或有偏，但所得之德必同，故曰「人無有不善」。揚雄云：

> 天地之得，斯民也；斯民之得，一人也；一人之得，，心矣。〔註69〕

揚雄認為能主宰全身行為者，乃出自於一人之心。荀子云：

> 心者，形之君也，而神明之主也。〔註70〕

〔註68〕　（明）王夫之：〈至當篇〉《張子正蒙注》，收入船山全書編輯委員會編校：《船山全書》第十二冊（湖南（長沙）：嶽麓書社，1991年12月第一版），卷5，頁195。

〔註69〕　（漢）揚雄撰、汪榮寶撰；陳仲夫點校：《法言義疏》（北京：中華書局，1996年），頁540。

荀子明說主宰形體者與神明不測作用者稱之為心。然而此說法將心置為第一義，形體為心所主宰下的第二義。但若無此具體形氣之身，道德仁義將無所承載，故形體應非第二義，而是氣化真實的存在。但因神乃氣化生生之主宰，故其可主掌此形氣之身。揚雄云：

> 或問「神」。曰：「心。」「請問之。」曰：「潛天而天，潛地而地。天地，神明而不測者也。心之潛也，猶將測之，況於事倫乎？」「敢問潛心于聖。」曰：「昔乎，仲尼潛心於文王矣，達之。顏淵亦潛心於仲尼矣。未達一間耳。神在所潛而已矣。」〔註71〕

「神」為神妙不測的作用，且以「神」說明「心」也具有此種作用。「天地，神明而不測者也」天地是陰陽相生而成，陰陽相生之天地有任何的可能性，因而不可測知，但「心」卻能夠潛沉深入天地之不測處，此「心」為其一心朗現之心，一心深入即可「潛天而天，潛地而地」潛天潛地全為心之作用，心之神妙作用就稱之為「神」。因此，一心作用可以潛入深不可測之天地，潛人、潛事更是有心即可達的。以孔子為例說明「潛心于聖」孔子於文王學為聖，聖為氣化之常道最順暢無礙者，顏淵還差一間就可達到聖人之道。因而可知，心貫於天文地理之無限大之中，才由各種具體有限之物質肯認吾心也是無限廣大的，無限廣大的心是實然存在的、是由實體而來的。與佛學之心體超越現實世界以求空境、無限，是截然不同之兩者。

> 天德良能，太和之氣健順，動止時行而為理之所自出也，熟則自知之。大人以下，立心求之，則不知其從心不踰之矩爾，非有變幻不測，絕乎人而不可測，如致思助長者之詫神異也。〔註72〕

人之天德良能，乃得自於太和之氣的健順之德，其動止時行各具氣化條理。若人修養純熟，則己一動便知有無符合太虛和氣流行之理。故聖人以下，須立心志修養己身，使行為合於氣化之常，而能從心不踰之矩，氣化流行非有變幻不測到人不可測知，如願意致力於心思以助長其德者，便可知之。揚雄云：

〔註70〕　（戰國）荀子撰、（唐）楊倞注、（清）王先謙集解：〈解蔽〉《荀子集解考證》（台北：世界書局，2005 年），頁 367。

〔註71〕　（漢）揚雄撰、汪榮寶撰；陳仲夫點校：《法言義疏》（北京：中華書局，1996年），頁 137。

〔註72〕　（明）王夫之：〈神化篇〉《張子正蒙注》，收入船山全書編輯委員會編校：《船山全書》第十二冊（湖南（長沙）：嶽麓書社，1991 年 12 月第一版），卷 2，頁 92。

> 人心其神矣乎？操則存，舍則亡。能常操而存者，其惟聖人乎！

〔註73〕

前者已論述人之「心」與氣之「神」之關係，然心神妙不測之作用，「操則存，舍則亡」此乃仁自身所能掌握操持的，故言「其惟聖人乎」。但一般眾人卻常捨而亡之，而懂操存之道而能去不合氣化之理之「變」與存合氣化之理之「常」的聖人，才能夠久存心之神用，而不踰矩。

> 太和，和之至也。道者，天地人物之通理，即所謂太極也。陰陽異
> 撰，而其絪縕於太虛之中，合同而不相悖害，渾淪無間，和之至矣。
> 未有形器之先，本無不和，既有形器之後，其和不失，故曰太和。

〔註74〕

太和乃陰陽異撰，而其絪縕於太虛之中，合同而不相悖害，渾淪無間，故言和之至。萬物皆由此太和之氣所創生，故言道者，天地人物之通理，通理即所謂太極，但「有形有象之後，執形執象之異而不知其本一。〔註75〕」如「釋氏以眞空爲如來藏，謂太虛之中本無一物，而氣從幻起以成諸惡，爲障礙眞如之根本，故斥七識乾健之性、六識坤順之性爲流轉染污之害源。此在下愚，挾其鬱蒸凝聚之濁氣以陷溺於惡者，聞其滅盡之說，則或可稍懲其狂悖；而仁義無質，忠信無本，於天以太和一氣含神起化之顯道，固非其所及知也。昧其所以生，則不知其所以死，妄欲銷隕世界以爲大涅盤，彼亦惡能銷隕之哉，徒有妄想以惑世誣民而已。【敬按：釋氏謂第七識爲「末那識」，華云「我識」；第六識爲「紇哩耶識」，華云「意識」。此言乾健之性、坤順之性者，爲仁由己，乾道也；主敬行恕，要在誠意愼獨，坤道也。】〔註76〕」未有形器之先，太和之氣陰陽異撰絪縕於太虛之中，合同而不相悖害，渾淪無間，本

〔註73〕（漢）揚雄撰、汪榮寶撰；陳仲夫點校：《法言義疏》（北京：中華書局，1996年），頁140。

〔註74〕（明）王夫之：〈太和篇〉《張子正蒙注》，收入船山全書編輯委員會編校：《船山全書》第十二冊（湖南（長沙）：嶽麓書社，1991年12月第一版），卷1，頁15。

〔註75〕（明）王夫之：〈可狀篇〉《張子正蒙注》，收入船山全書編輯委員會編校：《船山全書》第十二冊（湖南（長沙）：嶽麓書社，1991年12月第一版），卷9，頁378。

〔註76〕此處王夫之乃以氣論之立場論佛老。（明）王夫之：〈神化篇〉《張子正蒙注》，收入船山全書編輯委員會編校：《船山全書》第十二冊（湖南（長沙）：嶽麓書社，1991年12月第一版），卷2，頁83。

無不和；既有形器之後，形氣之中陰陽不離且和不失，故曰太和。然而釋氏以眞空爲如來藏，誤認太虛之中本無一物。又言仁義本無質，忠信亦無本質，兩者皆爲空之幻妄。且不明人之所以生乃太虛之氣陰陽和合之體所聚，則不知人所以死乃形氣之消散而返回彌綸希微的太虛之中，故王夫之以氣論角度論釋氏不明天乃以太和一氣含神而起氣化流行，故顯氣之生物之道。

第五章　太　極

　　唐君毅云：「太極含陰陽之氣，即復含陰陽之理。純陽之理爲乾，純陰之理爲坤。故船山又謂『太極者乾坤之合撰』。陰陽轉易之理爲道。故船山于正蒙注又謂『道者，天地人物之道，理即所謂太極也。合而如實言之，則太極爲理氣之全。故其于思問錄外篇曰『太極雖虛而理氣充凝。』太極爲理氣所充凝，然就太極以言陰陽二氣，乃渾合而無間之氣。就二氣之渾合無間言，無二氣之分別，亦無陰陽之理之分別，惟可在陰陽二氣之化上安立，故太極不可如朱子所謂『只是個理字。』理之名不孤立，道之名亦不孤立。故上說太極爲理氣所充凝，太極爲道者，乃推理道之本于太極言之耳。」。從上述所知，「太極」乃前章所述之太和之氣「陰陽和合之體」渾合而無間之氣中之條理。故本章所論之重點在於「太極」之乃氣之實體，而此「太極」非朱子所謂只存有不活動者，而是理氣皆凝，既有生生之氣，又具生生之理。

第一節　乾坤合撰之極至

　　羅光云：「王船山認定太極爲宇宙變化的開端，爲氣的本體，然不是不分陰陽，而是陰陽的渾合，陰陽不向外顯明，這是他講易經的特點；他依據八卦以陽一陰——兩爻而成，陰陽兩爻同時存有，有陽必有陰，有有陰必有陽，所以他主張『乾坤並建』。〔註1〕」

〔註1〕　羅光：《王船山形上學思想》（台北縣：輔仁大學出版社，1993年5月），頁3。

> 陰陽一太極之實體，唯其富有充滿於虛空，故變化日新，而六十四
> 卦之吉凶大業生焉。陰陽之消長隱見不可測焉，天地人物屈伸往來
> 之故盡於此。知此者，盡《易》之蘊。〔註2〕

王夫之認為陰陽此一太極之實體，其變化富有而充滿於太虛之虛空中，且其
富有之變化陰陽聚散故可日新，六十四卦之吉凶大業從此生焉。王廷相云：

> 天地未形，惟有太空，空即太虛，沖然元氣。氣不離虛，虛不離氣，
> 天地日月萬形之種，皆備於內，一氤氳萌孽而萬有成質矣。是氣也
> 者乃太虛固有之物，無所有而來，無所從而去者。元氣之上無物，
> 不可知其所自，故曰：「太極」，不可象名狀，故曰：「太虛」。太極
> 者，道化至極之名，無象無數，而天地萬物莫不由之以生，實混沌
> 未判之氣也，故曰：「元氣」。〔註3〕

太虛是無形無狀生化之本體，萬形之種皆備於沖然元氣中，故王廷相曰「先
於天者，太虛之氣爾，無形也，無象與數也，故曰太極。〔註4〕」而元氣之上
無物，故不知其所從來且天地萬物莫不由之以生，故為道化至極之名，又無
象無數可拘局，實混沌未判沖然之氣，所以稱為「太極」。然王夫之認為陰陽
之消長幽隱無現其象，故不可測知，而天地人物推盪之屈伸往來之故亦盡於
太極之中。知太極者，盡《易》之蘊。

> 太極立而漸分，因漸變而成〈乾〉、〈坤〉，則疑夫〈乾〉、〈坤〉之先
> 有太極矣。如實言之，則太極者為〈乾〉、〈坤〉之合撰，健則極健，
> 順則極順，無不極而無專極者。〔註5〕

非先有太極而有〈乾〉、〈坤〉，因太極者乃〈乾〉、〈坤〉之合撰，乾之健則極
健，坤之順則極順，無不極而無專極者。

> 「太」者極其大而無尚之辭。「極」，至也，語道至此而盡也。其實

〔註2〕 （明）王夫之：〈太和篇〉《張子正蒙注》，收入船山全書編輯委員會編校：《船
山全書》第十二冊（湖南（長沙）：嶽麓書社，1991年12月第一版），卷1，
頁23～24。

〔註3〕 （明）王廷相：《王廷相集》（北京：中華書局，1989年9月），頁849。

〔註4〕 （明）王廷相：《王廷相集・雅述（上篇）》（北京：中華書局，1989年9月），
頁845。

〔註5〕 （明）王夫之：〈繫辭上傳〉《周易外傳》，收入船山全書編輯委員會編校：《船
山全書》第一冊（湖南（長沙）：嶽麓書社，1991年12月第一版），卷5，頁
990。

陰陽渾合者而已，而不可名之爲陰陽，則但贊其極至而無以加，曰
太極。〔註6〕

「太」者極其大而無尙之辭。「極」，至也。其實太極陰陽渾合者而已，而陰
陽相合不悖非一非異，故不可名之爲陰陽，則但贊揚其極至而無以加，故名
之曰太極。劉宗周云：

> 或曰「虛生氣」。夫虛即氣也，何生之有？吾溯之未使有氣之先，亦
> 無往而非氣也。當其屈也，自無而之有，有而未始有；及其伸也，
> 自有而之無，無而未始無也。非有非無之間，而即有即無，是謂太
> 虛，又表而尊之曰：「太極」。〔註7〕

虛和實皆是氣，所以「虛即氣」，太虛之氣爲主體，故非「虛生氣」。故未有
形氣之前亦只是一太虛之氣。氣之屈則由無形之氣凝而爲有形之氣，所謂的
未始之前即有此有形之氣的本源。當此太虛之氣伸，則形氣散而還無形之狀
態，雖無形但是從未爲眞無之虛。故有、無只是氣之有形與無形的兩種狀態，
氣聚爲萬物，氣散回太虛，太虛自是一氣流行，即有即無變化不測。若表此
太虛之氣爲本體之尊，故稱之爲「太極」。黃潤玉云：

> 太極者，理氣混一之名；無極者，言理氣無象無際也。若只云理，
> 則動而所生之陽氣從何而生，故朱子曰，「不離乎陰陽爲當。」
> 〔註8〕

黃潤玉認爲最先能創生萬物的主宰與根源便是理氣合一的「太極」。朱子云：

> 極者，極至而已，以有形者言之，……居中而能應四外，故指其處
> 力以中言之非以其義爲可訓中也。至於太極，則又初無形象、方所
> 之可言，但以此理至極而謂之極耳。〔註9〕

「理至極而謂之極」此說法與黃潤玉將最先能創生萬物的主宰與根源的理氣
合一稱作「太極」之意相近。其有不同之處乃在朱子是以理爲形上本源；黃

〔註6〕　（明）王夫之：〈繫辭上傳第十一章〉《周易內傳》，收入船山全書編輯委員會
　　　　編校：《船山全書》第二冊（湖南（長沙）：嶽麓書社，1991 年 12 月第一版），
　　　　卷 5 下，頁 561。

〔註7〕　（明）劉宗周：《劉宗周全集》，（台北：中央研究院中國文哲研究所籌備處，
　　　　1997 年 6 月），第二冊，頁 480。

〔註8〕　（明）黃潤玉：〈太極〉《海涵萬象錄》（台北：臺灣大學圖書館影印河南省圖
　　　　書館藏明正德十六年陳槐刻本），卷 1。

〔註9〕　（宋）朱熹：《朱子全集》，（台北：大方書局，1963 年 2 月），第四冊，頁 8
　　　　～9。

潤玉以氣爲形上本源，而此氣中含有生化之理。黃潤玉所謂的「無極」則是太極「理氣無象無際」之渾屯未判沖然無朕之狀。陸象山云：

> 易大傳曰：「易有太極」，聖人言有，今乃言無。何也？作大傳時，不言無極太極，何嘗同於一物，而不足爲萬化根本也。……太極固自若也，尊兄只管言來言去，轉加糊塗。……又謂無極，即是無形，太極即是有理。周先生恐人錯認太極別爲一物，故著無極二字以明之。〔註10〕

陸象山認爲聖人造《易》並未曾言「無極」，如《易‧繫辭上》云：

> 是故《易》有大極，是生兩儀，兩儀生四象，四象生八卦，八卦定吉凶，吉凶生大業。〔註11〕

朱子注：「易者，陰陽之變；大極者，其理也。兩儀者，始爲一畫以分陰陽。四象者，次爲二畫以分大少。八卦者，次爲三畫而三才之象始備。此數言者，實聖人作《易》自然之次第，有不假絲毫智力而成者。畫卦、揲蓍，其序皆然。有吉有凶，是生大業。〔註12〕」陸象山認爲周敦頤「無極而太極」之說錯認太極無極爲兩物，故言「周先生恐人錯認太極別爲一物，故著無極二字以明之」而有妄。然周敦頤於《太極圖說》中闡述何謂「無極而太極」：

> 無極而太極，太極動而生陽，動極而靜，靜而生陰，靜極復動，一動一靜，互爲其根，分陰分陽，兩儀立焉。〔註13〕

太極爲無方所、無具體聲臭的最高之理。而太極具無限義故非能由言語之名所界定，故以無極稱之，此無極既非理又非氣。太極是形上動而無動相、靜而無靜相的陰陽相生之神，此神之體須在形氣中才能被感知而顯其創生大用。所以動靜本身並非對立而爲有限者，其乃太極中動相生互爲其根不可分離的兩種性質，所以是動極而靜、靜極復動是無形迹循環不已之神用。陸象山云：

> 極者中也，言無極，則是猶言無中也，是奚可哉？若懼學者泥於形

〔註10〕　（宋）陸象山：《陸象山全集》（台北：世界書局，1990 年 11 月），卷 2，頁 15。

〔註11〕　（宋）朱熹：《周易本義‧繫辭上》（台北：大安出版社，1999 年 7 月），卷 3，頁 248。

〔註12〕　同上註，頁 249。

〔註13〕　（宋）周敦頤：《太極圖說》收入《周子全書》（台北：臺灣商務印書館，1978 年 9 月），頁 2。

器，而申釋之，則宜如《詩》言：「上天之載，而下贊之日」，無聲
無臭可也。〔註14〕

其此句乃反對朱子以「中」訓「極」。陸象山認為若害怕學者誤會無形跡之太
極而拘泥於形器，則可以用《詩經》形容天之無形無狀的「無聲無臭」，用以
形容「太極」。

　　王夫之所謂「無不極而無專極」表示陰陽渾合之太極其創生無不至且無
專至於某一形氣，故此太極本體具普遍生生之道德義。劉宗周云：

　　「一陰一陽之謂道」，即太極也。天地之間，一氣而已，非有理而後
　　有氣，乃氣立而理因之寓也。就形下之中而指其形而上主者，不得
　　不推高一層以立至尊之位，故謂之太極。，而實本無太極之可言。
　　所謂「無極而太極」也。使實有是太極之理，此氣從出之母，則亦
　　一物而已，又何以生生不息，妙萬物而無窮乎？今曰：「理本無形故
　　謂之太極」無乃轉落註腳，太極之妙，生生不息而已矣。生陽生陰，
　　而生水火木金土，而生萬物，皆一氣自然之變化，而合之只是一個
　　生意，此造化之蘊也。唯人得之以為人，則太極為靈秀之鍾，而一
　　陰一切分見於形神之際，由是殽之為五性，而感應之塗出，善惡之
　　介分，人事之所以萬有不齊也。為聖人深悟無極之理，而得其所為
　　靜者主，乃在中正仁義之間，循理為靜是也。〔註15〕

「一陰一陽之謂道」即是太極，天地之間就是一氣，非有理而後有氣，乃氣
立而理因之寓也，此即理在氣中。而形下之中可指其形而上者，即所謂道在
氣中之意。實有的太極之理，乃出於氣之母。故理並非宇宙本體，故不能生
生不息。但太極之妙，本生生不息。生陽生陰，而生水火木金土，而生萬物，
皆一氣自然之變化，此氣化之所以產生，即因內在有生生太極妙理在其中。
簡而言之太極乃氣中生生之妙理，就生生之妙或生意者言，都是一氣的變化。
所以太極為氣化生生之妙，而生生之妙即是理。故氣化生生之妙即是理在氣
中之表現。

　　蓋太虛之中，無極而太極，充滿兩間，皆一實之府，特視不可見，

〔註14〕　（宋）陸象山：《陸象山全集》（台北：世界書局，1990 年 11 月），卷 2，頁
　　　　　15。

〔註15〕　（明）劉宗周：《劉宗周全集》，（台北：中央研究院中國文哲研究所籌備處，
　　　　　1997 年 6 月），第二冊，頁 268。

聽不可聞爾。存神以窮之，則其富有而非無者自見。緣小體視聽之知，則但見聲色俱泯之爲無極，而不知無極之爲太極。其云「但願空諸所有」，既云有矣，我惡得而空之？「不願實諸所無」，若其本無，又何從可得而實之？惟其乍離人欲而未見夫天理，故以人欲之妄，概天理之眞，而非果有賢知之過，亦愚不肖之不及而已。〔註16〕

太虛之中，具有陰陽渾合不悖之太和，其氣化生無專適之主，無固定之則，故無極而太極，流行充滿於兩間，此乃一實之府，其乃本體一形上無限無形之本體，故特視不可見，聽不可聞。有不識太極者，緣其耳目小體視聽之知，只見聲色俱泯，故稱之爲無極，而不知無極、太極是一。薛瑄云：

> 臨川吳氏曰：「太極無動靜，故朱子釋《太極圖》曰：『太極之有動靜，是天命之流行也。』此是爲周子分解太極不當言動靜，以天命有流行，故只得以動靜言。」竊謂天命即天道也，天道非太極乎？天命既有流行，太極豈無動靜乎？朱子曰：「太極，本然之妙也；動靜，所乘之機也。」是則動靜雖屬陰陽，而所以能動靜者，實太極爲之也。〔註17〕

薛瑄以天道流行，便是太極流行，而主張太極能動靜，反對元代吳澄「太極無動靜」的說法。薛瑄主張理氣不分，所以氣在理亦在，含陽動靜不已，其中主宰便是太極，所以太極便是氣化動靜循環之理，氣化無此主宰動靜之理，便不能生化。此理又不能離氣而立，所以說太極是能動靜的。但所引朱子「太極動靜之說」，實則與薛瑄說法有別。朱子之太極爲是形上氣化動靜的所以然，本身即然不動而不能動靜的理。感而遂通而能動靜的是形下之氣，而非理，故朱子動靜理論的根基是理氣二分。而薛瑄則是統攝能動靜之氣，能動靜之理爲一太極，所以薛瑄雖引朱子太極與動靜之文，但已由朱子理氣二分轉爲理氣是一的模式。

> 陰陽之實，情才各異，故其致用，功效亦殊。若其以動靜、屈伸、聚散分陰陽爲言者，又此二氣之合而因時以效動，則陽之靜屈而散，亦謂之陰，陰之動伸而聚，亦謂之陽，假陰陽之象以名之爾，非氣

〔註16〕 （明）王夫之：〈大心篇〉《張子正蒙注》，收入船山全書編輯委員會編校：《船山全書》第十二冊（湖南（長沙）：嶽麓書社，1991年12月第一版），卷4，頁153。

〔註17〕 （明）薛瑄：《薛文清公讀書錄》，收入《薛瑄全集》（山西：山西人民出版社，1990年8月），卷9，頁1252。

本無陰陽，因動靜屈伸聚散而始有也。故直言氣有陰陽，以明太虛
之中雖無形之可執，而溫肅、生殺、清濁之體性俱有於一氣之中，
同爲固有之實也。〔註18〕

王夫之與薛瑄同爲「理氣是一」，故太極中本具可動靜之陰陽之實，因二氣
體性不同，故產生情才各異，故其致於用，功效亦有殊。若其以動靜、屈
伸、聚散分陰陽爲言者，又此二氣之合而因時以效動，則陽之靜屈而散，
亦謂之陰，陰之動伸而聚，亦謂之陽，借陰陽之象而名之，非太虛之氣中
本無陰陽二體，形氣創生之後，氣之動靜屈伸聚散才始有陰陽二氣。故直
言太虛之氣中本有太極陰陽之實，以明太虛之中雖虛清而無形之可執，但
陰陽之實陰體性不同所具有情才各異之溫肅、生殺、清濁之體性，本俱有
於一太虛之氣中，並與氣同爲固有之實也。此即太虛之氣中氣與陰陽之神
湛然合一。

自其神而言之則一，自其化而言之則兩。神中有化，化不離乎神，
則天一而已，而可謂之參。故陽爻奇，一合三於一；陰偶，一分一
得二；陽爻具陰，陰爻不能盡有陽也，分則太極不離而離矣。〔註19〕

唯存神者以窮之，則可知太極之富有而非眞無。因自其富有之神而言之則陰
陽一體，自其日新生生而言之則陰陽分化爲兩。陽爻奇，一合三於一；陰偶，
一分一得二；故神中有氣化之分，氣化中不離陰陽一體之神，則天虛空一氣
而已，陰、陽與天而可謂之參。故陽爻具陰，陰爻不能盡有陽也，分則太極
之陰陽兩體不離，但陰陽體性仍有離異。

天一地二，陽之爻函三爲一而奇，陰之爻得三之二而偶，偶則分，
奇則合。在天者渾淪一氣，凝結爲地，則陰陽分矣。植物有剛柔之
殊，動物有男女之別。效者，效著以成形也。法者，物形之定則。
凡山川、金石、草木、禽蟲以至於人，成乎形者皆地之效而物之法
則立焉，兩者之分不可強而合矣。若其在天而未成乎形者，但有其
象，絪縕渾合，太極之本體，中函陰陽自然必有之實，則於太極之

〔註18〕　（明）王夫之：〈神化篇〉《張子正蒙注》，收入船山全書編輯委員會編校：《船
　　　　　山全書》第十二冊（湖南（長沙）：嶽麓書社，1991年12月第一版），卷2，
　　　　　頁80。

〔註19〕　（明）王夫之：〈太和篇〉《張子正蒙注》，收入船山全書編輯委員會編校：《船
　　　　　山全書》第十二冊（湖南（長沙）：嶽麓書社，1991年12月第一版），卷1，
　　　　　頁47。

中，不昧陰陽之象而陰陽未判，固即太極之象，合而言之則一，擬
而議之則三，象之固然也。性以理言，有其象必有其理，惟其具太
和之誠，故太極有兩儀，兩儀合而爲太極，而分陰分陽，生萬物之
形，皆秉此以爲性。象者未聚而清，形者已聚而濁，清者爲性爲神，
濁者爲形爲法。〔註20〕

天之乾爲陽之爻函三爲一而奇，地之坤爲陰之爻得三之二而偶，偶則分，奇
則合，故在天者渾淪一氣，凝結爲地，則陰陽分矣。天地分化後，地之坤滋
養而創生各效著成形之萬物。而物形之創生有其氣之條理爲定則者稱作法。
凡山川、金石、草木、禽蟲以至於人，成乎形者皆地之效而物之法則立焉，
兩者之分不可強而合矣。若在天而未成乎形者，渾淪一氣但有其象，陰陽絪
縕渾合，此即太極之本體，其中函陰陽自然必有之實，則於太極之中，不昧
陰陽之象而陰陽未判，固此即太極之象，合而言之則一，擬而議之則三，象
之固然也。性以理言，有其象必有其理，惟其具太和之生生之誠，故太極有
兩儀，兩儀之陰陽合而爲太極，然天地以分，陰陽二分，可創生萬物之形，
皆秉此以爲性。天之象者未聚而清，地之形者已聚而濁，清者爲性爲神，濁
者爲形爲法。

神行於天地之間，無所不通，天之包地外而並育並行者，乾道也。
〔註21〕

順受陽施以成萬化而不息，榮枯相代而彌見其新，坤道也。〔註22〕
奇則合，故陽氣之神行於天地之間，無所不通，天之包地外而並育並行者，
此即乾道，可見太極之富有。偶則分，陰氣順受陽氣之施以成萬化而不息，
榮枯相代而彌見其新，此即坤道，可見太極之日新。

天無體，太和絪縕之氣，爲萬物所資始，屈伸變化，無迹而不可測，
萬物之神所資也。聚而爲物，地其最大者爾。逾，謂越此而別有也。
地不能越天之神而自爲物，成地者天，而天且淪浹於地之中，本不

〔註20〕　（明）王夫之：〈太和篇〉《張子正蒙注》，收入船山全書編輯委員會編校：《船
山全書》第十二冊（湖南（長沙）：嶽麓書社，1991年12月第一版），卷1，
頁45～46。

〔註21〕　（明）王夫之：〈大易篇〉《張子正蒙注》，收入船山全書編輯委員會編校：《船
山全書》第十二冊（湖南（長沙）：嶽麓書社，1991年12月第一版），卷7，
頁312。

〔註22〕　同上註，頁312。

可以相配。但人之生也資地以生，有形乃以載神；則就人言之，地
之德可以配天爾。知此，則抗方澤之祀於圜丘，伸母斬衰之服以齊
於父，徇形重養而不恤義，後世所以淪乎幽而成乎亂也。張子之論
韙矣。〔註23〕

天無體，所以天乃太和絪縕之氣，此為萬物所資始，其屈伸變化，無迹不可
測，太和之氣生生造物之神所資。故陰氣聚而為物，地乃物之最大者。地不
能越天之神而自為物，因天造地之物，而天且淪浹於地之中，本地不可以與
之相配。但人之生借地之資而生，人有此形體乃可以承載太和之氣陰陽之神。
故則就地之資人之形言之，地之德才可以配天。

三才之道，氣也，質也，性也，其本則健順也。純乎陽而至健立，
純乎陰而至順立，《周易》並建〈乾〉、〈坤〉於首，無有先後，天地
一成之象也。無有地而無天、有天而無地之時，則無有有〈乾〉而
無〈坤〉、有〈坤〉而無〈乾〉之道，無有陰無陽、有陽無陰之氣，
無有剛無柔、有柔無剛之質，無有仁無義、有義無仁之性，無陽多
陰少〔、陰多陽少〕、實有而虛無、明有而幽無之理，則〈屯〉、〈蒙〉
明而〈鼎〉、〈革〉幽，〈鼎〉、〈革〉明而〈屯〉、〈蒙〉幽，六十四卦，
六陰六陽具足，屈伸幽明各以其時而已。故小人有性，君子有情，
趨時應變者惟其富有，是以可日新而不困。《大易》之蘊，唯張子所
見，深切著明，盡三才之撰以體太極之誠，聖人復起，不能易也。
邵子謂天開於子而無地，地闢於丑而無人，則無本而生，有待而滅，
正與老、釋之妄同，非《周易》之道也。〔註24〕

三才之道，氣也，質也，性也，「三才各有兩體，陰陽、柔剛、仁義，皆太和
之氣，有其至健，又有其至順，並行不悖，相感以互相成之實。〔註25〕」故其
本則健順並行不悖，相感以互相成之實也。純乎陽而至健立，純乎陰而至順立，
《周易》並建〈乾〉、〈坤〉於首，無有先後，天地一成之象也。小人有性，君

〔註23〕　（明）王夫之：〈太和篇〉《張子正蒙注》，收入船山全書編輯委員會編校：《船
　　　　山全書》第十二冊（湖南（長沙）：嶽麓書社，1991年12月第一版），卷1，
　　　　頁50～51。

〔註24〕　（明）王夫之：〈大易篇〉《張子正蒙注》，收入船山全書編輯委員會編校：《船
　　　　山全書》第十二冊（湖南（長沙）：嶽麓書社，1991年12月第一版），卷7，
　　　　頁276～277。

〔註25〕　同上註，頁276。

子有情，趨時應變者惟其富有，是以可日新而不困。盡三才之撰以體太極之誠。

> 才以成乎用者也。一物者，太和絪縕合同之體，含德而化光，其在氣則爲陰陽，在質則爲剛柔，在生人之心，載其神理以善用，則爲仁義，皆太極所有之才也。故凡氣之類，可養而不可強之以消長者，皆天也；凡質之類，剛柔具體可以待用，載氣之清濁、柔強而成仁義之用者，皆地也；氣質之中，神理行乎其間，而惻隱羞惡之自動，則人所以體天地而成人道也。《易》備其理，故有見有隱而陰陽分，有奇有偶而剛柔立，有德有失而仁義審，體一物以盡三才之撰也。「謂之」云者，天、地、人亦皆人爲之名，而無實不能有名，無理不能有實，則皆因乎其才也。〔註26〕

才乃以成乎用者。故一物中本具太和絪縕合同之體，含得於太和絪縕合同之體之德而有其效用，其在氣之表現則爲陰陽，在質之表現則爲剛柔，在人之心則載太和絪縕合同之體之神理並善用，則可爲仁義，此三者皆太極所有之才也。故凡氣之類，可養而不可強之以消長者，皆天也；凡質之類，剛柔具體可以待用，載氣之清濁、柔強而成仁義之用者，皆地也；氣質之中，乃人之性，氣之神理行乎其間，而惻隱羞惡之自動，則人所以體天地而成人道也。孫應鰲云：

> 《易》凡言性，言命，言道，言誠，言太極，言仁，皆指氣之體：而言宇宙渾是一元氣，元氣自於穆、自無妄、自中正純粹精、自生生不息，謂之性，謂之命，謂之道，謂之誠，謂之太極，總是這一個神理，只是自心體之便見矣。〔註27〕

孫應鰲藉《易》論說宇宙主體渾是一元氣，蓋《易》中凡提及性、命、道、誠、太極、仁皆指氣之體；蓋元氣所生乃自「於穆」「無妄」、「中正純粹精」和「生生不息」之狀態，而元氣具乾坤相反相生之神理，此神理便是性、命、道、誠、太極、仁之內涵，彼此間只是與元之對應的位階各有不同，如要體會乾坤之神理則需由心體領會。

〔註26〕（明）王夫之：〈大易篇〉《張子正蒙注》，收入船山全書編輯委員會編校：《船山全書》第十二冊（湖南（長沙）：嶽麓書社，1991年12月第一版），卷7，頁274。

〔註27〕（明）孫應鰲：《淮海易談・孫應鰲文集》，收入《陽明學研究叢書》，（貴陽：貴州教育出版社，1990年），卷4，頁124。

　　王夫之認爲《易》之乾、坤合於太和備有太極之理，故天之有現有隱而
陰陽始分，地之有奇有偶而剛柔立，人之有德有失而仁義審，體太極之一物
可盡三才之撰也。天、地、人三名皆人爲之，而無三才之實不能有三才之名，
無太極之理則不能有陰陽之實，則皆因乎其才也。

　　　　陽動而運乎神，陰靜而成乎形，神成性，形資養，凡物欲之需，皆地
　　　　產之陰德，與形相滋益者也。氣動而不凝滯於物，則怵惕惻隱之心無
　　　　所礙而不窮於生；貪養不已，馳逐物欲，而心之動幾息矣。〔註28〕

陽氣動而健，運乎神，陰氣靜而順，成乎形，陽氣之神成人之性，陰氣成人
之形須借物資養，凡物欲之需，皆地產之陰德，與形相滋益者也。陽氣之神
動而不凝滯於物，則怵惕惻隱之心無所礙而不窮於生。人之形貪養不已，則
馳逐物欲，而此心之動神之幾息。

　　　　天與性一也，天無體，即其資始而成人之性者爲體。參和，太極、
　　　　陰、陽，三而一也。氣本參和，雖因形而發，有偏而不善，而養之
　　　　以反其本，則即此一曲之才，盡其性而與天合矣。養之，則性現而
　　　　才爲用；不養，則性隱而惟以才爲性，性終不能復也。養之之道，
　　　　沉潛柔友剛克，高明強弗友柔克，教者，所以裁成而矯其偏。若學
　　　　者之自養，則惟盡其才於仁義中正，以求其熟而擴充之，非待有所
　　　　矯而後可正。故教能止惡，而誠明不倚於教，人皆可以爲堯、舜，
　　　　人皆可以合於天也。〔註29〕

天與性一本一也，天乃一虛空之氣無其體，其資始而成人之性者爲體。太極、
陰、陽，三而一也，此乃氣本參和，雖因形而發，陰陽比例不齊，故形質有
偏而不善，須養其質，以反其本來湛然合一。此周全、盡心盡力展現人之才，
並盡其性而與天合矣。善養其質，則性顯現而才爲其所用；不善養其質，則
性隱而以才爲性，性終不能復其位。養性之道，在於沉潛柔友剛克，高明強
弗友柔克。教者，所以裁成而矯正其氣質之偏。若學者之自養，則盡其才於
表現仁義中正，以求德行純熟而擴充其才，非待有所矯而後可正。故教能止

<hr />

〔註28〕　（明）王夫之：〈誠明篇〉《張子正蒙注》，收入船山全書編輯委員會編校：《船
　　　　　山全書》第十二冊（湖南（長沙）：嶽麓書社，1991年12月第一版），卷2，
　　　　　頁137。

〔註29〕　（明）王夫之：〈誠明篇〉《張子正蒙注》，收入船山全書編輯委員會編校：《船
　　　　　山全書》第十二冊（湖南（長沙）：嶽麓書社，1991年12月第一版），卷3，
　　　　　頁130。

惡，而因人本具誠明之性故不倚於教而可知，故人本具可以爲堯、舜之條件，故人之表現皆可以盡其性而合於天。

第二節　天地人物之通理

太虛之和氣順其陰陽和合之體中氣之條理創生天地萬物，而此有形之萬物皆依太虛之和氣之陰陽渾合生物不測的途徑產生，故道之名亦因此而立。道者乃天地人物相通且統一之理，即所謂太極也。但太極與理之名有別，因爲理乃物之有生有形後，條理始現，亦可以言其爲性。曾春海云：

> 「太極」統攝天地萬物與人終極性實有，其動態本體論之性徵係展示於「一陰一陽之道」的作用方式上。……太極圖具表徵「造化之樞機」的形上學意涵……從陰陽相函構成渾全的太極整體而言，太極與陰陽在結構上係一而二，二而一的不可分裂關係。「一」指由陰陽相函所統合的整體性或綜合性的「一」。「二」指太極所兼具的二個不可分割之組成要素，亦即「陰」與「陽」。「二而一」意指陰陽是構成太極統體這二個不可或缺的要素，有機的結合成一「太極」渾全統體。〔註30〕

因太極乃是統攝天地萬物與人終極性實有，而本節主要討論「天地人物之通理」的太極之內涵與意義。

> 太極最初一○，渾淪齊一，固不得名之爲理。殆其繼之者善，爲二儀，爲四象，爲八卦，同異彰而條理現，而後理之名以起焉。氣之化而人生焉，人生而性成焉。繇氣化而後理之實著，則道之名亦因以立。是理唯可以言性，而不可加諸天也，審矣。〔註31〕

> 太和，和之至也。道者，天地人物之通理，即所謂太極也。〔註32〕

王夫之認爲太極最初一○，狀態是渾淪齊一，固不能稱爲「理」。陰陽渾合未判且「和之至」的太和一氣創生萬物，萬物繼其生生之善，而太和一氣分爲

〔註30〕 曾春海主編：《中國哲學概論》（台北：五南圖書出版，2010 年 10 月），頁 33。

〔註31〕 （明）王夫之：〈盡心上篇〉《讀四書大全說‧孟子》，收入船山全書編輯委員會編校：《船山全書》第六冊（湖南（長沙）：嶽麓書社，1991 年 12 月第一版），卷 10，頁 1110。

〔註32〕 （明）王夫之：〈太和篇〉《張子正蒙注》，收入船山全書編輯委員會編校：《船山全書》第十二冊（湖南（長沙）：嶽麓書社，1991 年 12 月第一版），卷 1，頁 15。

陰陽二儀，又分為四象與八卦，萬物之形彰而物物之條理現，理之名才因此而產生。氣化生物之外，亦創生人，人之生而性乃成。繇氣化而後理才實而顯著，由此太和一氣之依其氣之理創生萬物，萬物皆由太和一氣生生之途徑產生，故道之名亦因此而立，故「道者，天地人物之通理，即所謂太極也。」此天地人物之通理之太極，因已寓於形氣之中，故只可言「性」，而不可言「天理」。黃潤玉引陳北溪之言云：

> 北溪曰，「道即是太極，道是以理之通行者而言，太極是以理之至極者而言。太極以理氣混蹣無窮極而言，道以理氣流行無窮盡而言。」
> 〔註33〕

若氣本體依其氣中之理造化萬物所必經之路即稱作「道」，而此道即是氣化流行「以理通行」而創生無窮盡之萬物。然此一氣流行生生必經之路亦是唯一而終極且至高無上，故稱之為「太極」。

> 苟其識夫在天之氣，唯陰唯陽，而無潛無亢，則合二殊、五實而無非太極。【氣皆有理。】苟其識夫在人之氣，唯陰陽為仁義，而無同異無攻取，則以配義與道而塞乎兩閒。【因氣為理。】故心、氣交養，斯孟子以體天地之誠而存太極之實。若貴性賤氣，以歸不善於氣，則亦樂用其虛而棄其實，其弊亦將與告子等。夫告子之不知性也，則亦不知氣而已矣。〔註34〕

太極乃在天之氣只有陰、陽，無潛無亢，則合陰陽二殊、五行者。在人之氣，只有陰、陽表現成仁義，無同異之別，無與外物攻取之情，人則以此配義與道，其浩然之氣可塞乎天地兩間。人心與此浩然之氣交養，此即孟子體天地之誠，知人性之善來自太極之實，故可存於心而養其性。但貴性賤氣者，將不善歸於氣之過，此乃樂用氣之虛而棄其太極之實，此弊病等同告子以「生之謂性」論性。所以告子並不知人性中本具太極之實，亦不知人之氣源於陰陽和之至的太和一氣。

> 此釋〈乾〉《象》「〈乾〉道變化」四句之義，以龍德擬議，六爻之道，自潛而亢，各有性命之正；時位不齊，應之異道，而皆不違乎太和

〔註33〕 （明）黃潤玉：〈北溪字義標題〉《南山黃先生家傳集》（台北：國家圖書館善本書室，明藍格抄本），卷26。

〔註34〕 （明）王夫之：〈告子上篇〉《讀四書大全說‧孟子》，收入船山全書編輯委員會編校：《船山全書》第六冊（湖南（長沙）：嶽麓書社，1991年12月第一版），卷10，頁1054～1055。

之理，則無不利而不失其正，此純〈乾〉之所以利貞也。不然，因
時蹈利，則違太和之全體而非貞矣。〔註35〕

太和之理乃陰陽一太極之實體，則無不利而不失其正。若以純陽言〈乾〉之
所以利貞，此即不明「太和之全體」之義，因太和之全體乃陰陽渾合未判之
整體，且《易》以「乾坤並建」統六十二卦之變化。

聖人之道，從太極順下，至於「乾道成男，坤道成女」，亦說「人受
天地之中以生」。然曰「乾道成男，坤道成女」，則形而上之道與形
而下之器，莫非乾坤之道所成也。天之乾與父之乾，地之坤與母之
坤，其理一也。唯其爲天之乾、地之坤所成，則固不得以吾形之所
自生者非天。然天之乾一父之乾，地之坤一母之坤，則固不得以吾
性之所自成者非父母。故《西銘》之言，先儒於其順序而不逆、相
合而一貫者，有以知夫橫渠之深有得於一本之旨。〔註36〕

「乾道成男，坤道成女」表乾坤之道完成形而上之道與形而下之器之創生。
《易‧繫辭上傳》云：

是故剛柔相摩，八卦相盪，鼓之以雷霆，潤之以風雨。日月運行，
一寒一暑，乾道成男，坤道成女，乾知大始，坤作成物。〔註37〕

可知宇宙之間自是陰陽二氣不停的摩盪變化，八卦之間亦因陰陽體性相異相
感，而產生宇宙之萬有。然乾爲天、爲陽，代表時間，故知道天地之大始；
坤爲地、爲陰，代表空間，故能作成萬物。黃潤玉云：

天地之間，陰陽二氣而已，陽爲乾道，陰爲坤道，乾道成男，坤道
成。女，二氣交感，萬物化生。然獨冠萬物之靈，而衽席之間，多
有弗順乎理者，故儒者立教，欲人遠色寡欲，奈理不能勝欲，而駸
駸入於危殆者有矣。〔註38〕

〔註35〕　（明）王夫之：〈大易篇〉《張子正蒙注》，收入船山全書編輯委員會編校：《船
山全書》第十二冊（湖南（長沙）：嶽麓書社，1991 年 12 月第一版），卷7，
頁 287。

〔註36〕　（明）王夫之：〈滕文公上篇〉《讀四書大全說‧孟子》，收入船山全書編輯委
員會編校：《船山全書》第六冊（湖南（長沙）：嶽麓書社，1991 年 12 月第一
版），卷8，頁 974。

〔註37〕　（宋）朱熹：《周易本義‧繫辭上》（台北：大安出版社，1999 年 7 月），卷3，
頁 233。

〔註38〕　（明）黃潤玉：〈觀三教平心論偶書〉《南山黃先生家傳集》（台北：國家圖書
館善本書室，明藍格抄本），卷 25。

天地之間是一理氣，分陰陽二種素質，理是生理之主體，氣則是生理之發用。發用之性質有陰陽二種，此二氣相生不已便能無偏勝地和合創生。而氣之發動為陽，凝結完成形氣者是陰，陰陽運行中有其規律則是理，陰陽運行之表現則是氣。道是陰陽二氣創生必經之路。陽是生長發育之必經之路；陰為完成創造之必經之路。乾道如同男生之陽氣十足，運動不已，而坤道如同女生守成溫順完成創造。人是獨冠萬物之靈，而日常起居之間，多有違背天地創生陰陽和合之理，便是惡，所以有儒者想立教，要人遠離色欲，並強行禁止人生理需求之欲，其實這種作法並不甚妥當。因為強行克制慾望，反會進入危殆之情境。王夫之進一步說明天之乾與父之乾，地之坤與母之坤，皆從太極之理而來，故可言一。人乃天之乾與地之坤創生，故吾形乃從天所生，地以資其形而養。天之乾即父之乾，地之坤即母之坤，故吾性乃從父母所生。

> 形色即天性，天性眞而形色亦不妄。父母即乾坤，乾坤大而父母亦不小。順而下之，太極而兩儀，兩儀而有乾道、坤道，乾坤道立而父母以生我。則太極固為大本，而以遠則疎；父母固亦乾道、坤道之所成者，而以近則親。繇近以達遠，先親而後疎，即形而見性，因心而得理。此吾儒之所【為〔謂〕】一本而萬殊也。〔註39〕

形色即天性其義乃指出人之性本於天，故天性眞；而無身之形色本於天之乾的父之乾與地之坤的母之坤，故亦不妄。所以父母即乾坤，乾坤大而父母亦不小。順此言之，太極分為兩儀，兩儀創生有乾道、坤道，乾坤之道立而創生萬物，若論人之創生則言父母。太極乃生物之為大本，若論人之生其遠則疎，然父母本為乾道、坤道所生，論人由父母所生則近則親。由父母之生論人道，乃繇近以達遠於天的太極之本，故先親而後疎，即無身之形而可以見本於天之性，因心而可得太極之實理。此乃儒者所謂「一本而萬殊」之義。

第三節　物物有一陰陽太極

　　天下之所有形氣之事物，皆為太虛之和氣陰陽往來之神所變化，而萬事

〔註39〕　（明）王夫之：〈滕文公上篇〉《讀四書大全說・孟子》，收入船山全書編輯委員會編校：《船山全書》第六冊（湖南（長沙）：嶽麓書社，1991年12月第一版），卷8，頁975。

萬物爲一氣之凝而有形氣之身後，並非爲一氣生生之結束，反而是另一太和之氣樣態的展現，而事物何以變化無端？乃因物物中皆有一陰陽和合之體，故藉此與太虛之和氣本質相同之生生不已之體，爲其形氣之身的主體，故萬事萬物亦能在有生之年依氣化統一之通理流行不已。

> 自太和一氣而推之，陰陽之化自此而分，陰中有陽，陽中有陰，原
> 本於太極之一，非陰陽判離，各自孳生其類。故獨陰不成，孤陽不
> 生，既生既成，而陰陽又各殊體。其在於人，剛柔相濟，義利相裁，
> 道器相需，以成酬酢萬變之理，而皆協於一。〔註40〕

太極中非陰陽判離，陰中有陽，陽中有陰，各自孳生其類。陰陽體性各有其作用，兩者相合爲一，故獨陰不成，孤陽不生。自太和一氣陰陽推盪創生萬物，陰陽之化自此而分，既生既成，而陰陽又各具殊體。其在於人之表現，爲剛柔相濟，義利相裁，道器相需，以成酬酢萬變之理，而此皆協於太極之理。朱子云：

> 太極只是天地萬物之理。在天地言，則天地中有太極；在萬物言，
> 則萬物中各有太極。〔註41〕

> 太極只是箇極好至善底道理。人人有一太極，物物有一太極。〔註42〕

朱子乃「理一分殊」，故「太極」指形上之理，當凝爲入形氣之中之理時，即所謂「分殊」之人人有一太極，物物有一太極。然形氣之萬物雖有「理一」之「太極」，但與其形氣之身乃「不離不雜」之狀態。王夫之云：

> 天地之法象，人之血氣表裏，耳目手足，以至魚鳥飛潛，草木華實，
> 雖陰陽不相離，而抑各成乎陰陽之體，就其昭明流動者謂之清，就
> 其凝滯堅強者謂之濁。〔註43〕

人之血氣表裏、耳目手足與天地間之各種法象，魚鳥飛潛，草木華實之形氣

〔註40〕　（明）王夫之：〈太和篇〉《張子正蒙注》，收入船山全書編輯委員會編校：《船山全書》第十二冊（湖南（長沙）：嶽麓書社，1991 年 12 月第一版），卷 1，頁 47。

〔註41〕　（宋）朱熹撰，黎靖德編：〈理氣上〉《朱子語類》，（台北：文津出版社，1986 年 12 月），第一冊，卷 1，頁 1。

〔註42〕　（宋）朱熹撰，黎靖德編：〈周子之書〉《朱子語類》，（台北：文津出版社，1986 年 12 月），第六冊，卷 94，頁 2371。

〔註43〕　（明）王夫之：〈太和篇〉《張子正蒙注》，收入船山全書編輯委員會編校：《船山全書》第十二冊（湖南（長沙）：嶽麓書社，1991 年 12 月第一版），卷 1，頁 27～28。

中皆陰陽不相離，而各成乎陰陽之體。而陰陽體性有不同之表現，就其昭明流動者謂之清，就其凝滯堅強者謂之濁。

> 凡天下之事物，一皆陰陽往來之神所變化。物物有陰陽，事亦如之。其為同為異，各有所屈，各有所伸，以成乎多寡、小大、吉凶、善惡之形，知其所屈，而屈此者可以伸彼，知其所伸，而伸者必有其屈；以同相輔，以異相治，以制器而利天下之用，以應事而利攸往之用，以俟命而利修身之用，存乎神之感而已。神者，不滯於物而善用物者也。〔註44〕

凡天下之事物，一皆陰陽往來之神所變化。所謂「陰陽往來之神」乃「精者，陰陽有兆而相合，始聚而為清微和粹，含神以為氣母者也。」

> 精者，陰陽有兆而相合，始聚而為清微和粹，含神以為氣母者也。苟非此，則天地之間，一皆游氣而無實矣。互藏其宅者，陽入陰中，陰麗陽中，〈坎〉、〈離〉其象也。太和之氣，陰陽渾合，互相容保其精，得太和之純粹，故陽非孤陽，陰非寡陰，相函而成質，乃不失其和而久安。〔註45〕

「陰陽往來之神」乃陰陽有兆而相合之精，始聚而為清微和粹，含神以為氣母者。陰陽之氣創生之機乃由此「精」開始。天地之間未創生之初皆游氣而無實，此乃陽之盛陰之弱而氣清微和粹。但陽非孤陽，陰非寡陰，相函而成質，故陰陽互藏其宅，陽氣昭明流動之清可入陰氣凝滯堅強之濁中，凝滯堅強而有形之陰氣可表現清而幽隱之陽氣，如〈坎〉、〈離〉之象。薛瑄云：

> 此太極常包涵乎天下萬物。如大海之水包涵夫水之百物，所謂「萬物統體一太極」也。就天地萬物觀之，各有一太極，如海中水之百物各得海水之一，所謂「萬物各具一太極。」〔註46〕

薛瑄此段話乃站在形上無限太極之本體來論形下物物各具一太極，由此論點可看出其與王夫之認為形下氣保有太和陰陽渾合之本質之「精」，此「精」即

〔註44〕（明）王夫之：〈動物篇〉《張子正蒙注》，收入船山全書編輯委員會編校：《船山全書》第十二冊（湖南（長沙）：嶽麓書社，1991年12月第一版），卷3，頁107。

〔註45〕（明）王夫之：〈太和篇〉《張子正蒙注》，收入船山全書編輯委員會編校：《船山全書》第十二冊（湖南（長沙）：嶽麓書社，1991年12月第一版），卷1，頁54。

〔註46〕（明）薛瑄：《薛文清公讀書續錄》，收入《薛瑄全集》（山西：山西人民出版社，1990年8月），卷1，頁1307。

其所謂「陽非孤陽，陰非寡陰，相函而成質」，乃表示形下萬物中亦有陰陽相函而成質之「太極」。故由薛瑄由言太極常包涵萬物，可知其以為太極為無限之本體，雖在形氣之中，但不會被形氣所拘隔，而失其形上無限遍在之本體義。因太極本身即具陰陽，太極與氣本為一體於無窮氣化世界中，則形氣之萬物各一理之太極，太極不會因存在於無窮陰陽中而有分別。但若無限之太極落於有限陰陽中，而為既陰陽所拘隔，便可由形式之所以然的立場，說萬物各具之太極仍然是一。若由太極受限於某陰陽中，而以此陰陽為表現之形體，則萬物各自之太極即有不同。但薛瑄主張太極是無內外遠近分別的極至之理，所以不會受限於陰陽中，而可能為有限之太極。又由「萬物統體一太極」可知，萬物所各具的一理，不是指限於陰陽中的有限之太極，此一理仍是無限遍在於萬物中。而同出一原的萬理，是指極至之太極於萬物中而為萬物之理，而有不同理之稱，但此萬理是太極不同之表現狀態。而表理上雖有理萬之別，但本質仍是一理，此是立於各一之有限中，說統體之無限為其共同之本體。

> 天下之物，皆天命所流行，太和所屈伸之化，既有形而又各成其陰陽剛柔之體，故一而異，惟其本一，故能合；惟其異，故必相須以成而有合。然則感而合者，所以化物之異而適於太和者也；非合人倫庶物之異而統於無異，則仁義不行。資天下之有以用吾之虛，〈咸〉之《象辭》曰：「觀其所感而天地萬物之情見矣。」見其情乃得其理，則盡性以合天者，必利用此幾而不容滅矣。〔註47〕

天下之物皆天命流行，太和屈伸之氣化所生，有形氣之生後，萬物又各成其陰陽剛柔之體，故本一於太和之氣而物之形生後始異，惟其本一，故能合。惟其異，故必相須以成而有合。相須以成則須感而能合，所以化物之異而適於太和者。「化物之異而適於太和者」非合人倫庶物形氣之異而統於無異之太和一氣，若強合異於不異，則仁義不行。以天下之有形之事物以資養吾身虛而無形之性，如〈咸〉之《象辭》：「觀其所感而天地萬物之情見矣。」因人可藉由與物相感，見其情乃得其理，則盡性以合天者，必利用此幾而不容滅矣。故物物有陰陽，事亦如之。天下之「事」亦陽非孤陽，陰非寡陰，相函

〔註47〕 （明）王夫之：〈可狀篇〉《張子正蒙注》，收入船山全書編輯委員會編校：《船山全書》第十二冊（湖南（長沙）：嶽麓書社，1991年12月第一版），卷9，頁365。

而成質，事事皆同具陰陽。而人面對事，須有其應對之理，事之爲同爲異，各有所屈，各有所伸，並有多寡、小大、吉凶、善惡之形。若知其所屈，陰陽渾合，故可而屈此者可以伸彼，知其所伸，而伸者必有其屈。須以同相輔即以類相遇，以異相治即異類相感，以制器而利天下之用，以應事而利攸往之用，因物物有陰陽，人亦有陰陽之精於身，故要不失其和而可久安，故須「互藏之精相得而不舍，則其相生也不窮，固與太虛之太和通理。〔註48〕」人若依此太虛之太和通理應事順暢，乃俟命而利修身之用，存乎神之感。如其所言「屈則必伸，伸則必屈，善其屈以裕其伸，節其伸所以安其屈，天地不息之誠，太和不偏之妙也。人能以屈感伸，斂華就實，而德自著；以伸感屈，善其得者善其喪，皆體天地自然之實理，修身俟命而富貴不淫，貧賤不屈，夭壽不貳，用無不利矣。〔註49〕」

> 聖人之存神，本合乎至一之太虛，而立教之本，必因陰陽已分、剛柔成象之體，蓋以由兩而見一也。乾之六陽，坤之六陰，健順之德具足於法象，故相摩相盪，成六十二卦之變易，以盡天下之賾賾。若陰陽不純備乎乾、坤，則六十二象之往來者何所從生邪，其何以見《易》乎，聖人成天下之盛德大業於感通之後，而以合絪縕一氣和合之體，修人事即以肖天德，知生即以知死，存神即以養氣，惟於二氣之實，兼體而以時用之爾。〔註50〕

聖人所欲存之神，本合乎至一之太虛，然其立教之本，必因陰陽已分、形氣之萬物已具剛柔成象之體，蓋以由二氣之實而見一太虛之氣也。乾之六陽，坤之六陰，陰陽健順之德具足於法象，故陰陽之相摩相盪，可成六十二卦之變易，以盡天下之賾賾。聖人成天下之盛德大業於感通之後，而以神之感「不滯於物而善用物者」合於絪縕一氣和合之體，修人事即以肖天德，知生即以知死，存神即以養氣，惟於二氣之實，兼體而以時用之爾。

〔註48〕　（明）王夫之：〈太和篇〉《張子正蒙注》，收入船山全書編輯委員會編校：《船山全書》第十二冊（湖南（長沙）：嶽麓書社，1991年12月第一版），卷1，頁54。

〔註49〕　（明）王夫之：〈誠明篇〉《張子正蒙注》，收入船山全書編輯委員會編校：《船山全書》第十二冊（湖南（長沙）：嶽麓書社，1991年12月第一版），卷3，頁140。而此神之感乃「不滯於物而善用物者也。」

〔註50〕　（明）王夫之：〈太和篇〉《張子正蒙注》，收入船山全書編輯委員會編校：《船山全書》第十二冊（湖南（長沙）：嶽麓書社，1991年12月第一版），卷1，頁37。

第四節　體靜用動，動靜無端

　　本節討論太極乃「體靜用動，動靜無端」，因為「太極」即是太虛之和氣的「陰陽和合之體」，為即存有即活動，此外，此即存有即活動之本體，其動靜乃太虛之和氣所本有，非形下相對的動靜。羅光云：「王船山主張陰陽不由動靜而生，陰陽本來就隱在太和中，太和就是陰陽的氣，因著動靜而顯。動靜所成的，是陰陽的用，用成物的情質。〔註51〕」

> 明有所以為明，幽有所以為幽；其在幽者，耳目見聞之力窮，而非理氣之本無也。老、莊之徒，於所不能見聞而決言之曰無，陋甚矣。《易》以〈乾〉之六陽、〈坤〉之六陰大備，而錯綜以成變化為體，故〈乾〉非無陰，陰處於幽也；〈坤〉非無陽，陽處於幽也；〈剝〉、〈復〉之陽非少，〈夬〉、〈姤〉之陰非微，幽以為縕，明以為表也。故曰「《易》有太極」，乾、坤合於太和而富有日新之無所缺也。若周子之言無極者，言道無適主，化無定則，不可名之為極，而實有太極，亦以明夫無所謂無，而人見為無者皆有也。屈伸者，非理氣之生滅也；自明而之幽為屈，自幽而之明為伸；運於兩間者恒伸，而成乎形色者有屈。彼以無名為天地之始，滅盡為真空之藏。猶瞽者不見有物而遂謂無物，其愚不可瘳已。〔註52〕

周子之言無極者，言陰陽之道無專適之主，氣化之變無固定之則，固不可名之為極。但此實有之太極，人一應明白其雖無形不可見但無所謂「無」，而人所見為無者皆實有也。明有所以為明，幽有所以為幽，所謂幽者乃因耳目見聞之力有其窮盡與限制，故無法見之。但不可見之理氣本非無也。而老、莊之徒，於所不能見聞而決言之曰無，則學識淺薄。如《易》以〈乾〉之六陽、〈坤〉之六陰大備，而錯綜以成變化為體，故〈乾〉非無陰，陰處於幽也；〈坤〉非無陽，陽處於幽也；〈剝〉、〈復〉之陽非少，〈夬〉、〈姤〉之陰非微，幽以為縕，明以為表也，故太極陰陽渾合，無所謂孤陰孤陽者。呂柟云：

> 問：「天地一元十二會，一年十二月，一日十二時。統而言之，不過

〔註51〕　羅光：《王船山形上學思想》（台北縣：輔仁大學出版社，1993年5月初版），頁101。

〔註52〕　（明）王夫之：〈大易篇〉《張子正蒙注》，收入船山全書編輯委員會編校：《船山全書》第十二冊（湖南（長沙）：嶽麓書社，1991年12月第一版），卷7，頁272～273。

六陰六場迭相循環。然陽中未始無陰，陰中未始無陽。學者觀於陰
陽之間，亦可以進德矣。」曰：「孔子斟酌四代禮樂亦此意。故曰『變
則通』，又曰『通乎晝夜之道而知』。」〔註53〕

此處乃在論《易》也。因呂柟是主張六十二卦，反對董仲舒則認爲陰陽對立，
使天地之變化乃是突然頓變。董仲舒云：

大旱者，陽滅陰也，陽滅陰者，尊厭卑也，固其義也，雖大甚，拜
請之而已，無敢有加也。大水者，陰滅陽也，陰滅陽者，卑勝尊也，
日食亦然，皆下犯上，以賤傷貴者，逆節也，故鳴鼓而攻之，朱絲
而脅之，爲其不義也，此亦春秋之不畏強御也。故變天地之位，正
陰陽之序，直行其道而不忘其難，義之至也。〔註54〕

董仲舒認爲有所謂「陽滅陰也，陽滅陰者」之陰陽存的狀況。如旱災的產生
是因爲陽氣過盛而損滅陰氣，但陽勝於陰是理所當然之事，故雖旱災很嚴重
也只能向上天拜請祈求。而水患、日蝕皆屬陰氣過盛而損滅陽氣，因卑壓尊
非正常現象，故必須擊鼓責備社神。董仲舒云：

惡之屬盡爲陰，善之屬盡爲陽，陽爲德，陰爲刑。刑反德而順於德，
亦權之類也。雖曰權，皆在權成。是故陽行於順，陰行於逆。逆行
而順，順行而逆者，陰也。是故天以陰爲權，以陽爲經……經用於
盛，權用於末。以此見天之顯經隱權，前德而後刑也。……天之好
仁而近，惡戾之變而遠，大德而小刑之意也，先經而後權，貴陽而
賤陰也。〔註55〕

陽出而前，陰出而後，尊德而卑刑之心見矣。陽出而積於夏，任德
以歲事也，陰出而積於冬，錯刑於空處也。小以此祭之。〔註56〕

董仲舒「貴陽而賤陰」之思想而提出「惡之屬盡爲陰，善之屬盡爲陽」此具
乃讓人誤以爲「陰陽對立」與「孤陰孤陽」。故呂柟亦會誤解之。但其實董仲
舒以爲陽是天之經，用於盛，是實也是顯的；而陰是天之權小用於末，是空

〔註53〕（明）呂柟：《涇野子內篇》（北京：中華書局，1992年），頁28。
〔註54〕（漢）董仲舒：《春秋繁露・精華》（台北：臺灣商務印書館《四部叢刊》影
　　　上海商務印書館縮印武英殿聚珍本，1975年臺3版），卷3，頁18。
〔註55〕（漢）董仲舒：《春秋繁露・陽尊陰卑》（台北：臺灣商務印書館《四部叢刊》
　　　影上海商務印書館縮印武英殿聚珍本，1975年臺3版，卷11，頁63。
〔註56〕（漢）董仲舒：《春秋繁露・天道無二》（台北：臺灣商務印書館《四部叢刊》
　　　影上海商務印書館縮印武英殿聚珍本，1975年臺3版，卷12，頁67。

也是隱的。天道以經爲主，以權爲輔，故陽多而陰少、右陽而不右陰，更以天道的親陽遠陰來強調重視德教而輕刑罰的意思。而效法於天的君主也就必須與天同爲「重德輕刑」。而人主施政必須仿效天重恩德而不重刑罰，當陽氣在夏季達到高峰時，人主就必須沃德教完成一切事物，而當陰氣在冬季達到高峰時，人主就必須以刑罰來輔助德教以達整全的施政。

然而呂柟卻認爲陰陽是不能分離的，對於董仲舒「貴陽而賤陰」之思想而提出「惡之屬盡爲陰，善之屬盡爲陽」而於人事上「重德輕刑」。對呂柟而言是不表贊同。於是陰陽即爲一氣中之兩種素質與作用。所以一氣可以透過六陰六陽之更迭變化產生許多不同的人事物，此即其所指稱之四代禮樂之轉變，然而「變」中有其「通」之則，如同天之變化的「晝夜之道」，乃是陰陽變化有其定理。故呂柟是將一氣流行中的陰陽創生作用是具有陰陽之「變」中有「通」而可爲常道之道德義。

王夫之提出「《易》有太極」，乾、坤本合於太和而富有日新之無所缺也。所謂推盪屈伸，非理氣之生滅，只是自明而之幽爲屈，自幽而之明爲伸，運於幽明隱顯之兩間者因其無形故恒伸，而成乎形色者乃具體形氣，有其氣散損毀之一日，故稱其有屈。老氏以無名爲天地之始，釋氏以滅盡爲眞空之藏。兩者如聾者眼無法見物，因不見有物，遂謂無物，其愚昧之病重而不可治。

> 浮屠謂眞空常寂之圓成實性，止一光明，藏而地水火風根塵等皆由妄現，知見妄立，執爲實相。若謂太極本無陰陽，乃動靜所顯之影象，則性本清空，稟於太極，形有消長，生於變化，性中增形，形外有性，人不資氣而生而於氣外求理，則形爲妄而性爲眞，陷於其邪說矣。〔註57〕

《易》有太極，乾、坤本合於太和而富有日新之無所缺也。故若如浮屠認爲：太極本無陰陽，乃動靜所顯之影象，則性本清空，稟於太極，形有消長，生於變化，性中增形，形外有性，人不資氣而生而於氣外求理，則形爲妄而性爲眞，此乃陷於邪說。故由此可知，王夫之反對：太極本無陰陽之說，而且因此誤認陰陽乃動靜所顯之影象。故羅光云：

> 王船山認爲若太極本沒有陰陽，祇是氣之本體，陰陽則是動靜所生，

〔註57〕　（明）王夫之：〈太和篇〉《張子正蒙注》，收入船山全書編輯委員會編校：《船山全書》第十二冊（湖南（長沙）：嶽麓書社，1991 年 12 月第一版），卷 1，頁 25。

動靜所生的陰陽則是外形，祇是影象，因此物性稟於太極，便是虛
空，陰陽成物形，物形因陰陽變化常有消長，陰陽在物性以外，物
性以外有陰陽之形，氣和理相分離，理是眞，氣是妄，那不是佛教
所說萬物皆是虛空，祇有萬物的眞性，即是佛性爲眞嗎！〔註58〕

> 皆不知氣之未嘗有有無而神之通於太和也。……朱子以其言既聚而
> 散，散而復聚，譏其爲大輪迴。而愚以爲朱子之說反近於釋氏滅盡
> 之言，而與聖人之言異。孔子曰：「未知生，焉知死。」則生之散而
> 爲死，死之可復聚爲生，其理一轍，明矣。《易》曰：「精氣爲物，
> 遊魂爲變。」游魂者，魂之散而游於虛也，爲變，則還以生變化，
> 明矣。又曰：「屈伸相感而利生焉。」伸之感而屈，生而死也；屈之
> 感而伸，非既屈者因感而可復伸乎？又曰：「形而上者謂之道，形而
> 下者謂之器。」形而上，即所謂清通而不可象者也。器有成毀，而
> 不可象者寓於器以起用，未嘗成，亦不可毀，器散而道未嘗息也。
> 〔註59〕

王夫之認爲許多學者都不知太虛之氣其本體未嘗有有無之別，有有無者非本
體之氣，而是具體形氣有散之無形與聚之有形的不同狀態，太虛之氣其神乃
通於太和之陰陽和合之體，此即前所謂太和之氣通形器之先後。朱子諷刺氣
之已聚而散，散而又聚，爲似釋氏之輪迴。然而王夫之以爲朱子之說反而是
接近於釋氏滅盡之說，而與儒家聖人之言有異。孔子曰：「季路問事鬼神。子
曰：『未能事人，焉能事鬼？』敢問死。曰：『未知生，焉知死？』。〔註60〕」
王夫之舉子路問孔子人和奉事鬼神？《集注》：「問事鬼神，蓋求所以奉祭祀
之意。而死者人之所必有，不可不知，皆切問也。然非誠敬足以事人，則必
不能事神；非原始而知所以生，則必不能反終而知所以死。蓋幽明始終，初
無二理，但學之有序，不可躐等，故夫子告之如此。程子曰：『晝夜者，死生
之道也。知生之道，則知死之道；盡事人之道，則盡事鬼之道。死生人鬼，

〔註58〕　羅光：《王船山形上學思想》（台北縣：輔仁大學出版社，1993年5月初版），
　　　　　頁101～102。

〔註59〕　（明）王夫之：〈太和篇〉《張子正蒙注》，收入船山全書編輯委員會編校：《船
　　　　　山全書》第十二冊（湖南（長沙）：嶽麓書社，1991年12月第一版），卷1，
　　　　　頁21。

〔註60〕　（宋）朱熹：〈先進〉《四書章句集注・論語》（台北：大安出版社，1999年
　　　　　12月），卷6，頁172。

一而二，二而一者也。或言夫子不告子路，不知此乃所以深告之也。』〔註61〕」
晝夜者如同死生之道，幽明並無二理。知生之道，則知死之道；盡事人之道，
即是盡事鬼之道。因此人事之道以誠敬相待，故祭祀鬼神之道亦以此精神奉
事。由王夫之氣論立場認爲生之人與死之鬼皆氣之聚散變化，本於太虛之氣
之太極之通理，生之散而爲死，死之可復聚爲生，其理一轍。但人所能知者，
乃在有生之時，故人未必能知死後之事，因爲活著時，人有形氣之身才能體
悟氣化之變，既已死後，其氣則已歸於太虛，又何須擔憂。

《易》之「精氣爲物，遊魂爲變。」所謂「游魂」，乃無形之氣之魂散而
游於太虛中。所謂「爲變」，則表此遊魂之氣會透過陰陽二氣變化，乃由無形
之氣散之狀，變而爲有形之氣聚之狀，藉由兩者氣之樣態的轉換而生生不息。
而此陰陽二氣之所以會變化，乃因「屈伸相感而利生焉」陽之伸之感而陰之屈，
由生而死；陰之屈之感而陽之伸，死亦生也，屈伸相感不已，故生死循環不已。

所謂「形而上者謂之道，形而下者謂之器」，表示形而上乃清通而不可象
之道，無所謂形散形聚之生死。但形而下之器，因有形固有成毀，然而形而
上不可象者，須藉助寓於器中而可起其用，因其未嘗成形，故亦不可毀，故
言器敝而道未嘗息也。

> 以天運物象言之，春夏爲生、爲來、爲伸，秋冬爲殺、爲往、爲屈，
> 而秋冬生氣潛藏於地中，枝葉槁而根本固榮，則非秋冬之一消滅而
> 更無餘也。車薪之火，一烈已盡，而爲焰、爲煙、爲燼，木者仍歸
> 木，水者仍歸水，土者仍歸土，特希微而人不見爾。一甑之炊，濕
> 熱之氣，蓬蓬勃勃，必有所歸，若盦蓋嚴密，則鬱而不散。汞見火
> 則飛，不知何往，而究歸於地。有形者且然，況其絪縕不可象者乎！
> 未嘗有辛勤歲月之積，一旦悉化爲烏有，明矣。故曰往來，曰屈伸，
> 曰聚散，曰幽明，而不曰生滅。生滅者，釋氏之陋說也。儻如散盡
> 無餘之說，則此太極渾淪之內，何處爲其翕受消歸之府乎？又云造
> 化日新而不用其故，則此太虛之內，亦何從得此無盡之儲，以終古
> 趨於滅而不匱邪？〔註62〕

〔註61〕 （宋）朱熹：〈先進第十一〉《四書章句集注・孟子》（台北：大安出版社，1999
　　　　年12月），卷6，頁172。

〔註62〕 （明）王夫之：〈太和篇〉《張子正蒙注》，收入船山全書編輯委員會編校：《船
　　　　山全書》第十二冊（湖南（長沙）：嶽麓書社，1991年12月第一版），卷1，
　　　　頁21～22。

王夫之以天運物象討論氣之聚散與生死循環之情狀。其言春夏爲生、爲來、爲伸；秋冬爲殺、爲往、爲屈，然而秋冬陽之生氣並非消逝而是潛藏於地中，故雖然枝葉枯槁而其不爲人所見之根本固榮，則非秋冬陽氣之一消滅而更無餘也。其二，車薪之火，薪因爲火烈已盡，但變而爲焰、爲煙、爲燼，木者仍歸於木，水者仍歸於水，土者仍歸於土，只因希微而人之眼力所不及而不見。譬如甑之炊，濕熱之氣，蓬蓬勃勃，陽氣蒸騰，陰氣凝結下降，皆各必有所歸，若其蓋嚴密，則鬱而不散，水氣蓄積在甑中。此外，汞見火則飛，其無固定方向，故不知何往，而終究落歸於地。王夫之觀察自然之萬物變化，藉此說明有形之氣其變化皆相同，爲氣聚而生，氣散而死，死後形氣消散歸於太虛之絪縕不可象者！再者，未嘗有辛勤歲月之積，因爲驟變而一夕全化爲烏有。若由氣之聚散循環不已的論點來說，可以曰往來，曰屈伸，曰聚散，曰幽明，但不可以曰生滅。如果相信氣散盡而無餘，則此說與太極渾淪之內有太虛之氣爲其本質，而此氣之聚受而散消而歸又將聚集於何處？氣之造化日新，若氣無循環不已，而氣只會消散，則表氣量之總體會因爲氣化之運用而日漸減少，若真如此，則此太虛之內，何從得此無盡之儲，而且何以終古趨於消減而不匱乏？

> 成而爲象，則有陰有陽；效而爲法，則有剛有柔；立而爲性，則有仁有義；皆太極本所並有，合同而化之實體也。故謂「太極靜而生陰，動而生陽」。自其動幾已後之化言之，則陰陽因動靜而著；若其本有爲所動所靜者，則陰陽各爲其體，而動靜者乃陰陽之動靜也。靜則陰氣聚以函陽，動則陽氣伸以盪陰，陰陽之非因動靜而始有，明矣。故曰兩體，不曰兩用。此張子之言所以獨得其實，而非從呼吸之一幾，測理之大全也。〔註63〕

在天成而爲象，則有陰有陽；在地效而爲法，則有剛有柔；在人立而爲性，則有仁有義，此皆太極內之陰陽和合之體本所並有，藉由陰陽合同而二氣其氣化而爲具體形氣之實體。故謂「太極靜而生陰，動而生陽」，此則從太虛和氣其陽氣之動幾已後，產生氣化之情狀而言，而陰陽二氣之表現因氣之動靜而顯著。若陰陽其本有爲所動所靜者，此指太極之陰陽和合之體則是陰陽各

〔註63〕 （明）王夫之：〈大易篇〉《張子正蒙注》，收入船山全書編輯委員會編校：《船山全書》第十二冊（湖南（長沙）：嶽麓書社，1991年12月第一版），卷7，頁275～276。

為其體，而動靜者乃陰陽之動靜無端。當氣之靜則陰氣聚以函陽，氣之動則陽氣伸以盪陰，陰陽之非因動靜而始有，而是太極中本有陰陽之兩體。故曰兩體，不曰兩用。林聰舜云：「因船山心中的宇宙，是一實有健動的宇宙，而作為宇宙本體的『太極』，也應是孕育無限生機的神化不息之本體，已既對立又互相滲透的陰陽二氣說明的絪縕摩盪之作用，正可符合此一要求。〔註64〕」而王夫之認為張載以氣論角度來論太極是獨得太極本體之實情，而非從具體形氣呼吸有限之氣幾，來測太極通理之全貌。

> 老氏以天地之橐籥動而生風，是虛能於無生有，變幻無窮；而氣不鼓動則無，使有限矣。然則執鼓其橐籥而令生氣乎？有無混一者，可見謂之有，不可見謂之無，其實動靜有時陰陽常在，有無無異也。誤解《太極圖說》者，謂太極本未有陰陽，因動而始生陽，靜而始生陰。不知動靜所生之陰陽，乃固有之緼，為寒暑潤燥男女之情質，其絪縕充滿在動靜之先。動靜者即陰陽之動靜，動則陰變於陽，靜則陽凝於陰，一〈震〉、〈巽〉、〈坎〉、〈離〉、〈艮〉、〈兌〉之生於〈乾〉、〈坤〉也；非動而後有陽，靜而後有陰，本無二氣，緣動靜而生，如老氏之說也。〔註65〕

老子：「天地之間，其猶橐籥。〔註66〕」認為天地之虛空之無的橐籥可動而生風變幻無窮地生出具體有形之萬物。但王夫之反對老子虛無生實有之論點，因為此虛空之橐籥有待氣之動的風才能生物，其本質非氣，若此氣不生，風便不起，物便無法生出。王夫之認為虛無本質應是氣，此氣中本具動能生物之能，故可以創生實有之形氣，而無待於外物。羅光云：「周易的宗，即根本思想，為乾坤並建，這是王船山本人的主張。乾坤即陰陽，在陰陽以上，沒有不分陰陽的本體之氣，太極不是張載所說的太虛，而是陰陽不顯的太極。〔註67〕」此外，周敦頤《太極圖說》：「無極而太極，太極動而生陽，動極而靜，

〔註64〕 林聰舜：《明清之際儒家思想的變遷與發展》（台北：臺灣學生書局，1990年10月），頁160。
〔註65〕 （明）王夫之：〈太和篇〉《張子正蒙注》，收入船山全書編輯委員會編校：《船山全書》第十二冊（湖南（長沙）：嶽麓書社，1991年12月第一版），卷1，頁24。
〔註66〕 《老子校釋》（《新編諸子集成（第一輯）》，北京：中華書局，1984年11月），頁23。
〔註67〕 羅光：〈周易內傳發例〉《王船山形上學思想》（台北縣：輔仁大學出版社，1993年5月初版），頁69。

靜而生陰，靜極復動，一動一靜，互爲其根，分陰分陽，兩儀立焉。〔註68〕」
太極爲無方所、無具體聲臭的最高之理。而太極具無限義故非能由言語之名
所界定，故以無極稱之，此無極既非理又非氣。太極是形上動而無動相、靜
而無靜相的陰陽相生之神，此神之體須在形氣中才能被感知而顯其創生大
用。所以動靜本身並非對立而爲有限者，其乃太極中動相生互爲其根不可分
離的兩種性質，所以是動極而靜、靜極復動是無形迹循環不已之神用。黃甲
淵云：

> 道即太極，此道有能生能化之神用。所謂「動」，是說道不是抽象的
> 死體，它是純然之虛靈體。此虛靈體之動無有動相，所以說「動而
> 無動」。「誠」是虛靈寂體，因此靜而無有靜相。動而無動相，是謂
> 至動，至動不與靜相對。靜而無靜相，是謂至靜，至靜不與動相對。
> 此道體之動靜與物之動靜就不同。物動靜而有形有相，所以說「動
> 而無靜、靜而無動」，這是相對性的動靜。〔註69〕

動靜落入氣化即所謂「物動靜而有形有相」，乃有陰陽兩義之分立。故「動而
無靜、靜而無動」乃陰陽氣化層次，其一動便顯動之相，便是氣化之陽散之
用；其一靜便顯靜之相，便是氣化之陰聚之用，此動靜已離開本體界落入形
器中。馮友蘭云：

> 蓋特殊的事物是此則爲所此所決定而不能是彼，是彼則即爲彼所決
> 定而不能是此。此所謂「物則不通」也。若太極則動而無動，即於
> 動中亦有靜也。靜而無靜，即於靜中亦有動也。故其陰中有陽，陽
> 中有陰。此即所謂「神妙之物」。〔註70〕

但學者若無渾沌太和之氣乃陰陽未判的觀念來論動靜之說，便會誤解《太極
圖說》之義，認爲：太極本未有陰陽，因動而始生陽，靜而始生陰。《中國哲
學概論》於〈儒家的本體〉一文中提出：

> 《周易》的本體論揭示整體存在界中，存有者相互間含具內在有機
> 的聯繫性。涵攝陰陽的太極，乃統攝人與天地萬物之終極性的本根，

〔註68〕 （宋）周敦頤：《太極圖說》（《周子全書》，台北：臺灣商務印書館，1978 年
9 月），頁2。

〔註69〕 黃甲淵：〈關於周子《太極圖說》的諸說與「無極而太極」的先後次序問題〉，
《鵝湖學誌》第 9 期（1992 年 12 月），頁86。

〔註70〕 馮友蘭：《中國哲學史（下冊）》（台北：臺灣商務印書館，1996 年 11 月），頁
824。

亦即聯繫，統合一切存有者之存有。太極自本自根，恆流轉運化宇宙萬物，整個世界呈現爲一生生相繼變化流行不已的恆動歷程。萬物皆在此歷程中相生相攝，和諧並育，相輔相成，共存共融。同時，每一存在者也透過這一生生的歷程，與他者互動互補而趨向內在本真之性的開顯和自我實現。扼要言之，在易學機體的生態宇宙裡，每一存有者皆非孤立靜態的單位，而透過縱橫交織的形上理網與他者血脈相聯、休戚與共，協同共構出互爲世界中的存有。〔註71〕

而王夫之乃接續此儒家傳統本體論的思維發展之。陳棋助云：「船山認爲這等於說天地之間存在著『有陰無陽，有陽無陰之氣』，『有乾無坤，有坤無乾』之道，而違反《周易》『並建乾坤』之旨，是承認有『陰陽孤絕』之一日。同時難以解釋從天地渾沌一氣爲何能化生出互相異質的陰陽二氣？是等於說『太極本未有陰陽』，因動靜而生陰陽，仍不免無生有。〔註72〕」故王夫之強調：動靜所生之陰陽，如同具體可見「無孤陽之物，亦無孤陰之物」的寒暑潤燥男女陰陽情質之「有」中，其陰陽特質早已固有絪縕充滿在動靜之先「無」而不可見的太虛本體中，故其言「動靜有時陰陽常在」。而陰陽二氣本絪縕渾淪在無形太虛之中，人以爲其「無」；而具體形器產生，有動靜之開端，動則陰變於陽，靜則陽凝於陰，因陰陽二分故可見，人以爲其「有」，所以其又言「有無無異也」。在此藉陳贇之言闡述王夫之有、無思想之哲學進路，其云：

> 船山知道，如果從存在本身的區域劃分而不是從存在的顯現方式上考慮形上形下之別，那麼，我們存在根本上就無法抵禦那種建立在「有無」基礎上的「實體主義存在論」，而那種存在論最終意味著對真實的存在本身的顛覆。所以在這裡，船山仍然嚴密地採用防禦性的策略。他看得非常得透徹，他很清楚來自有無的思考方式，在這裏，他只能採用兩種進攻方式：其一，把形上、形下之別解釋爲無、有之別；其二，把二者的差異解釋爲無形與有形之別。對於第一種解釋，他指出，「道之隱者，非無在也。」當我們說道隱時，並不是說道不存在。所以，「隱」不是就對象本身而言的，它其實是一個與

〔註71〕 曾春海主編：《中國哲學概論》（台北：五南圖書出版，2010 年 10 月），頁32～33。

〔註72〕 陳祺助：〈論王船山氣論的義理特色——與傳統主要氣論之說比較〉，《鵝湖學誌》第 35 期（2005 年 12 月），頁147。

主體的知能密切相關的概念。換言之，只有通過主體現實的知能活動，隱顯才能得以界定。〔註73〕

王夫之若由從存在本身的區域劃分，容易墮入建立在「有無」基礎上的「實體主義存在論」，而顛覆其太虛之氣乃唯一真實存有之本體，而成唯物論之具體有形之氣，故王夫之從存在的顯現方式上考慮形上形下之別，故陳贇續云：

> 「隱」的意義就在於，它在主體某一個知能活動中超越了主體當下所可經驗的範圍，但它並非「不存在」（「無」），而是以「不可見」（「隱」）的方式作用著知行活動。「顯」的意義在於，它的主體感性的知能活動畛域之內，以「可見」的方式存在。因此，形而上、形而下並非「有無」之別，而是兩種不同存在形式的存在：可見的有和不可見的存在。所以王船山強調，隱不是「無」，隱只是現在不可見、不能行，而不是不存在。〔註74〕

因此不用有無說明形上形下之氣，而是用隱顯來說明本體與形氣之別。然王夫之所謂「動靜」即陰陽判而二分兩相交感而生物者，動則陰變於陽發展浩然之健積極地創生萬物；靜則陽凝於陰表現出湛然之順穩定地生成形物，此非周敦頤「動而後有陽，靜而後有陰」之義。其云：「此動靜之先，陰陽之本體也。〔註75〕」陳祺助云：「由於凡對『氣之實』有所言說，已預設其為『渾一之體』，故言道者立說之先即已承認本體唯有一體。任何指稱『氣之實』之名，皆僅得其『一端』之實，而不等於其『全體』。邏輯上來說，此端既立，彼端必同時成立；唯合『兩端』方能為『一』。故船山提出『和兩端於一體』的觀念，『陰陽』乃用於統括一切兩端之名的總稱。他說：『陰陽之始本一也，因動靜分而為兩；迨其成，又合陰陽於一。』在充滿哲學方法的意識下，船山靈活運用陰陽的獨特性，建構了與眾不同的天道論義理形態。〔註76〕」

> 來，謂始動而化之初；究，謂已成形體也。幾微，氣之初；動易簡者，唯陽健陰順而已。廣大，品物流形，堅固，體成而不易毀也。

〔註73〕 陳贇：〈形而上與形而下：以隱顯為中心的理解——王船山道器之辨的哲學闡釋〉，《鵝湖學誌》第31卷，1、2期合刊（2001年3月），頁45。

〔註74〕 同上註，頁45。

〔註75〕 （明）王夫之：〈可狀篇〉《張子正蒙注》（《船山全書（十二）》，湖南（長沙）：嶽麓書社，1991年12月第一版），卷7，頁377。

〔註76〕 陳祺助：《王船山「道德的形上學理論」之開展》（高雄：麗文文化，2012年6月），頁26。

> 乾、坤有體則必生用，用而還成其體。體靜而用動，故曰「靜極而動，動極而靜」，動靜無端。〔註77〕

王夫之認爲太和本體以「動」爲常，「動」乃《易》所謂易知之陽健、簡能之陰順而已。故其所涵之性，有健有順，故可健而動廣大創生品物之流形，順而靜完成形體之堅固而不易毀也。乾、坤本有陰陽二體則必生動靜創生之用，體用是一非二，故用而還成其體，體靜而用動，故曰「靜極而動，動極而靜」，動靜無端的循環化生不已。曾春海云：

> 「太極」統攝天地萬物與人終極性實有，其動態本體論之性徵係展示於「一陰一陽之道」的作用方式上。……太極圖具表徵「造化之樞機」的形上學意涵……從陰陽相函構成渾全的太極整體而言，太極與陰陽在結構上係一而二，二而一的不可分裂關係。「一」指由陰陽相函所統合的整體性或綜合性的「一」。「二」指太極所兼具的二個不可分割之組成要素，亦即「陰」與「陽」。「二而一」意指陰陽是構成太極統體這二個不可或缺的要素，有機的結合成一「太極」渾全統體。〔註78〕

王夫之之太極中本具陰陽和合之體，此陰陽和合之體又是一陰陽之動靜兩端循環爲一而非兩的實體，其動靜在本體之中，保證太極爲一造化之樞機可以生化不已，更使太極之內涵成爲一富有而日新的有機體。

〔註77〕 （明）王夫之：〈太和篇〉《張子正蒙注》，收入船山全書編輯委員會編校：《船山全書》第十二冊（湖南（長沙）：嶽麓書社，1991 年 12 月第一版），卷1，頁 16。

〔註78〕 曾春海主編：《中國哲學概論》（台北：五南圖書出版，2010 年 10 月），頁 33。

第六章　氣化健順之理

　　王夫之認爲理與氣不分離，無孤立懸空之理，而且氣外無理，主張理即氣之理，因爲氣乃本體，而理爲氣中之條理，故理在氣中，離氣無理，此即所謂「理一」。此外，理亦爲物理，即自然規律或自然界的必然性，它不僅體現於萬事萬物之中，而且就是萬物自身固有的規律，此即所謂的「分殊」。張立文云：「理與氣範疇的關係上，基本上有兩種觀點：一種是把理與氣相分離，把理看成凌駕於氣之上、之先的東西，這樣，規律就脫離了事物，甚至成爲支配產生氣的派生者。另一種認爲理與氣不分離，無孤立懸空之理，而且氣外無理，主張『氣上見解』，『理即氣之理』。因此，理與氣，就是物質實體和它的固有規律。前者理爲非物理，是事物背後支配事物的客觀精神，它產生事物而又通過事物來表現，體現了一種不離不雜的關係。後者理爲物理，即自然規律或自然界的必然性，它不僅體現於萬事萬物之中，而且就是萬物自身固有的規律。作爲物質實體與它的規律，兩者不能等同而有差異，這就是不雜；而規律又是物質的規律，兩者相互依賴，這就是不離。因此，從思維方法上看，前者與後者都是一種不離不雜的關係，從思維內容上看，前者與後者截然不同。〔註1〕」

第一節　氣外無理

　　王夫之認爲理氣之間的關係是互相爲體，理就在氣裡面，理氣無先後，

〔註1〕　張立文：《中國哲學範疇發展史（天道篇）》（台北：五南圖書出版，1996 年 7 月），頁 544。

但於其氣論思想中有位階上的差異，氣爲主理依附之，理只是陰陽二儀之妙，即陽氣爲健動之理，陰氣則爲順靜之理，而此清虛之中自有此分致之條理，即所謂氣之善。當一氣流行此氣之善理會主導形氣變化，使其各自條陳爲萬物的分殊之理。

> 太和之中，有氣有神。神者非他，二氣清通之理也。不可象者，即在象中。陰與陽和，氣與神和，是謂太和。人生而物感交，氣逐於物，役氣而遺神，神爲使而迷其健順之性，非其生之本然也。〔註2〕

王夫之認爲太和之氣中，有氣有神。神者乃陰陽二氣清通之理。不可象者之理在象中。而陰與陽和，氣與神和，此乃太和之名所從來。

> 健而動，其發浩然，陽之體性也；順而止，其情湛然，陰之體性也。清虛之中自有此分致之條理，此仁義禮知之神也，皆可名之爲氣而著其象。蓋氣之未分而能變合者即神，自其合一不測而謂之神爾，非氣之外有神也。〔註3〕

太和之氣清虛之中，自有此分致暢達之條理，即仁義禮知之神。而此神之陰陽二氣健順之性的表現：即健而動，其發浩然，陽之體性也；順而止，其情湛然，陰之體性也。

> 理只是以象二儀之妙，氣方是二儀之實。健者，氣之健也；順者，氣之順也。天人之蘊，一氣而已。從乎氣之善而謂之理，氣外更無虛託孤立之理也。〔註4〕

理只是以象陰陽二儀之妙，氣方是陰陽二儀之實。健者，氣之健也；順者，氣之順也。天人之蘊，一太和之氣而已。從乎太和之氣之善而謂之理，太和之氣外更無虛託孤立之理也。故理寓於氣中，爲氣之善者。太和之氣清虛之中，自有此分致之條理，亦可謂具道德義的仁義禮知之神。

〔註2〕 （明）王夫之：〈太和篇〉《張子正蒙注》，收入船山全書編輯委員會編校：《船山全書》第十二冊（湖南（長沙）：嶽麓書社，1991 年 12 月第一版），卷1，頁 16。

〔註3〕 （明）王夫之：〈神化篇〉《張子正蒙注》，收入船山全書編輯委員會編校：《船山全書》第十二冊（湖南（長沙）：嶽麓書社，1991 年 12 月第一版），卷2，頁 82。

〔註4〕 （明）王夫之：〈告子上篇（二）〉《讀四書大全說‧孟子》，收入船山全書編輯委員會編校：《船山全書》第六冊（湖南（長沙）：嶽麓書社，1991 年 12 月第一版），卷 10，頁 1052。

氣，其所有之實也。其絪縕而含健順之性，以升降屈伸，條理必信
者，神也。神之所（頁77）爲聚而成象成形以生萬變者，化也。故
神，氣之神；化，氣之化也。〔註5〕

氣中所有之實即其陰陽絪縕所含健順之性，可以藉此游氣於此虛空之氣中升
降聚散屈伸，其氣中條理必信，即此具道德義的仁義禮知之神作用之展現。
化者乃神之所爲聚而成象成形以生萬變者。而所謂「神」即太和之氣具分致
之條理的氣之神；「化」即太和之氣條理必信之生化。

理便在氣裡面，故《易》曰「一陰一陽之謂道」，又曰「形而上者謂
之道」。形而上者，不離乎一陰一陽也。故曰「兩儀生四象，四象生
八卦，八卦定吉凶」。氣自生心，清明之氣自生仁義之心。有所觸，
則生可見，即謂之生；無所觸，則生不可見，故謂之存：其實一也。
〔註6〕

理便在氣化之中，故《易》曰「一陰一陽之謂道」乃言「道」爲一陰一陽氣
化創生必經之路，又曰「形而上者謂之道」。其所謂形而上者乃不離乎一陰一
陽，但其創生尙無形而不可見。陰陽兩儀生金木水火之四象，四象生出八卦
爲乾、兌、離、震、巽、坎、艮、坤。《易》由陰、陽二爻組合而成，三爻成
卦，以象徵宇宙結構及諸事的變化。高拱云：

試觀之易，夫奇之爲陽，偶之爲陰，陽以健施，陰以順受，人所知
也。然陽或變而陰，陰或化而陽。，剛或催而爲柔，柔或往而從剛，
其理不可定也。〔註7〕

陰陽變化不可預知，然八卦重卦之變化產生各種卦象，則可定人事變化之吉凶。

太和，和之至也。道者，天地人物之通理，即所謂太極也。陰陽異撰，
而其絪縕於太虛之中，合同而不相悖害，渾淪無間，和之至矣。未有
形器之先，本無不和，既有形器之後，其和不失，故曰太和。〔註8〕

〔註5〕 （明）王夫之：〈神化篇〉《張子正蒙注》，收入船山全書編輯委員會編校：《船
山全書》第十二冊（湖南（長沙）：嶽麓書社，1991年12月第一版），卷2，
頁76～77。

〔註6〕 （明）王夫之：〈告子上篇（一八）〉《讀四書大全說・孟子》，收入船山全書
編輯委員會編校：《船山全書》第六冊（湖南（長沙）：嶽麓書社，1991年12
月第一版），卷10，頁1076。

〔註7〕 （明）高拱：《高拱論著四種》，（北京：中華書局，1993年7月），頁162。

〔註8〕 （明）王夫之：〈太和篇〉《張子正蒙注》，收入船山全書編輯委員會編校：《船山
全書》第十二冊（湖南（長沙）：嶽麓書社，1991年12月第一版），卷1，頁15。

《易》曰「一陰一陽之謂道」乃言「道」爲一陰一陽氣化創生萬物必經之路，此又稱爲天地人物之通理之太極。更確立此道即具有普遍創生義之理，故稱爲太極。

> 變化者，因天下之動也。其道則不私於形，不執一於道，不孤其德，神存而順化以協其至常，《易》之六龍皆可乘以御天，特在時位移易之間爾，可於此以徵神之所爲。〔註9〕

氣之變化因天下之動，道之創生則不私滯於某一形體，亦不執一於某一途徑，故不孤其德，物物皆生。因此氣中之神存而順化各種事物以協其至常。天藉神以御氣之變化而時行物生，人以其身之神感物而移風易俗。故神者，所以神之感物而類應，在天之表現可創生，在人之表現則可移風易俗。「天以神御氣而時行物生，人以神感物而移風易俗。神者，所以感物之神而類應者也。〔註10〕」《易》「時乘六龍以御天」，六龍只是六爻，龍只是譬喻。明此六爻之義，潛見飛躍，因時而動，便是「乘六龍」，便是「御天」。」故言六龍皆可乘以御天，特在時位移易之間，而此神之感應能依時位變化，於此時位變化順暢無咎以徵神其虛靈之所爲。然神有此表現乃因其所御之氣中有理寓其中。

第二節　理乃氣化之序

此節之重點在「唯化現理」，因爲理之意義乃依存於氣化之中，爲氣化之條理，而非一獨立於氣之外者；此外，「理是後起者，是天之化與氣之化的結果，故理亦是道德創造之產物。〔註11〕」故曾昭旭云：「伊川朱子之即理言天，其實義亦正是說天一切理之所從出與所歸藏，由此將理上提至體之地位以顯豁此義，本亦無不可。此亦猶船山之將歷來視作分殊之存在之氣上提至體之地位也。而船山必不許之者，則恐是因理之立名未善也。按理之一名，特彰顯秩序義、軌範義、形式義，而中易彰顯存在義與活動義，而此二者則實儒家義理之最切要者。故朱子體會太極爲只是理，遂不免只表出天理之超越尊嚴而貶損了氣與心之實義。而於儒學之正統言爲歧出也。故船山即於此還理

〔註9〕　（明）王夫之：〈神化篇〉《張子正蒙注》，收入船山全書編輯委員會編校：《船山全書》第十二冊（湖南（長沙）：嶽麓書社，1991年12月第一版），卷2，頁92。

〔註10〕　同上註，頁78。

〔註11〕　曾昭旭：《王船山哲學》（台北：遠景出版事業公司，1983年2月），頁336。

以合宜之份位，不許以理等同於統體之天也。〔註 12〕」王夫之將分殊之存在之氣上提至體之地位，而其所謂的天是積氣者，是不倚於化之統體一氣。相對於理而言，王夫之的理非朱子特彰顯秩序義、軌範義、形式義所謂即理言天，而是強調儒家所重視的存在義與活動義者，故其理乃氣中之理，故理非首出，而是由氣化而後起者。

> 若夫天之為天，雖未嘗有俄頃之間、微塵之地、蜎子之物或息其化，
> 而化之者天也，非天即化也。化者，天之化也；而所化之實，則天
> 也。天為化之所自出，唯化現理，而抑必有所以為化者，非虛挾一
> 理以居也。〔註 13〕

天之為天，乃未嘗有俄頃之間、微塵之地、蜎子之物而息其化，而氣化之主宰乃天，非天即化也。氣化者，乃天之化也。然其而所化之實充塞虛空之中此則天之象。故「氣化有序而亙古不息，惟其實有此理也。〔註 14〕」《國語》云：

> 夫天地之氣，不失其序；若過其序，民之亂也。陽伏而不能出，陰
> 迫而不能烝，於是有地震。今三川實震，是陽失其所而鎮陰也。陽
> 失而在陰，川源必塞。〔註 15〕

在《國語》更深入指出，氣是天地陰陽之氣，其陰陽之氣是有一定的方位與次序，其運動變化是有一定的規律的，如有顛倒混亂，必有異象產生。並認為順應陰陽之氣的規律施行政治，便可以做到政通人和。黃潤玉云：

> 天地之間，一理氣周流，亙古今而常然也，故星回于天，有以見七
> 政之循環不已；潮生于海，有以知二氣之升降無窮，似不須璣衡嶰
> 管，而天道自明，何聖人必是察是審，而審其官者，蓋以千前乎？
> 午萬年之既往後乎？千萬年之未來，而二至之日可坐而推也。人之

〔註 12〕 曾昭旭：《王船山哲學》（台北：遠景出版事業公司，1983 年 2 月），頁 334～335。

〔註 13〕 （明）王夫之：〈盡心上篇（五）〉《讀四書大全說・孟子》，收入船山全書編輯委員會編校：《船山全書》第六冊（湖南（長沙）：嶽麓書社，1991 年 12 月第一版），卷 10，頁 1110。

〔註 14〕 （明）王夫之：〈誠明篇〉《張子正蒙注》，收入船山全書編輯委員會編校：《船山全書》第十二冊（湖南（長沙）：嶽麓書社，1991 年 12 月第一版），卷 3，頁 115。

〔註 15〕 （三國）韋昭注：《國語・卷一》（台北：臺灣商務印書館《四部叢刊》影上海商務印書館縮印杭州葉氏藏明金李校刊本，1975 年臺 3 版），頁 8。

道亦然，粵自生民以來，父而子、祖而孫，萬世生生而不息，本而幹、而支，一氣流傳而無窮，初不待紀傳譜牒卜而民生自遂，何士大夫必是脩是續。〔註16〕

一理氣在天地之間周流不息，是橫互古今。如北斗七星在天上迴轉，海上生潮，此乃陰陽二氣升降無窮，其相生便會潮起、其降便會潮落，不需要機衡嶰管這些平衡、衡量的工具，二氣自會升降無窮，使潮生於海。黃潤玉以爲天道自明二氣升降無窮，朝會升降於海。而聖人正是會審察二氣升降無窮之理，不管是千年前、還是千萬年之後，只要了解二氣升降無窮，便能了解自然界的潮生於海，甚至可推論千萬年之後的事。因生生不息乃一氣流傳，而此萬世之生生不息之氣化流行中，必有其理緒，太和一氣乃萬世川流不息之本源，而千萬年之世代人生命之流傳乃太和一氣中理緒所條分出之支流。

其序之也亦無先設之定理，而序之在天者即爲理。〔註17〕

天爲化之所自出，唯化現理，此理乃氣化有序而亘古不息，氣化之先無先設之定理，此序之在天者即爲理而，故氣之理抑必有所以爲化者乃天，故非如朱子虛挾一理以居也，因其言理先氣後，理爲孤懸於形上與氣不離不雜。如黃宗羲在《明儒學案》中推讚羅欽順之理氣觀：

蓋先生（羅欽順）之論理氣，最爲精確，謂：「通天地，亙古今，無非一氣而已。氣本一也，而一動一靜，一往一來，一闔一闢，一升一降，循環無已。積微而著，由著復微，爲四時之溫涼寒暑，爲萬物之生長收藏，爲斯民之日用彝倫，爲人事之成敗得失，千條萬緒，紛紜膠轕，而卒不克亂，莫知其所以然而然，是即所謂理也。初非別有一物，依於氣而立，附於氣以行也。……類有一物主宰乎其間者，是不然矣。」斯言也，即朱子所謂：「理與氣是二物，理弱氣強」諸論，可以不辯而自明矣。〔註18〕

〔註16〕 （明）黃潤玉：〈承緒堂記〉《南山黃先生家傳集》（台北：國家圖書館善本書室，明藍格抄本），卷41。

〔註17〕 （明）王夫之：〈動物篇〉《張子正蒙注》，收入船山全書編輯委員會編校：《船山全書》第十二冊（湖南（長沙）：嶽麓書社，1991年12月第一版），卷3，頁104。

〔註18〕 （明）黃宗羲：〈諸儒學案中一・「文莊羅整菴先生欽順」〉《明儒學案》，收入《黃宗羲全集》第八冊（杭州：浙江古籍出版社，2005年9月增訂版），卷47，頁408。

黃宗羲又云：「氣本一也，而有往來闔闢升降之殊，……千條萬緒，紛紜膠輵，而卒不克亂，萬古此寒暑也，萬古此生長收藏也。莫知其所以然而然，是即所謂理也。〔註 19〕」黃宗羲雖認為理的本質無非一氣而為氣之理，其內容則為氣之流行不失其則者？但究竟何者為流行不失其序呢？黃宗羲則以四時之氣，和為春、溫為夏、涼為秋、寒為冬，之後寒衰又復為春，來解釋「氣之理」是必須透過氣之運行造化，從中凸顯其有條理規律者，即是「理」，也就是「流行不失其序者」。故黃宗羲以四時之代御、氣之升降往來等氣之有條理的變化，來顯現此「理」之內容。黃宗羲此處除了重申大化流行只有一氣，即氣本一也的本體氣主張外，更重要的是，宗羲指出所謂流行不失其則者，是表明氣在屈伸、往來、闔闢、升降等流行變化之中，雖千條萬緒，紛紜轇輵，但最終卻能使之自有條理而不紊亂，即「以造化言之，天高地下，萬物散殊，無處非氣之充塞也。天不得不高，地不得不下，物之本乎天者親上，本乎地者親下，互萬古而不易，即是理也，亦渾然不可分析也。〔註 20〕」因此本體之氣以自身的「氣之理」來指導生化過程，使天自為天，地自為地，人亦自為人。換言之，雖氣生形質各有萬殊，但此萬殊之形質又各依其內在貞一不變之理，自為天、地，或自為萬物與人，以待其形具神生而又各自不紊，完全依「氣之理」以行。所以，黃宗羲站在天地間一氣的立場下，認為「理為氣之理」，主張「理不能離氣以為理」，理在氣中。

> 天惟健順之理，充足於太虛而氣無妄動；無妄動，故寒暑化育無不
> 給足，而何有於爽忒。【敬按：氣無妄動，理之誠也，無妄，信也。】
>
> 〔註21〕

天有此有序而亙古不息的健順之理，乃太虛所涵於其中，故此二氣清通之理使氣無妄動。

〔註19〕　（明）黃宗羲：〈濂溪學案下・附「黎洲太極圖講義」〉《宋元學案》，收入《黃宗羲全集》第三冊（杭州：浙江古籍出版社，2005 年 9 月增訂版），卷 12，頁 609。

〔註20〕　（明）黃宗羲：〈諸儒學案中二・「文莊汪石潭先生俊」〉《明儒學案》，收入《黃宗羲全集》第八冊（杭州：浙江古籍出版社，2005 年 9 月增訂版），卷 48，頁 448。

〔註21〕　（明）王夫之：〈天道篇〉《張子正蒙注》，收入船山全書編輯委員會編校：《船山全書》第十二冊（湖南（長沙）：嶽麓書社，1991 年 12 月第一版），卷 2，頁 68。

> 理便無妄，氣則有妄。生人之妄，緣氣而生。鬼神既不純乎理，而
> 因乎氣之屈伸，故亦有妄。以妄召妄，則妄或應，如腐肉之召蠅蚋，
> 亡國之致妖孽一理。君子從其不爽者而言之，亦謂之誠有；而與仁
> 人孝子所以格帝饗親之誠心，則話分兩頭，全無干涉矣。〔註22〕

太虛之氣其生人之後有妄，乃因緣氣而生，此氣中之鬼神非太和一氣之神，
故非純乎氣化亙古不息的陰陽和合健順之理，而因乎形氣之聚散屈伸，故亦
有妄。

> 惟其有氣，乃運之而成化；理足於己，則隨時應物以利用，而物皆
> 受化矣。非氣則物自生自死，不資於天，何云天化；非時則己之氣
> 與物氣相忤，而施亦窮。乃所以為時者，喜怒、生殺、泰否、損益，
> 皆陰陽之氣一闔一闢之幾也。以陰交陽，以陽濟陰，以陰應陰，以
> 陽應陽，以吾性之健順應固有之陰陽，則出處、語默、刑賞、治教，
> 道運於心，自感通於天下。聖人化成天下，其樞機之要，唯善用其
> 氣而已。〔註23〕

因有氣故可運之而完成氣化生生，故「非氣則物自生自死，不資於天，何云
天化」。然因此氣中有善之理則可隨時應物以利用，不因而使物與物相忤有逆
而不順之情形，故物皆順受此氣化而變化無窮，故「非時則己之氣與物氣相
忤，而施亦窮」。然而形氣之聚散屈伸有妄，氣化之時運表現乃陰陽之氣一闔
一闢之幾所展現的喜怒、生殺、泰否、損益之表現中。而此陰陽之氣一闔一
闢之幾若能表現吾性之健順應固有之陰陽則會依時運變化表現出處、語默、
刑賞、治教，道運於心而自感通於天下，此即神虛靈之感應能依時位變化順
暢無咎地創生萬物。故聖人化成天下，其樞機之要，唯善用陰陽之氣一闔一
闢之氣幾。

> 至誠，實有天道之謂；大者，充實於內，化之本也。惟其健順之
> 德，凝五常而無間，合二氣之闔闢，備之無遺，存之不失，故因
> 天地之時，與之同流，有實體則有實用，化之所以咸通也。陰陽

〔註22〕 （明）王夫之：〈八佾篇（三）〉《讀四書大全說‧論語》，收入船山全書編輯
委員會編校：《船山全書》第六冊（湖南（長沙）：嶽麓書社，1991 年 12 月第
一版），卷 4，頁 617。

〔註23〕 （明）王夫之：〈神化篇〉《張子正蒙注》，收入船山全書編輯委員會編校：《船
山全書》第十二冊（湖南（長沙）：嶽麓書社，1991 年 12 月第一版），卷 2，
頁 81。

合爲一德，不測之神也；存神以御氣，則誠至而聖德成矣。〔註24〕

因爲氣之神虛靈感應，而能依氣中之理時位變化，順暢無咎地創生萬物，此即所謂至誠而實有天道。大者乃充實於內的化之本，此即所謂陰陽二氣渾淪絪縕不悖的太和本體。而太和之氣中健順之德，凝五常而無間，合二氣之闔闢創生，備之無遺，存之不失。故此太和之氣可因天地之時，與之同流，有此陰陽之實體，便有創生之實用，故氣化之所以咸通，而無物不造。而此至誠而實有天道乃陰陽合爲一德之不測之神所化生，故人若能存此太和一氣之神以御氣化感通於萬物，則誠至而聖德成。

道雖顯於象占，而其所繇然，不待事幾之至前，設其理於陰陽未剖
之先，豫以應天下之感，人之所以不能知者，《易》已早知而待之。
唯其達乎屈伸動靜之妙，故不俟時至事起而謀之，此不測之神固乎
誠者也。〔註25〕

故道雖顯於象占，而其所繇然，不待事幾之至前，其應事之理早於陰陽未剖之先便存有，先豫以應天下之感。但人之不能知此道之神理，而生生變化之《易》已早知而待之。唯道達乎屈伸動靜之妙，故可不須俟時機而事至起即可謀之而應對，能達此虛靈順暢之因，乃不測之神本乎誠之實有。

若夫神也者，含仁義中正之理而不倚於迹，爲道之所從生，不能以
一德名之。而成乎德者亦不著其象，不得已而謂之曰誠。誠，以言
其實有爾，非有一象可名之爲誠也。〔註26〕

氣之神涵二氣清通分致的健順之理此即仁義中正之理，因神涵仁義中正之理，而虛靈地不倚於形氣之迹，可生生不輟地創物，故有道之名。然道生萬物，表現其生生之德亦不執著其象，故不能以一固定之德名之。而不得已謂之曰誠。所謂「誠」乃以言其「實有」，而非有一固定之象可名之。

形而上者，道也。形之所從生與其所用，皆有理焉，仁義中正之化

〔註24〕　（明）王夫之：〈神化篇〉《張子正蒙注》，收入船山全書編輯委員會編校：《船
　　　　山全書》第十二冊（湖南（長沙）：嶽麓書社，1991年12月第一版），卷2，
　　　　頁81～82。

〔註25〕　（明）王夫之：〈大易篇〉《張子正蒙注》，收入船山全書編輯委員會編校：《船
　　　　山全書》第十二冊（湖南（長沙）：嶽麓書社，1991年12月第一版），卷7，
　　　　頁283。

〔註26〕　（明）王夫之：〈天道篇〉《張子正蒙注》，收入船山全書編輯委員會編校：《船
　　　　山全書》第十二冊（湖南（長沙）：嶽麓書社，1991年12月第一版），卷2，
　　　　頁74。

> 裁所生也。仁義中正，可心喻而爲之名者也。得惻隱之意，則可自
> 名爲仁，得羞惡之意，則可自名爲義，因而徵之於事爲，以愛人制
> 事，而仁義之象著矣。〔註27〕

形而上者之道乃形之所從生與其所用中皆有理，其理即仁義中正，道依此理
化裁所生。仁義中正，可由人心喻而爲之名者也。人心得其爲惻隱之意，則
可自名爲仁；得其羞惡之意，則可自名爲義。此仁心效此仁義中正之理，因
而徵之於事爲，以愛人制事，故仁義之象顯。

> 神之有其理，在天爲道，凝於人爲性。易，變易也。陰陽摩盪，八
> 卦興，六十四象成，各有時位錯綜，而陰陽、剛柔、仁義之體立，
> 皆神之變易也。互相易而萬物各成其形色，變易之妙，健順五常之
> 用爲之，故聖人存神以盡性而合天。【敬按：神無方，易即其方；易
> 無體，神即其體。】〔註28〕

此神中仁義中正之理在天稱爲道，若凝於人身則稱爲性。「易」乃變易之意，
此言「易」乃乾坤並建具陰陽渾合之氣，故可藉由陰陽互相摩盪而八卦興、
六十四象成，依氣之聚散升降流動變化故各有時位錯綜，進而產生陰陽、剛
柔、仁義之體立，此皆神之變易而生。

> 太極最初一○，渾淪齊一，固不得名之爲理。殆其繼之者善，爲二
> 儀，爲四象，爲八卦，同異彰而條理現，而後理之名以起焉。氣之
> 化而人生焉，人生而性成焉。繇氣化而後理之實著，則道之名亦因
> 以立。是理唯可以言性，而不可加諸天也，審矣。〔註29〕

太極最初一○，渾淪齊一，固不得名之爲理。當太極繼氣化生生之條理之善，
創生二儀、四象、八卦後，同異彰顯而條理顯現，此後理之名才產生。薛瑄
云：

> 即理而物在其中，即物而理無不在。如未有此宮室已有此宮室之理，

〔註27〕 （明）王夫之：〈神化篇〉《張子正蒙注》，收入船山全書編輯委員會編校：《船山全書》第十二冊（湖南（長沙）：嶽麓書社，1991 年 12 月第一版），卷 2，頁 74。

〔註28〕 （明）王夫之：〈太和篇〉《張子正蒙注》，收入船山全書編輯委員會編校：《船山全書》第十二冊（湖南（長沙）：嶽麓書社，1991 年 12 月第一版），卷 1，頁 42。

〔註29〕 （明）王夫之：〈盡心上篇（五）〉《讀四書大全說‧孟子》，收入船山全書編輯委員會編校：《船山全書》第六冊（湖南（長沙）：嶽麓書社，1991 年 12 月第一版），卷 10，頁 1110。

及有此宮室而理即在宮室之中；如未有天地萬物已有天地萬物之
理，及有天地萬物而理即在天地萬物之中。〔註30〕

「即理而物在其中，即物而理無不在」氣理關係是一非二，未有天地萬物的
太和之氣中，其神之清通之理即「太極繼氣化生生之條理之善」與太和之氣
和合而湛然，有天地萬物之後，此清通之神理凝於物中爲天地萬物之理，故
薛瑄云「有天地萬物而理即在天地萬物之中」。然而王夫之認爲氣之化生人，
其人生而性成，是理唯可以言性，而不可言「天理」。因爲人之形未成乃神之
清通之理，神之清通之理即天理，而非物理。而人性與物理皆繇氣化而後存
有，然道之名亦因人物產生而後有，故道與理都不再具首出義，都是由氣生
化過程才有其名。

第三節　理善則氣無不善

從前節可知因氣化而理顯，張立文云：「理與氣是指規律與物質及其關
係。規律是現象的本質聯繫的反映，天地萬物，氣象萬千，其間都有聯繫，
這種聯繫構成一定的秩序、次序，即條理，便是一種規律性。它能制約事物
運動、變化和發展的基本過程和必然趨勢。……這種條理就是指事物自身所
固有的規律，也指自然界聚而生，散而死的事物發生、發展、消亡的過程和
趨勢。氣是指物質性的質料或元素。〔註31〕」王夫之認爲理在氣中，因爲氣
與理爲一體之概念，讓天地萬物其間依其氣之理生存運動，而使萬物彼此有
其聯繫，這種聯繫構成一定的秩序、次序，即氣化變動之條理，便是一種規
律性。它能主持分劑事物運動、變化和發展形成一種必然趨勢，而此理序便
有善之道德義，因此有形氣化世界，藉由其形物中之理可以引導其身的氣之
表現合乎道德規範，故王夫之言理善則氣無不善。

理即是氣之理，氣當得如此便是理，理不先而氣不後。理善則氣無
不善；氣之不善，理之未善也。【如牛犬類。】人之性只是理之善，
是以氣之善；天之道惟其氣之善，是以理之善。「《易》有太極，是
生兩儀」，兩儀，氣也，唯其善，是以可儀也。所以〈乾〉之六陽，

〔註30〕　（明）薛瑄：《薛文清公讀書錄》，收入《薛瑄全集》（山西：山西人民出版社，
　　　　　1990 年 8 月），卷 11，頁 1271。
〔註31〕　張立文：《中國哲學範疇發展史（天道篇）》（台北：五南圖書出版，1996 年 7
　　　　　月），頁 543〜544。

〈坤〉之六陰，皆備元、亨、利、貞之四德。和氣爲元，通氣爲亨，
化氣爲利，成氣爲貞，在天之氣無不善。天以二氣成五行，人以二
殊成五性。溫氣爲仁，肅氣爲義，昌氣爲禮，晶氣爲智，人之氣亦
無不善矣。〔註32〕

理即是氣之理，氣當得如此便是理，理不先而氣不後，故理不是首出，必因
氣而存，故理無本體義，只具普遍義。由此知氣立而理因之寓。然理善則氣
無不善，理決定形氣之不善與善。故有不善之氣非形上本體之氣。故有善與
不善變化之理亦非形上本體。由此可知，理乃氣之條理，決定形氣之善惡。
人之性乃得於太和之氣中固有之神理固善，因此其形質之氣乃善；而天之道
其創生者爲太和之氣純善，故反推其內在之理亦善。

「《易》有太極，是生兩儀」，兩儀，乃陰陽二氣也，唯其善，是以可爲
法則、標準之儀。所以《易》〈乾〉之六陽、〈坤〉之六陰，皆備元、亨、利、
貞之四德。所謂元、亨、利、貞乃和氣爲元，通氣爲亨，化氣爲利，成氣爲
貞。元、亨、利、貞乃天之氣之表現。

在天之氣無不善。天以二氣成五行，人以二殊成五性。溫氣爲仁，肅氣
爲義，昌氣爲禮，晶氣爲智，人之氣亦無不善矣。

就氣化之流行於天壤，各有其當然者，曰道。就氣化之成於人身，
實有其當然者，則曰性。性與道，本於天者合，合之以理也；其既
有內外之別者分，分則各成其理也。故以氣之理即於化而爲化之理
者，正之以性之名，而不即以氣爲性，此君子之所反求而自得者也。
所以張子云「合虛與氣，有性之名」，虛者理之所涵，氣者理之所凝
也。〔註33〕

就氣化之流行於天地之間，各有其「當然」此即曰「道」。就氣化之成於人
身，實有其當然者，則曰「性」。性與道，本在天皆太和之氣中之條理故可
言合之以理也。然其既有身之內、外之別故有分，分則各成其物中之理也。
故以氣之理即於氣化而爲化之理者，若是得氣之正知理則以性名之，而不

〔註32〕 （明）王夫之：〈告子上篇（二）〉《讀四書大全說・孟子》，收入船山全書編
輯委員會編校：《船山全書》第六冊（湖南（長沙）：嶽麓書社，1991 年 12
月第一版），卷10，頁1052。
〔註33〕 （明）王夫之：〈盡心上篇（五）〉《讀四書大全說・孟子》，收入船山全書編
輯委員會編校：《船山全書》第六冊（湖南（長沙）：嶽麓書社，1991 年 12
月第一版），卷10，頁1111。

直接以氣稱性，此君子之所反求而自得者也。所以張載云「合虛與氣，有性之名」，虛者，涵理於其中爲其「實」，形氣之身，乃氣凝其氣之理於身之形體中。

> 無，謂氣未聚，形未成，在天之神理。此所言氣，謂成形以後形中之氣，足以有爲者也。氣亦受之於天，而神爲之御，理爲之宰，非氣之即爲性也。〔註34〕

人身未形之前，即所謂「無」，乃氣未聚，形未成，在天中之神理。此所言「氣」，謂成形以後形中之氣，足以有心有爲者也。氣亦受之於天，而神爲氣之御，理爲氣之宰，不可以直接以氣言性也。

> 理雖無所不有，而當其爲此理，則固爲此理，有一定之例，不能推移而上下往來也。程子言「天，理也」，既以理言天，則是亦以天爲理矣。以天爲理，而天固非離乎氣而得名者也，則理即氣之理，而後天爲理之義始成。浸其不然，而舍氣言理，則不得以天爲理矣。何也？天者，固積氣者也。〔註35〕

理雖無所不有，而當其爲此理，則固爲此理，有一定之具體形氣之例，不能推移而上下往來也。程子言「天，理也」，既以理言天，則是亦以天爲理矣。若以天爲理，由「天者，固積氣者也。」乃天爲氣，則理即天之氣中之理，而後「天爲理」之義始成。若舍氣言理，則不得言以天爲理。

> 天不息而大公，一於神，一於理，一於誠也。大人以道爲體，耳目口體無非道用，則入萬物之中，推己即以盡物，循物皆得於己，物之情無不盡，物之才無不可成矣。〔註36〕

天之氣創生不息，乃大公，其氣由神御之，理主宰之，誠乃其最眞實之有。

> 至誠體太虛至和之實理，與絪縕未分之道通一不二，是得天之所以爲天也。其所存之神，不行而至，與太虛妙應以生人物之良能一矣。

〔註34〕 （明）王夫之：〈可狀篇〉《張子正蒙注》，收入船山全書編輯委員會編校：《船山全書》第十二冊（湖南（長沙）：嶽麓書社，1991 年 12 月第一版），卷9，頁 368。

〔註35〕 （明）王夫之：〈盡心上篇（五）〉《讀四書大全說·孟子》，收入船山全書編輯委員會編校：《船山全書》第六冊（湖南（長沙）：嶽麓書社，1991 年 12 月第一版），卷10，頁 1109～1110。

〔註36〕 （明）王夫之：〈大心篇〉《張子正蒙注》，收入船山全書編輯委員會編校：《船山全書》第十二冊（湖南（長沙）：嶽麓書社，1991 年 12 月第一版），卷4，頁 149。

> 如此則生而不失吾常，死而適得吾體，迹有屈伸，而神無損益也。
> 〔註37〕

由至誠可體「太虛至和之實理」與絪縕未分之「道」通一不二，故人得天之理爲其性，故可以與天合，故意可以言人爲天。天中所存之神，不行而至，與太虛妙應而創生人物，人物之良能與太虛之神本同爲一。如此則人生而不失吾常，死而適得吾體，形氣之迹有屈伸，而但氣中之神則無損益。

> 誠者，天之實理；明者，性之良能。性之良能出於天之實理，故交
> 相致，而明誠合一。必於人倫庶物，研幾、精義、力行以推致其極，
> 馴致於窮神，則天下之理得，而成位乎其中矣。〔註38〕

所謂誠者乃天之實理；所謂的明者乃性之良能。性之良能乃天之氣創生萬物時凝於人身，故其本爲天之實理，性之良能天之實理交相致，則明誠合一。必於人倫庶物，研幾、精義、力行以推致其極，此即前所言「大人以道爲體，耳目口體無非道用，則入萬物之中，推己即以盡物，循物皆得於己，物之情無不盡，物之才無不可成矣。〔註39〕」馴致於窮神，則天下之理得，而成位乎其中矣。

> 天德良能，太和之氣健順，動止時行而爲理之所自出也，熟則自知
> 之。大人以下，立心求之，則不知其從心不踰之矩爾，非有變幻不
> 測，絕乎人而不可測，如致思助長者之詫神異也。〔註40〕

因人之心的天德良能乃太和之氣健順、動止時行，皆依太和之氣中理之所自表現。故大人以下，立心求之，則不知其從心不踰之矩爾，非有變幻不測，絕乎人而不可測，如致思助長者之詫神異也。

> 若夫命，則本之天也。天之所用爲化者，氣也；其化成乎道者，理

〔註37〕 （明）王夫之：〈太和篇〉《張子正蒙注》，收入船山全書編輯委員會編校：《船山全書》第十二冊（湖南（長沙）：嶽麓書社，1991年12月第一版），卷1，頁34。

〔註38〕 （明）王夫之：〈可狀篇〉《張子正蒙注》，收入船山全書編輯委員會編校：《船山全書》第十二冊（湖南（長沙）：嶽麓書社，1991年12月第一版），卷9，頁372。

〔註39〕 （明）王夫之：〈大心篇〉《張子正蒙注》，收入船山全書編輯委員會編校：《船山全書》第十二冊（湖南（長沙）：嶽麓書社，1991年12月第一版），卷4，頁149。

〔註40〕 （明）王夫之：〈神化篇〉《張子正蒙注》，收入船山全書編輯委員會編校：《船山全書》第十二冊（湖南（長沙）：嶽麓書社，1991年12月第一版），卷2，頁92。

也。天以其理授氣於人，謂之命。【人以其氣受理於天謂之性。】即
其所品節限制者，亦無心而成化。則是一言命，而皆氣以爲實，理
以爲紀，固不容析之，以爲此兼理、此不兼理矣。〔註41〕

命本於天。而天之用爲化乃氣；氣化成乎道爲理。故王夫之云「天命，太和
絪縕之氣，屈伸而成萬化，氣至而神至，神至而理存者也。〔註42〕」天以其
理授氣於人，謂之命。命即天所品節限制者，此亦無心而成化。命皆氣以爲
實，理以爲其紀律，固不容分析兼理與否。

> 天下固有之理謂之道，吾心所以宰制乎天下者謂之義。道自在天地
> 之間，人且合將去，義則正所以合者也。均自人而言之，則現成之
> 理，因事物而著於心者道也；事之至前，其道隱而不可見，乃以吾
> 心之制，裁度以求道之中者義也。故道者，所以正吾志者也。志於
> 道而以道正其志，則志有所持也。蓋志，初終一揆者也，處乎靜以
> 待物。道有一成之則而統乎大，故志可與之相守。若以義持志，則
> 事易而義徙。守一曲之宜，將有爲匹夫匹婦之諒者，而其所遺之義
> 多矣。〔註43〕

天下固有之理謂之道，吾心所以宰制乎天下者謂之義。何謂「義」？王夫之
釋之：

> 義者，居正有常而不易之謂。陰陽不偏，循環不息，守正以待感，
> 物得其宜，爲經常不易之道，此仁義中正之理所從出。曰誠，曰無
> 妄，曰不息，曰敦化，皆謂此也。然則萬殊之生，因乎二氣，二氣
> 之合，行乎萬殊，天地生生之神化，聖人應感之大經，概可知矣。
> 〔註44〕

心所宰制之「義」即居正有常而不易，而陰陽不偏，循環不息，守正以待感，

〔註41〕　（明）王夫之：〈盡心下篇（四）〉《讀四書大全說・孟子》，收入船山全書編
　　　　輯委員會編校：《船山全書》第六冊（湖南（長沙）：嶽麓書社，1991 年 12
　　　　月第一版），卷10，頁1139。

〔註42〕　（明）王夫之：〈大心篇〉《張子正蒙注》，收入船山全書編輯委員會編校：《船
　　　　山全書》第十二冊（湖南（長沙）：嶽麓書社，1991 年 12 月第一版），卷4，
　　　　頁153。

〔註43〕　（明）王夫之：〈公孫丑上篇（一二）〉《讀四書大全說・孟子》，卷8，頁929。

〔註44〕　（明）王夫之：〈太和篇〉《張子正蒙注》，收入船山全書編輯委員會編校：《船
　　　　山全書》第十二冊（湖南（長沙）：嶽麓書社，1991 年 12 月第一版），卷1，
　　　　頁 37～38。

物得其宜，為經常不易之道。此從氣之神中所含仁義中正之理不倚於迹所出，故曰誠，曰無妄，曰不息，曰敦化。道在天地之間，義則正所以人可合道。道與義均從人而言之，道乃心中現成之理，因事物現而使其理顯於心。但事之至前，其道隱而不可見，乃以吾心之制，裁度以求道之中者，此乃義也。然「萬事萬物皆天理之所秩敘，故體仁則統萬善。〔註45〕」萬事萬物皆天理之所秩敘，而天理即仁即萬善之道。而所謂「渾然一仁，道無不足，時可為則如其理而為之。〔註46〕」故「體仁」即所謂「體道」。然所謂的仁，「仁者，生物之理。以此，生則各凝之為性，而終身率繇，條理暢遂，無不弘焉；是性命之正，不倚見聞之私，不為物欲所遷者也。知欲仁，則志於仁矣。〔註47〕」故道涵義與仁，即所謂仁義中正之理，所以正吾心志者。志於道而以道正其志，則志有所持也。心之志，初與終皆只有一法度標準即吾性氣之神中的仁義中正之理，處乎靜以待物，不倚見聞之私，不為物欲所遷者，乃性命之正。故道有一成之則而統乎大，故志可與之相守。

第四節　氣散理返於太虛

羅光云：「王船山主張理在氣內或理在器內，理氣不能相離。太極所以是陰陽之氣，陰陽進入物性以內，物性由陰陽而成，易經說『一陰一陽之謂道，繼之者善也，成之者性也。』〔註48〕」王夫之認為理在氣中，氣化流行中氣聚為有形，氣散於無形，其中皆有氣之條理，當形氣之物機息而形毀，氣散之時，理亦在其中，故形氣之理亦隨氣之消散而返回太虛。

> 以氣化言之，陰陽各成其象，則相為對，剛柔、寒溫、生殺，必相
> 反而相為仇；乃其究也，互以相成，無終相敵之理，而解散仍返於

〔註45〕（明）王夫之：〈大易篇〉《張子正蒙注》，收入船山全書編輯委員會編校：《船山全書》第十二冊（湖南（長沙）：嶽麓書社，1991年12月第一版），卷7，頁285。

〔註46〕（明）王夫之：〈天道篇〉《張子正蒙注》，收入船山全書編輯委員會編校：《船山全書》第十二冊（湖南（長沙）：嶽麓書社，1991年12月第一版），卷2，頁67。

〔註47〕（明）王夫之：〈中正篇〉《張子正蒙注》，收入船山全書編輯委員會編校：《船山全書》第十二冊（湖南（長沙）：嶽麓書社，1991年12月第一版），卷4，頁157。

〔註48〕羅光：《王船山形上學思想》（台北縣：輔仁大學出版社，1993年5月初版），頁102。

太虛。以在人之性情言之，已成形則與物爲對，而利於物者損於己，
利於己者損於物，必相反而仇；然終不能不取物以自益也，和而解
矣。氣化性情，其機一也。〔註49〕

以形下之氣化言之，陰陽因動靜以分，故陰陽各成其象，陰陽二氣相異才可
相感產生萬有之變化，故在形氣世界中則相爲對，有剛柔、寒溫、生殺，然
相反必相爲仇。但成究形氣之物，唯形氣之中陰陽不孤互以相成，故無終相
敵之理，然形氣之物其形有屈伸生死而然其理則解散仍返於太虛絪縕一氣
中，故理無生滅。

　　若以人之性情言此陰陽之相反相仇之理，在形氣世界中，人已成形則
與物爲對，其情況有利於物者損於己，利於己者損於物兩種，亦必相反而
仇。雖然與物爲對，但終不能不取物以自益也，故必和而解。故氣化與人
之性情，兩皆由陰陽之氣機變化而來，而此氣機之理皆無終相敵，而解散
仍返於太虛。

天之氣伸於人物而行其化者曰神，人之生理盡而氣屈反歸曰鬼；地
順天生物，而人緣以歸者也，屈伸往來之利用，皆於是而昭著焉，
故曰示。示居神鬼之間，以昭示夫鬼神之功效者也。〔註50〕

天之氣藉由二氣和合生生不已之神，聚氣而伸於人物以行氣化，而人身中具
此氣化之生理，形之凋敝，性命已盡，則形氣散而屈。韓邦奇云：

形聚爲物，形潰反原，此意張子屢發之曰潰，曰聚，指氣之附形者
言。〔註51〕

就形氣世界萬殊之物而言，氣聚則物生，氣散則形潰反元氣之本源，故具主
體義之形氣，乃不息之元氣暫附於形，但形氣仍有毀壞之時，即形氣之物仍
然會死亡。而氣化之生理反歸回太虛之天中，則爲「鬼」。而地乃順天之生物
以資其形，而人死其形散歸於地中。黃宗羲云：

夫大化只此一氣，氣之升爲陽，氣之降爲陰，以至於屈伸往來，生

〔註49〕　（明）王夫之：〈太和篇〉《張子正蒙注》，收入船山全書編輯委員會編校：《船
　　　　　山全書》第十二冊（湖南（長沙）：嶽麓書社，1991 年 12 月第一版），卷 1，
　　　　　頁 41。

〔註50〕　（明）王夫之：〈神化篇〉《張子正蒙注》，收入船山全書編輯委員會編校：《船
　　　　　山全書》第十二冊（湖南（長沙）：嶽麓書社，1991 年 12 月第一版），卷 2，
　　　　　頁 79。

〔註51〕　（明）韓邦奇：《性理三解》（台北：國家圖書館善本書室，明正嘉間原刊本），
　　　　　頁 54。

> 死鬼神，皆無二氣，故陰陽皆氣也，其升而必降，降而必升，雖有
> 參差過不及之殊，而終必歸一，是即理也。〔註52〕

黃宗羲指出所謂流行不失其則者，是表明氣在屈伸、往來、闔闢、升降等流行
變化之中。故王夫之認爲由此形氣之屈伸往來之利用，皆在於此天地之間，並
顯而昭著，故曰示。然而此所示之作用則是居神鬼之間，藉以昭示鬼神之功效。

> 知崇者，知天者也，知形而上之神也。化有晦明而人用爲晝夜，神
> 則不息，通晝夜而無異行；略屈伸之迹而知其恒運之理，知合於天，
> 崇矣。時有屈伸而君子之神無間，《易》曰「知崇法天」，法其不息
> 也。〔註53〕

知崇者乃知天者也，即明形而上之神乃天之屈伸往來之主宰。氣化有晦明不
同而人用晝夜表示，神不息可通晝夜而無異行。由此晝夜之變化屈伸之迹可
知其具恒運之理，由此可知合於天即崇矣。時之變化有屈伸，然而君子之神
則無間，如《易》曰「知崇法天」，君子法天之不息也。故曰「屈伸往來之理，
莫著於晝夜。晝必夜，夜必晝，晝以成夜，夜以息晝，故堯、舜之伸必有孔
子之屈，一時之屈所以善萬世之伸，天之所命無不可樂也。〔註54〕」

> 上達於天，屈伸之理合一，而不疑時位之不齊，皆天理之自然，富
> 貴厚吾生，貧賤玉吾成，何怨乎！治己則去物之累，以責人之心責
> 己，愛己之心愛人，不見人之可尤矣。聖之所以合天安土，敦仁而
> 已。〔註55〕

故若能上達於天，則與屈伸之理合一，而不疑時位之不齊，故有堯、舜之伸
必有孔子之屈，一時之屈所以善萬世之伸，天之所命無不可樂也，不論屈伸
變化爲何，此皆天理之自然，對於富貴厚吾生，貧賤玉吾成，又有何怨乎！

> 盡心思以窮神知化，則方其可見而知其必有所歸往，則明之中具幽
> 之理；方其不可見而知其必且相感以聚，則幽之中具明之理；此聖
> 人所以知幽明之故而不言有無也。言有無者，徇目而已；不斥言目

〔註52〕（明）黃宗羲：〈浙中王門學案三・知府季彭山先生本〉《明儒學案》，收入《黃
　　　　宗羲全集》第七冊（杭州：浙江古籍出版社，2005年9月增訂版），卷13，
　　　　頁308。
〔註53〕（明）王夫之：〈至當篇〉《張子正蒙注》，收入船山全書編輯委員會編校：《船
　　　　山全書》第十二冊（湖南（長沙）：嶽麓書社，1991年12月第一版），卷5，
　　　　頁218。
〔註54〕同上註，頁207。
〔註55〕同上註，頁206。

而言離者，目其靜之形，【敔按：成形則靜。】離其動之用也。【敔按：藏用於動。】蓋天下惡有所謂無者哉！於物或未有，於事非無；於事或未有，於理非無；尋求而不得，怠惰而不求，則曰無而已矣。甚矣，言無之陋也！【敔按：此即前章形不形之所從來也。】〔註56〕

所謂「凡有其理而未形，待人而明之者，皆幽也。聖人知化之有神，存乎變合而化可顯，故能助天地而終其用。〔註57〕」明之中具幽之理；方其不可見而知其必且相感以聚，則幽之中具明之理；此聖人所以知幽明之故而不言有無也。言有無者，徇目而已；不斥言目而言離者，目其靜之形，離其動之用也。故其言「小，謂耳目心知見聞覺知之限量；大者，清虛一大之道體；末者，散而之無，疑於滅，聚而成有，疑於相緣以起而本無生。惟不能窮夫屈伸往來於太虛之中者，實有絪縕太和之元氣，函健順五常之體性，故直斥爲幻妄。己所不見而謂之幻妄，眞夏蟲不可語冰也。〔註58〕」言有無者，其乃徇耳目心知見聞覺知之限量而以目爲靜，故以散而之無，疑於滅，聚而成有，疑於所有氣化皆相緣以起而本無生。而不能窮夫屈伸往來於清虛中乃一大之道體，故離其動之用，即不明此道體中實有絪縕太和之元氣，函健順五常之體性者。蓋天下豈有所謂無者哉！於物或未有，於事非無；於事或未有，於理非無；尋求而不得，怠惰而不求，則曰無而已矣。甚言幽而不顯的實有之「道」爲幻妄，此乃言無之陋也！故人應盡心思以窮神知化，則方其可見而知幽明屈伸之理必有所歸往。

明有所以爲明，幽有所以爲幽；其在幽者，耳目見聞之力窮，而非理氣之本無也。老、莊之徒，於所不能見聞而決言之曰無，陋甚矣。《易》以〈乾〉之六陽、〈坤〉之六陰大備，而錯綜以成變化爲體，故〈乾〉非無陰，陰處於幽也；〈坤〉非無陽，陽處於幽也；〈剝〉、〈復〉之陽非少，〈夬〉、〈姤〉之陰非微，幽以爲絪，明以爲表也。

〔註56〕　（明）王夫之：〈太和篇〉《張子正蒙注》，收入船山全書編輯委員會編校：《船山全書》第十二冊（湖南（長沙）：嶽麓書社，1991年12月第一版），卷1，頁29。

〔註57〕　（明）王夫之：〈樂器篇〉《張子正蒙注》，收入船山全書編輯委員會編校：《船山全書》第十二冊（湖南（長沙）：嶽麓書社，1991年12月第一版），卷8，頁317。

〔註58〕　（明）王夫之：〈大心篇〉《張子正蒙注》，收入船山全書編輯委員會編校：《船山全書》第十二冊（湖南（長沙）：嶽麓書社，1991年12月第一版），卷4，頁153。

故曰「《易》有太極」，乾、坤合於太和而富有日新之無所缺也。若周子之言無極者，言道無適主，化無定則，不可名之爲極，而實有太極，亦以明（頁 273）夫無所謂無，而人見爲無者皆有也。屈伸者，非理氣之生滅也；自明而之幽爲屈，自幽而之明爲伸；運於兩間者恒伸，而成乎形色者有屈。彼以無名爲天地之始，滅盡爲眞空之藏。猶聾者不見有物而遂謂無物，其愚不可瘳已。〔註59〕

所謂「幽明無二理。〔註60〕」明有所以爲明，幽有所以爲幽，其在幽者，乃因耳目見聞之力窮，而非理氣之本無也。老、莊之徒，於所不能見聞而決言之曰無，陋甚矣。《易》以〈乾〉之六陽、〈坤〉之六陰大備，而錯綜以成變化爲體，故〈乾〉非無陰，陰處於幽也；〈坤〉非無陽，陽處於幽也；〈剝〉、〈復〉之陽非少，〈夬〉、〈姤〉之陰非微，幽以爲緼，明以爲表也，故太極陰陽渾合，無所謂孤陰孤陽者。故曰「《易》有太極」，乾、坤本合於太和而富有日新之無所缺也。所謂推盪屈伸形氣之消散，非理氣之生滅，只是自明而之幽爲屈，自幽而之明爲伸，運於幽明隱顯之兩間者因其無形故恒伸，而成乎形色者乃具體形氣，有其氣散損毀之一日，故稱其有屈。老氏以無名爲天地之始，釋氏以滅盡爲眞空之藏。兩者如聾者眼無法見物，因不見有物，遂謂無物，其愚昧之病重而不可治。

知覺運動，生則盛，死則無能焉。性者，天理流行，氣聚則凝於人，氣散則合於太虛，晝夜異而天之運行不息，無所謂生滅也。如告子之說，則性隨形而生滅，是性因形發，形不自性成矣。曰性善者，專言人也，故曰「人無有不善」；犬牛之性，天道廣大之變化也，人以爲性，則無所不爲矣。〔註61〕

人形體之耳目所產生的感官知覺運動，在人生聚此形氣之身則可日日生生不息盡其感官耳目之功效，但當形體凋敝而氣散之時，知覺運動隨之止息便無

〔註59〕（明）王夫之：〈大易篇〉《張子正蒙注》，收入船山全書編輯委員會編校：《船山全書》第十二冊（湖南（長沙）：嶽麓書社，1991 年 12 月第一版），卷7，頁 272～273。

〔註60〕（明）王夫之：〈樂器篇〉《張子正蒙注》，收入船山全書編輯委員會編校：《船山全書》第十二冊（湖南（長沙）：嶽麓書社，1991 年 12 月第一版），卷8，頁 333。

〔註61〕（明）王夫之：〈誠明篇〉《張子正蒙注》，收入船山全書編輯委員會編校：《船山全書》第十二冊（湖南（長沙）：嶽麓書社，1991 年 12 月第一版），卷3，頁 126。

法繼續運作。但人之性則不同於此。因性者，天理流行，氣聚則凝於人，氣散則合於太虛，晝夜異而天之運行不息，無所謂生滅也。如其所言「氣化者，一陰一陽，動靜之幾，品彙之節具焉。秉太虛和氣健順相涵之實，而合五行之秀以成乎人之秉彝，此人之所以有性也。原於天而順乎道，凝於形氣，而五常百行之理無不可知，無不可能，於此言之則謂之性。〔註62〕」性者，乃一陰一陽二氣動靜之幾，生生不已地天理流行中，氣聚則凝太虛和氣健順相涵之實並合五行之秀以成乎人之秉彝於人身者。此人之所以有性也，原於天而順乎道，凝於形氣，而具五常百行之理無不可知，無不可能之天之良能。故其云「未生則此理氣在太虛爲天之體性；已生則此理聚於形中爲人之性，死則此理氣仍返於太虛。形有凝釋，氣不損益，理亦不雜，此所謂通極於道也。【敬按：朱子謂冰水之喻近釋，以朱、張論聚散之本體不同也。說詳〈太和篇〉註中。】〔註63〕」

〔註62〕　（明）王夫之：〈太和篇〉《張子正蒙注》，收入船山全書編輯委員會編校：《船山全書》第十二冊（湖南（長沙）：嶽麓書社，1991 年 12 月第一版），卷 1，頁 33。

〔註63〕　（明）王夫之：〈誠明篇〉《張子正蒙注》，收入船山全書編輯委員會編校：《船山全書》第十二冊（湖南（長沙）：嶽麓書社，1991 年 12 月第一版），卷 3，頁 120。

第七章　氣化清通之神

　　王夫之的氣之神是陰陽和合之體中，無形而即存有即活動的一種創造力，因爲其創造力不可測，故稱之爲神，而其創造力亦即體即用，存在於自身的作用之中，神之生生作用創造萬種形氣，亦讓無形氣之神有在現實氣化世界中有具體實現之機會。

第一節　在天和氣中函神妙

　　氣之未聚於太虛，希微而不可見，氣中陰陽和合之體之氣之神乃清通而不可見，故可貫通有形無形之兩間，創生不已且神妙不測。此外，氣之神因清而無形，故於氣聚時，可入固定陰陽比例之形體中，當創生完成時又可不滯於形體之礙，虛靈生生變化入他物，但形氣之他物，因氣之重濁而拘礙於一形體之中，不可與他物相通，而只可感通，此乃因形之凝滯固著，無法再轉化爲他物之形。

> 惟其有氣，乃運之而成化；理足於己，則隨時應物以利用，而物皆受化矣。非氣則物自生自死，不資於天，何云天化；非時則己之氣與物氣相忤，而施亦窮。乃所以爲時者，喜怒、生殺、泰否、損益，皆陰陽之氣一闔一闢之幾也。以陰交陽，以陽濟陰，以陰應陰，以陽應陽，以吾性之健順應固有之陰陽，則出處、語默、刑賞、治教，道運於心，自感通於天下。聖人化成天下，其樞機之要，唯善用其氣而已。〔註1〕

〔註1〕　（明）王夫之：〈神化篇〉《張子正蒙注》，收入船山全書編輯委員會編校：《船山全書》第十二冊（湖南（長沙）：嶽麓書社，1991年12月第一版），卷2，頁81。

氣中具所有之實，絪縕而含健順之性，而此升降屈伸條理必信之神，可以陰交陽，以陽濟陰，以陰應陰，以陽應陽，陰陽兩相交感不輟，具陰陽之氣一闢一闔創生之幾也。如其言「絪縕之中，陰陽具足，而變易以出，萬物並育於其中，不相肖而各成形色，隨感而出，無能越此二端。〔註2〕」故陰陽和合之氣可徹上徹下資氣以入而廣生不相肖而各成形色之萬物，此乃運氣聚而成象成形以生萬變而成化。氣既神，神可以升降屈伸條理而成乎健順之性，則氣之所至，神必行焉，性必凝焉，故物物莫不含氣之神而具此性。林聰舜云：

> 由船山首出形器的地位，可以看出他肯認形器世界之價值的傾向。
> 由船山別將「氣」提到本體的地位，視「氣」為繁富萬有之宇宙以
> 及充滿道德價值之宇宙本體，並且認為道德價值必須展現於繁富萬
> 有的世界才有意義，也可以看出他重視客觀事業的「捨虛就實」傾
> 向。而由船山陰陽渾合、乾坤并建、體用相函之說，更可以看出他
> 心目中的宇宙，是化育流行、健動不息的宇宙。透過船山的詮釋，
> 繁然皆備，密藏無盡的世界，皆是真實不虛，且本身即是充滿價值
> 意義的世界。〔註3〕

若無氣則物自生自死，不能資於天之氣。而物皆受氣化流行而創生，此神之理足於物之己身，則可藉此氣之神理隨時應物以利用。若不合時則己之氣與他物之氣相忤，而創生不已之氣施而有窮盡之時。吾性之健順乃本於太和之氣陰陽之體用是一，故吾人遇外界之事物可依此陰陽之體做正確的回應與判斷，故可感通於天下。所以聖人化成天下，其樞機之要，在唯善用其氣而已。

> 既感而成象，漸以成形，靈蠢、大小、流峙、死生之散殊，雖各肖
> 其所生而各自為體，不可以數計，而神皆行乎其間。無數者，不可
> 紀之辭。性情、形象、色聲、臭味，無相肖者，人事之得失、悔吝
> 亦如之。但此陰陽之變化屈伸，無有乖越，而欲分類自言之，則終
> 不可得。邵子以數限之，愚所未詳。〔註4〕

〔註2〕 （明）王夫之：〈太和篇〉《張子正蒙注》，收入船山全書編輯委員會編校：《船山全書》第十二冊（湖南（長沙）：嶽麓書社，1991年12月第一版），卷1，頁43。

〔註3〕 林聰舜：《明清之際儒家思想的變遷與發展》（台北：臺灣學生書局，1990年10月），頁164。

〔註4〕 （明）王夫之：〈可狀篇〉《張子正蒙注》，收入船山全書編輯委員會編校：《船山全書》第十二冊（湖南（長沙）：嶽麓書社，1991年12月第一版），卷9，頁377～378。

既陰陽交感動而成象後，漸靜而凝滯以成形，故生靈蠢、大小、流峙、死生散殊之情狀，雖各肖像其所生且各自爲體，但卻是無限不可紀之，所以無法數計。而無限種類之性情、形象、色聲、臭味之萬事萬物，皆無相肖，且人事之得失、悔吝亦如是，故欲分類言之，則終不可得。但此陰陽之變化屈伸能如此創生行健不輟，而無有違背太虛之和氣中陰陽二體絪縕之神的理序，乃因如其言「陰陽合於太和，而性情不能不異；惟異生感，故交相欣合於既感之後，而法象以著。藉令本無陰陽兩體虛實清濁之實，則無所容其感通，而謂未感之先初無太和，亦可矣；今既兩體各立，則溯其所從來，太和之有一實，顯矣。非有一則無兩也。〔註5〕」因此王夫之反對邵雍以數量有限角度論形氣之數量。故其又言「無數者，不出陰陽之二端；陰陽之合於太和者，一也。〔註6〕」如前所言非動靜而生陰陽不測之二端，此陰陽早已絪縕不顯和合於太和之中是一而非二，所以當「其合一而爲太和者，當其未成乎法象，陰陽之用固息也。〔註7〕」陰陽二氣合一時，代表太和之氣具創生不息之大用，此生生不已之大用的目標乃爲形氣萬物法象之顯而來，若無法象即無法展現太和中陰陽並建之神用，故言其息矣。

　　天一地二，陽之爻函三爲一而奇，陰之爻得三之二而偶，偶則分，奇則合。在天者渾淪一氣，凝結爲地，則陰陽分矣。植物有剛柔之殊，動物有男女之別。效者，效著以成形也。法者，物形之定則。凡山川、金石、草木、禽蟲以至於人，成乎形者皆地之效而物之法則立焉，兩者之分不可強而合矣。若其在天而未成乎形者，但有其象，絪縕渾合，太極之本體，中函陰陽自然必有之實，則於太極之中，不昧陰陽之象而陰陽未判，固即太極之象，合而言之則一，擬而議之則三，象之固然也。性以理言，有其象必有其理，惟其具太和之誠，故太極有兩儀，兩儀合而爲太極，而分陰分陽，生萬物之

〔註5〕　（明）王夫之：〈太和篇〉《張子正蒙注》，收入船山全書編輯委員會編校：《船山全書》第十二冊（湖南（長沙）：嶽麓書社，1991年12月第一版），卷1，頁36。

〔註6〕　（明）王夫之：〈可狀篇〉《張子正蒙注》，收入船山全書編輯委員會編校：《船山全書》第十二冊（湖南（長沙）：嶽麓書社，1991年12月第一版），卷9，頁378。

〔註7〕　（明）王夫之：〈太和篇〉《張子正蒙注》，收入船山全書編輯委員會編校：《船山全書》第十二冊（湖南（長沙）：嶽麓書社，1991年12月第一版），卷1，頁36。

形，皆秉此以爲性。象者未聚而清，形者已聚而濁，清者爲性爲神，

濁者爲形爲法。〔註8〕

王夫之言「天」，「在天者和氣絪縕於太虛，充塞無間，中函神妙，隨形賦牛

而不滯。〔註9〕」故曰「在天者渾淪一氣」，而此天體乃陰陽未判的太虛之氣

中涵陽動而生生、陰靜而凝止的神妙不測之大用。天所首創之物乃載物之地。

地之形創生之時，即陰陽二分之象顯而成形之時。在天而未成乎地之形前，

有其清而未聚陰陽之象，此乃絪縕渾合太極之本體，此本體中函陰陽自然必

有之實且不昧陰陽之象而陰陽未判，此即太極之象，其中本具動而生生不息

之能。

感者，交相感；陰感於陽而形乃成，陽感於陰則象乃著。遇者，類

相遇，陰與陰遇，形乃滋，陽與陽遇象乃明。感遇則聚，聚已必散，

皆升降飛揚自然之理勢。風雨、霜雪、山川、人物，象之顯藏，形

之成毀，屢遷而已結者，雖遲久而必歸其原，條理不迷，誠信不爽，

理在其中矣。教者，朱子所謂「示人以理」是也。〔註10〕

故在天者渾淪一氣之未具體成形的遊氣可交相感與類相遇地展現陽氣之動散

而流行生物之象與陰氣之靜凝而成物之形的升降飛揚無間隙自然之理勢。

天地之法象，人之血氣表裏，耳目手足，以至魚鳥飛潛，草木華實，

雖陰陽不相離，而抑各成乎陰陽之體，就其昭明流動者謂之清，就

其凝滯堅強者謂之濁。陽之清引陰以偕升，陰之濁挾陽以俱降，其

神之清通者，則貫乎其中而未有礙也。〔註11〕

因爲萬物皆具太極陰陽未判之體，故有清通之神主宰氣之聚散，故陽之清引

陰以偕升，陰之濁挾陽以俱降，於是而靜者以陰爲性，雖陽之靜亦陰也；動

者以陽爲性，雖陰之動亦陽也。感遇則聚，聚已必散，所以「風雨、霜雪、

〔註8〕（明）王夫之：〈太和篇〉《張子正蒙注》，收入船山全書編輯委員會編校：《船

山全書》第十二冊（湖南（長沙）：嶽麓書社，1991 年 12 月第一版），卷 1，

頁 45～46。

〔註9〕（明）王夫之：〈可狀篇〉《張子正蒙注》，收入船山全書編輯委員會編校：《船

山全書》第十二冊（湖南（長沙）：嶽麓書社，1991 年 12 月第一版），卷 9，

頁 367。

〔註10〕（明）王夫之：〈太和篇〉《張子正蒙注》，收入船山全書編輯委員會編校：《船

山全書》第十二冊（湖南（長沙）：嶽麓書社，1991 年 12 月第一版），卷 1，

頁 28。

〔註11〕同上註，頁 27～28。

山川、人物，象之顯藏，形之成毀，屢遷而已結者，雖遲久而必歸其原。」

> 涵，如水中涵影之象；中涵者其體，是生者其用也。輕者浮，重者
> 沉，親上者升，親下者降，動而趨行者動，動而赴止者靜，皆陰陽
> 和合之氣所必有之幾，而成乎情之固然，猶人之有性也。絪縕，太
> 和未分之本然；相盪，其必然之理勢；勝負，因其分數之多寡；乘
> 乎時位，一盈一虛也。勝則伸，負則屈；勝負屈伸，衰王死生之成
> 象，其始則動之幾也。此言天地人物消長死生自然之數，皆太和必
> 有之幾。〔註12〕

如其言「若使但依種性而成，則區別而各相肖；唯聚而成，散而毀，既毀而復
聚，一唯陰陽之變合，故物無定情，無定狀，相同而必有異。足知陰陽行乎萬
物之中，乘時以各效，全具一絪縕之體而特微爾。〔註13〕」王夫之以水中涵影
之象比喻陰陽行乎萬物之中，並以涵者其體指全形氣之物中本一特微的太和絪
縕之體，具陰陽和合之氣所必有之幾，可陰陽變合乘時以各效乃生者其用，形
成「象者未聚而清，形者已聚而濁，清者為性為神，濁者為形為法。」且此中
所涵之生生大用是陰陽聚散升降作用循環不已。故其輕者浮，重者沉，親上者
升，親下者降，動而趨行者動，動而赴止者靜，所以產生陰陽摩盪之自然理勢、
聚散勝負數量多寡之別、乘乎時位之盈虛，使天地之法象中人之血氣表裏，耳
目手足，以至魚鳥飛潛，草木華實等形氣依其種性而成各類相肖之現實世界呈
現萬物屈伸勝負所成的衰王死生之象，有其發生的自然定數。

第二節　形氣散歸於神化

唐宇元云：「氣是『瀰綸無涯』、『通一無二』，從地上到太空都是氣的各
種存在形式，它們都統一於物質性的氣，由此世界是『更無他物，亦無間
隙』。……王夫之以運動進化的『絪縕』觀點，來說明物質性的氣，是永遠運
動著，他只有往來聚散的轉化，而絕對不是『創有』和『消失』。〔註14〕」由

〔註12〕　（明）王夫之：〈太和篇〉《張子正蒙注》，收入船山全書編輯委員會編校：《船
　　　　　山全書》第十二冊（湖南（長沙）：嶽麓書社，1991年12月第一版），卷1，
　　　　　頁15～16。
〔註13〕　同上註，頁42。
〔註14〕　何兆武、步近智、唐宇元、孫開太撰：《中國思想發展史》（台北：明文書局，
　　　　　1993年1月），頁469。

上可知氣並不會真正消失或減少，氣之神既在氣中，氣不亡滅，神亦不亡滅。故當形色之物身死亡，其形氣散而爲無，其形氣之身中之神亦隨氣回歸太虛。

> 陰陽二氣充滿太虛，此外更無他物，亦無間隙，天之象，地之形，皆其所範圍也。散入無形而適得氣之體，聚爲有形不失氣之常，通乎生死猶晝夜也。晝夜者，豈陰陽之或有或無哉！日出而人能見物，則謂之晝；日入而人不能見物，則謂之夜，陰陽之運行則通一無二也。在天而天以爲象，在地而地以爲形，在人而人以爲性，性在氣中，屈伸通於一，而裁成變化存焉，此不可踰之中道也。〔註15〕

因王夫之有言：「天地之化，人物之生，皆具陰陽二氣。其中陽之性散，陰之性聚，陰抱陽而聚，陽不能安於聚必散，其散也陰亦與之均散而返於太虛。〔註16〕」王夫之認爲陰陽二氣充滿太虛之中，此外更無他物，陰陽兩者亦升降飛揚無間隙，陰陽兩者藉由陽之性散，陰之性聚創生天之象與地之形，而「陰抱陽而聚，陽不能安於聚必散，其散也陰亦與之均散而返於太虛」，故天地皆其所範圍也。張麗珠云：

> 船山認爲宇宙萬有雖其形有聚散，但其氣都是無生滅的，故曰「形有凝釋，氣不損益。」（《張子正蒙注·太和·誠明》）不論氣之聚散、或人之生死，蓋皆一氣之往復運動之理勢自然也。〔註17〕

王夫之又云：「輕清上浮者陽也，而有象有形，聚者爲陰：出地而有實者陰也，而形無固形，究歸於散爲陽。故曰『立天之道，曰陰與陽，立地之道，曰柔與剛』，非判然兩分而不相合也。〔註18〕」所以王夫之藉由「日出而人能見物，則謂之晝；日入而人不能見物，則謂之夜」來說明生死之狀況，乃散入無形而適得氣之體，聚爲有形不失氣之常之陰陽之運行通一無二，故陰陽非判然有無兩分而不相合。

> 以氣化言之，陰陽各成其象，則相爲對，剛柔、寒溫、生殺，必相

〔註15〕 （明）王夫之：〈太和篇〉《張子正蒙注》，收入船山全書編輯委員會編校：《船山全書》第十二冊（湖南（長沙）：嶽麓書社，1991年12月第一版），卷1，頁26。

〔註16〕 同上註，頁57。

〔註17〕 張麗珠：〈船山哲學的氣本論進路〉，《國文學報》第44期（2008年12月），頁61。

〔註18〕 （明）王夫之：〈太和篇〉《張子正蒙注》，收入船山全書編輯委員會編校：《船山全書》第十二冊（湖南（長沙）：嶽麓書社，1991年12月第一版），卷1，頁59。

反而相為仇；乃其究也，互以相成，無終相敵之理，而解散仍返於
太虛。以在人之性情言之，已成形則與物為對，而利於物者損於己，
利於己者損於物，必相反而仇；然終不能不取物以自益也，和而解
矣。氣化性情，其機一也。〔註19〕

氣化化生萬物之狀態陰陽各成其象則相為對，故剛柔、寒溫、生殺，必相反
而相為仇，故其前有言「氣有陰陽二殊，故以異而相感，其感者即其神也。
無所不感，故神不息而應無窮。〔註20〕」其又言「來，謂始動而化之初；究，
謂已成形體也。〔註21〕」當氣化已成其究之形，則應互以相成，終無相敵之
理，而形體之散解，此陰陽之運行則通一無二，故仍返於太虛。馮友蘭云：

「太和」是一個貫穿天地人物總然之理。陰陽在太虛中要符合這個
理，事物的生成和發展也要符合這個理，這就使矛盾不致激化，避
免統一破裂。所以王夫之強調說：相對待的事物「互以相成，終無
相敵之理」。〔註22〕

故王夫之以氣化所成就的人之形與物之體，有利於物者損於己，利於己者損
於物相對立而相仇之景況，但卻終不能不取物以自益的和而解。其又云：「相
反相仇則惡，和而解則愛。陰陽異用，惡不容已；陰得陽，陽得陰，乃遂其
化，愛不容已；太虛一實之氣所必有之幾也，而感於物乃發為欲，情之所自
生也。〔註23〕」陰陽之異用與和解皆陰得陽，陽得陰之不容已，而此在太虛
之中本具，故氣化才有生生創造之循環。唐君毅云：「一動一靜，一闔一闢，
一往一來，大化之流行，統為一絕對之動。故宇宙無真正之虛，而宇宙為絕
對之真實無妄。此絕對之動中所涵之動靜、闔闢往來故相反，然實相反而相
成，分而復合。自其分而觀之，則其靜而闔，即往由實返虛，而疑宇宙有一

〔註19〕　（明）王夫之：〈太和篇〉《張子正蒙注》，收入船山全書編輯委員會編校：《船
　　　　山全書》第十二冊（湖南（長沙）：嶽麓書社，1991年12月第一版），卷1，
　　　　頁41。

〔註20〕　（明）王夫之：〈可狀篇〉《張子正蒙注》，收入船山全書編輯委員會編校：《船
　　　　山全書》第十二冊（湖南（長沙）：嶽麓書社，1991年12月第一版），卷9，
　　　　頁377。

〔註21〕　（明）王夫之：〈太和篇〉《張子正蒙注》，收入船山全書編輯委員會編校：《船
　　　　山全書》第十二冊（湖南（長沙）：嶽麓書社，1991年12月第一版），卷1，
　　　　頁16。

〔註22〕　馮友蘭：《中國哲學史新編（五）》（台北：藍燈文化，1991年12月），頁319。

〔註23〕　（明）王夫之：〈太和篇〉《張子正蒙注》，收入船山全書編輯委員會編校：《船山
　　　　全書》第十二冊（湖南（長沙）：嶽麓書社，1991年12月第一版），卷1，頁41。

真正之太虛，有所謂空無。然觀靜者之必動，闔者之必闢，往而由實返虛，必繼以來者之由虛入實；則宇宙實無所謂虛，虛皆氣之所充凝，無所謂空無，而惟是一流行之生，一永恒之有。所謂虛者惟是往，往不可見，故疑若無；而往者必來，則無無矣。〔註24〕」

> 陰陽之實，情才各異，故其致用，功效亦殊。若其以動靜、屈伸、聚散分陰陽為言者，又此二氣之合而因時以效動，則陽之靜屈而散，亦謂之陰，陰之動伸而聚，亦謂之陽，假陰陽之象以名之爾，非氣本無陰陽，因動靜屈伸聚散而始有也。故直言氣有陰陽，以明太虛之中雖無形之可執，而溫肅、生殺、清濁之體性俱有於一氣之中，同為固有之實也。〔註25〕

陰陽二氣之實，表現成之具體之情才各有不同，故其致用、功效亦殊。在動靜、屈伸、聚散前具陰陽之體，以具因此二氣之和合，故因時以效動則陽之靜屈而散，亦謂之陰，陰之動伸而聚，亦謂之陽，故氣有陰陽，以明太虛之中雖無形之可執，而在此實氣中早已必有溫肅、生殺、清濁體性之幾。戴景賢云：「船山以『和氣』為『伸』，『害氣』為『屈』，就氣之變、合言，其由『伸』而『屈』，即是基於『主動因』有限作用，使『存有者』之質料，無法維持其原有的形式；而由『屈』而『伸』，則是基於陰陽『翕合』機制之轉換與更替，使『存有物』發生『存在形式』（from of existence）之『轉變』（mutatio），取得創新之形式。〔註26〕」因此形器現象界「寒已而暑，暑已而寒，循環而如相反，四時之行，生殺之用，盡此矣：蓋二氣之噓吸也。屈者屈其所伸，伸者伸其所屈，群動之變，不能離此二用，動靜、語默、喜怒、行藏之變，盡此矣：蓋二氣之舒斂也。〔註27〕」陰陽二氣之用乃指其一吸一噓所表現出陽之動而飛升散舒創造流行與陰之靜而凝

〔註24〕 唐君毅：《中國哲學原論・原教篇（下）》（台北：臺灣學生書局，1979 年 2 月），頁 530。

〔註25〕 （明）王夫之：〈神化篇〉《張子正蒙注》，收入船山全書編輯委員會校：《船山全書》第十二冊（湖南（長沙）：嶽麓書社，1991 年 12 月第一版），卷 2，頁 80。

〔註26〕 戴景賢：〈論王船山哲學之系統性即其基本預設〉，《文與哲》第 18 期（2011 年 6 月），頁 465。

〔註27〕 （明）王夫之：〈太和篇〉《張子正蒙注》，收入船山全書編輯委員會校：《船山全書》第十二冊（湖南（長沙）：嶽麓書社，1991 年 12 月第一版），卷 1，頁 35。

斂生成形止，故有二氣之屈伸相反相仇之動靜、語默、喜怒、行藏之變，此則持續展現氣化不斷演化創生之義。

> 一噓一吸，一舒一斂，升降離合於太虛之中，乃陰陽必有之幾。則鬼神者，天之所顯而即人之藏也。靜以成形，鬼之屬也，而可以迎神而來；動而成用，神之屬也，而將成乎鬼以往。屈伸因乎時，而盡性以存神，則天命立於在我，與鬼神合其吉兇矣。〔註28〕

王夫之云：「天之所以爲天而化生萬物者，太和也，陰陽也，聚散之神也。聖人，體此者也；鬼神，其聚散之幾也。〔註29〕」故太虛本具陰陽聚散之神，藉天之寒已而暑，暑已而寒，循環而如相反，四時之行，生殺之用顯之。天靜以成形，乃鬼之屬即所謂陰，但可以迎神而來；動而成用，乃神之屬即所謂陽，而將成乎鬼以往，故對立相仇之陰陽最終和解散仍返於太虛，故表現之聚散屈伸循環不已。

> 見，實證之於心也。《易》曰：「陰陽相摩，八卦相盪，鼓之以雷霆，潤之以風雨，日月運行，一寒一暑，乾道成男，坤道成女。」此之謂也。健順合而太和，其幾必動，氣以成形，神以居理，性固具足於神氣之中，天地之生人物，人之肖德於天地者，唯此而已矣。〔註30〕

人具此健順合而太和陰陽聚散神之理爲其本性，並藏於身中，故聖人乃「人之肖德於天地者」，故可體會「鬼神，其聚散之幾」的意義。

> 陰陽相感，聚而生人物者爲神；合於人物之身，用久則神隨形斂，斂而不足以存，復散而合於絪縕者爲鬼。神自幽而之明，成乎人之能，而固與天相通；鬼自明而返乎幽，然歷乎人之能，抑可與人相感。就其一幽一明者言之，則神陽也，鬼陰也，而神者陽伸而陰亦隨伸，鬼者陰屈而陽先屈，故皆爲二氣之良能。良能者，無心之感合，成其往來之妙者也。凡陰用之分，不可執一言者，類如此；學

〔註28〕　（明）王夫之：〈太和篇〉《張子正蒙注》，收入船山全書編輯委員會編校：《船山全書》第十二冊（湖南（長沙）：嶽麓書社，1991年12月第一版），卷1，頁35。

〔註29〕　（明）王夫之：〈可狀篇〉《張子正蒙注》，收入船山全書編輯委員會編校：《船山全書》第十二冊（湖南（長沙）：嶽麓書社，1991年12月第一版），卷9，頁369。

〔註30〕　（明）王夫之：〈太和篇〉《張子正蒙注》，收入船山全書編輯委員會編校：《船山全書》第十二冊（湖南（長沙）：嶽麓書社，1991年12月第一版），卷1，頁16。

者因所指而詳察，乃無拘滯之失。若謂死則消散無有，則是有神而無鬼，與聖人所言「鬼神之德盛」者異矣。〔註31〕

陰陽相感聚氣而生人物者爲神，神與氣合於人物之身，用久則神隨形敝，敝而不足以存，再散而合於絪縕之太虛者爲鬼。從無形隱而幽而至人身創生形而顯之明，神成乎人心感通之能，因人具此神，固與天相通；從形體顯之明而返乎形散隱之幽，鬼經歷人具感通之良能，故抑可與人相感。所以其言「不知氣之未嘗有有無而神之通於太和也。〔註32〕」以太和之氣充周爲內涵的太虛未嘗有有形與無形之別，因其只是一虛空之無始終、無垠涯之郛廓，故其言「若謂死則消散無有，則是有神而無鬼」。而太虛之氣之神其物不測乃因通於太和陰陽絪縕和合之眞體也。若就幽明論之，神乃陽；鬼爲陰，但神之陽伸而陰亦隨伸，鬼之陰屈而陽先屈，故皆爲二氣之良能。如同太和之體陰陽絪縕和合動而不顯之狀，良能者乃無心之感合，而成其鬼神往來之妙者。馮天諭云：「首先，他肯定物質運動形態轉化的無限性。……以明白無誤的語氣指出：『氣』的聚散，物的死生，以及它們的去往歸來等運動形態的轉化，是自然變化的『理』和『勢』所決定的，永遠不能止息，任何人都不可能使其揮之散去，也不可能人爲挽留。其次，基於物質運動形態轉化能力的無限性，進而論述了運動總量的不可增減。……他認爲物質的變化，只有『往來』而無『生死』，往就是『屈』，來就是『伸』，物質的運動變化便是這種屈伸之變，其運動總量並無增減。〔註33〕」

此言聖人存神之妙，物無不相感應之理。其出而加乎物，物入而應乎己，用無不利，有不知其所以然而然之妙。蓋由萬物之生成，俱神爲之變易，而各含絪縕太和之一氣，是以聖狂異趣，靈蠢異情，而感之自通，有不測之化焉。萬物之妙，神也；其形色，糟粕也；糟粕異而神用同，感之以神而神應矣。〔註34〕

〔註31〕 （明）王夫之：〈太和篇〉《張子正蒙注》，收入船山全書編輯委員會編校：《船山全書》第十二冊（湖南（長沙）：嶽麓書社，1991 年 12 月第一版），卷 1，頁 33～34。

〔註32〕 同上註，頁 21。

〔註33〕 馮天諭：〈蕭萐父先生明清之際啓蒙思想研究的啓示──試論王夫之幾個創造性命題〉，收入吳根友主編：《多元范式下的明清思想研究》（北京：三聯書店，2011 年 8 月），頁 365。

〔註34〕 （明）王夫之：〈太和篇〉《張子正蒙注》，收入船山全書編輯委員會編校：《船山全書》第十二冊（湖南（長沙）：嶽麓書社，1991 年 12 月第一版），卷 1，頁 43～44。

所謂「無心之感合」乃神變易而生成人物，其自身各含絪縕太和一氣之神用，故「其出而加乎物，物入而應乎己，用無不利，有不知其所以然而然之妙」，故言「萬物之妙，神也」。〈王夫之對宋明理學之總結〉一文中提出：「他認為矛盾雙方是同時共存的，任何一方都不能脫離對方而獨立存在。……王夫之又認為，矛盾雙方，在統一體內的地位不是一成不變的，而是『權無主輔』，雙方的地位是隨矛盾的發展不斷轉化。〔註35〕」陳祺助進一步說明：「入物之蘊與『氣之實』均質無異撰，皆分體全體之一分以有體。氣凝成質而局於形中，乃形成個體。陽健絪順之性從形質中透越呈現，乃無法全效乾坤之德，陰見則陽隱，陽見則陰隱；隨陰陽分劑不同，遂有萬化雜多殊異的現象。〔註36〕」故人物之形色糟粕，有形體有聖狂異趣、靈蠢異情的各異之狀，但感而通有不測之化的神用卻相同，故「感之以神而神應」。

> 晝夜者，非天之有異，乃日月出沒，而人之離明有得施不得施之別爾。日月寒暑之兩行，一陰一陽之殊建，人以睹其明，定其歲，而謂之為方體；實則無方無體，陰陽不測，合同於絪縕而任其變化，乃神易陰陽之固然也。晝夜分兩端，而天之運行一；生死分兩端，而神之恆存一；氣有屈伸，神無生滅，通乎其道，兩立而一見，存順沒寧之道在矣。〔註37〕

晝夜不是天之變異，只是日月出沒，而人見其離明會幽暗之別。日月寒暑乃一陰一陽殊建之兩行，人以睹其明而依此定其歲制，並稱之為方體。其實晝夜分兩端，但天之運行一；生死分兩端，而神之恆存一，未有亡滅。王夫之釋「神」在人之生死過程中的意義與變化：「生而榮，如糟粕之含酒醴；死而槁，如酒醴盡而糟粕存；其究糟粕亦有所歸，歸於神化。〔註38〕」人生而神之榮茂有如酒糟渣滓的糟粕中含甜酒之豐沛；人死而神之枯槁，如甜酒喝盡只剩糟粕之渣滓。而此糟粕之形體仍有所歸，其神歸於之太虛中。趙雅博云：

〔註35〕 馮達文、郭齊勇等編著：《新編中國哲學史（下冊）》（台北：洪葉文化，2005年10月），頁235。

〔註36〕 陳祺助：〈論王船山氣論的義理特色——與傳統主要氣論之說比較〉，《鵝湖學誌》第35期（2005年12月），頁116。

〔註37〕 （明）王夫之：〈太和篇〉《張子正蒙注》，收入船山全書編輯委員會編校：《船山全書》第十二冊（湖南（長沙）：嶽麓書社，1991年12月第一版），卷1，頁39。

〔註38〕 同上註，頁42。

船山論氣，在從他的整個著作；所有對論氣的文字中，我們應該
說氣有兩大類一是太和之氣，一是太虛之氣。在太虛中之氣？太
虛即氣，太虛中充滿了氣，太虛中的氣是陰陽二氣，由太虛中的
氣絪縕運用，相合相離，才有了萬物的生，和萬物的滅；這個生
與滅，也是用到鬼神與人類身上，那自然是氣離則死，氣全則生。
〔註39〕

故神是無方無體，陰陽不測，合同於絪縕而任其變化，不論具體之形或形中
無形之神皆故「氣有屈伸，神無生滅，通乎其道，兩立而一見，存順沒寧之
道在矣。」

散而歸於太虛，復其絪縕之本體，非消滅也。聚而爲庶物之生，自
絪縕之常性，非幻成也。聚而不失其常，故有生之後，雖氣稟物欲
相窒相梏，而剋自修治，即可復健順之性。散而仍得吾體，故有生
之善惡治亂，至形亡之後，清濁猶依其類。〔註40〕

天道生生聚而爲庶物之生，其自聚而不失其常，而物物各聚太和絪縕之常性，
故非虛幻之生成。因爲太虛中本具陰陽不測之神用，故物之死形散而歸於太
虛，而人身神之良能又會回復其絪縕之太虛本體，非消滅也，故「至形亡之
後，清濁猶依其類」。

第三節　善生則善死

王夫之明確地將陰陽二氣之地位提升至與氣本體並列爲同質同層。精者
乃陰陽有創生之兆而兩者相合，其開始聚而生物時，爲清微和粹，精中含神
以爲太和之氣創生之母。此陰陽之精存於人身中，從出生到死亡，皆不離其
形氣之身。

精者，陰陽有兆而相合，始聚而爲清微和粹，含神以爲氣母者也。
苟非此，則天地之間，一皆游氣而無實矣。互藏其宅者，陽入陰中，
陰麗陽中，坎、離其象也。太和之氣，陰陽渾合，互相容保其精，

〔註39〕 趙雅博：〈王船山宇宙生發的思想（上）〉，《孔孟月刊》第32卷，5期（1994
　　　　年2月），頁23。
〔註40〕 （明）王夫之：〈太和篇〉《張子正蒙注》，收入船山全書編輯委員會編校：《船
　　　　山全書》第十二冊（湖南（長沙）：嶽麓書社，1991年12月第一版），卷1，
　　　　頁19〜20。

得太和之純粹，故陽非孤陽，陰非寡陰，相函而成質，乃不失其和
而久安。〔註41〕

「氣母」「靜則陰氣聚以函陽，動則陽氣伸以盪陰，陰陽之非因動靜而始有，
明矣。故曰兩體，不曰兩用。〔註42〕」陰陽之動靜可「互藏其宅者，陽入陰
中，陰麗陽中」。而太和之氣，陰陽渾合，互相容保其精，而「互藏之精相得
而不捨，則其相生也不窮，固與太虛之太和通理。天不變，故日月亦不變。〔註
43〕」天地得太和純粹之「精」所含神以爲氣母，故陽非孤陽，陰非寡陰，相
函而成質，且不失其陰陽調和不分之狀，故可以永遠生生不息。故若非此，
則天地之間，皆未具成形之遊氣而無具體實在之形氣。其又言：「太和未分之
前，初得其精者，日月也；陰陽成質以後，而能全其精者，人也。〔註44〕」
其以爲天地所生之萬物中，人乃天地之中互藏陰陽之精的最佳者。曾昭旭云：

> 船山之氣體，既是形上的性（道德創造生化之性，此性即是乾德），
> 復是存在的量（實存宇宙全體全量，以即氣即理，故其間亦函藏萬
> 理，此理即是坤德）。故其生化而成萬物而成人，即一方面可有性之
> 下貫，一方面可有量之分劑。……吾人當説氣質之量上言，個體所
> 稟諸天者雖非天之全量，而不等同於天，然實仍爲渾然一氣之一端。
> 蓋體既爲渾然之一體，即不可言割截也。於是此一端之體之存在，
> 實即有全體宇宙之存在爲其背境，而個體之存在即表現即非孤立隔
> 離而實與宇宙聲氣相通，而實同宇宙全體之大中至正，與於其篤實
> 光輝。〔註45〕

故人稟此宇宙乾坤之德，故能保全陰陽之精。《易・繫辭上傳》云：「原始反終，
故知死生之說。精氣爲物，遊魂爲變，是故知鬼神之情狀。〔註46〕」朱子云：

〔註41〕　（明）王夫之：〈太和篇〉《張子正蒙注》，收入船山全書編輯委員會編校：《船
　　　　　山全書》第十二冊（湖南（長沙）：嶽麓書社，1991年12月第一版），卷1，
　　　　　頁54。

〔註42〕　（明）王夫之：〈大易篇〉《張子正蒙注》，收入船山全書編輯委員會編校：《船
　　　　　山全書》第十二冊（湖南（長沙）：嶽麓書社，1991年12月第一版），卷7，
　　　　　頁275～276。

〔註43〕　（明）王夫之：〈太和篇〉《張子正蒙注》，收入船山全書編輯委員會編校：《船
　　　　　山全書》第十二冊（湖南（長沙）：嶽麓書社，1991年12月第一版），卷1，
　　　　　頁54。

〔註44〕　同上註，頁55。

〔註45〕　曾昭旭：《王船山哲學》（台北：遠景出版事業公司，1983年2月），頁342。

〔註46〕　（宋）朱熹：《周易本義》（台北：大安出版社，1999年7月），卷3，頁237。

「《易》者，陰陽而已。幽明、死生、鬼神，皆陰陽之變，天地之道也。天文，則有晝夜上下；地理，則有南北高深。原者，推之於前；反者，要之於後。陰精陽氣，聚而成物，神之伸也；魂遊魄降，散而爲變，鬼之歸也。〔註47〕」王夫之云：「魄麗於形，鬼之屬；魂營於氣，神之屬，此鬼神之在物者也。〔註48〕」由此可之人物之良能爲「魂」即氣之神，而人物之身爲「魄」即形之鬼。《管子・內業》：「凡人之生也，天出其精，地出其形，合此以爲人。〔註49〕」此處所謂的「精」是最精粹、最細微而又能變化的氣。葛榮晉云：「精氣是一種無所不在、獨立於人之外、流動於天地之間的精靈之氣。〔註50〕」方立天云：

> 《管子》的精氣說，以細微而能變化的精氣爲構成萬物的最小單位，這種精氣說和原子說的原子有類似之處。西方古希臘哲學中的原子說認爲一切物體都由大量的不可分割的微小物質粒子構成，這種物質粒子具有不可分割性，稱爲原子。原子遵循一定的規律在「虛空」中不斷運動，合而形成物體，離則物體消滅。精氣說也可以說是古代原子說的一種具體形態。以往五行說是用五種固定形態的實物作爲構成世界萬物的基本元素，而精氣說則用單一微小的可變精氣去說明世界萬物的構成和變化、多樣性和統一性這是古代樸素唯物主義的物質結構說的重大進步，是我國古代樸素唯物主義的「氣」一元論思想傳統的濫觴。〔註51〕

《管子》的精氣說是以細微而能變化的精氣當作構成萬物的最小單位，精氣會遵循一定的規律，在「虛空」中不斷地運動，合成不同的物體，精氣離則物體消滅。此精氣說乃用單一變化多端的微小精氣說明世界萬物的構成和變化的多樣性和統一性。此乃是「氣」一元論思想傳統的濫觴。而《禮記・郊特牲》有云：「魂氣歸于天，形魄歸于地。〔註52〕」故人之生來自天陰陽二氣

〔註47〕　（宋）朱熹：《周易本義》（台北：大安出版社，1999 年 7 月），卷 3，頁 237。

〔註48〕　（明）王夫之：〈動物篇〉《張子正蒙注》，收入船山全書編輯委員會編校：《船山全書》第十二冊（湖南（長沙）：嶽麓書社，1991 年 12 月第一版），卷 3，頁 105。

〔註49〕　（春秋）管仲：《管子・卷十六・內業》（台北：臺灣商務印書館《四部叢刊》影上海商務印書館縮印常熟瞿氏藏宋本，1975 年臺 3 版），頁 95。

〔註50〕　葛榮晉：《中國哲學範疇導論》（台北：萬卷樓，1993 年 4 月），頁 48。

〔註51〕　方立天：《中國古代哲學問題發展史（上冊）》（台北：洪葉文化，1995 年 4 月），頁 10。

〔註52〕　（漢）鄭元注、（唐）孔穎達等正義：《禮記正義・郊特牲》，收入藝文印書館編：《十三經注疏》第五冊（台北：藝文印書館，1993 年），頁 507。

絪縕之「精氣」所凝，天之神爲人之魂，地之形爲人之魄。而人一死，氣之魂歸天之神，形之魄歸地之化。王夫之云：

> 變者，陰變爲陽；化者，陽化爲陰；六十四卦互相變易而象成。進退者，推盪而屈伸也；推之則伸而進，盪之則屈而退，而變化生焉。此神之所爲，非存神者不能知其必然之理。〔註53〕

《易・繫辭上傳》「精氣爲物」即王夫之所謂「變者，陰變爲陽；化者，陽化爲陰；六十四卦互相變易而象成。進退者，推盪而屈伸也」。太虛之氣有陰陽調和之神，故可以產生「陰陽有兆而相合，始聚而爲清微和粹，含神以爲氣母」之精，故陰陽之變化推盪屈伸生生不已。《易・繫辭上傳》「遊魂爲變」即王夫之所謂「《易》言『游魂爲變』，謂魂返於天，唯天所變化，而非人之所能與。〔註54〕」

> 用則伸，不用則不伸，鬼而歸之，仍乎神矣。死生同條，而善吾生者即善吾死。伸者天之化，歸者人之能，君子盡人以合天，所以爲功於神也。〔註55〕

孫應鰲云：「『精氣爲物，遊魂爲變，是故知鬼神之情狀』，見聖人觀天地陰陽聚散之理，而得鬼神造化之用也。〔註56〕」太和之氣，陰陽渾合，互相容保其精，此精乃具陰陽相和推盪屈伸之兆，故可以「陰精陽氣，聚而成物，神之伸也；魂遊魄降，散而爲變，鬼之歸也」。故王夫之又言：「《易傳》之言化，德盛之事，變則神之用也。變者，化之體；化之體，神也。精微之蘊，神而已矣。〔註57〕」就形器創生的次序，先由陽之散而虛空之遊氣化爲陰之凝滯

〔註53〕（明）王夫之：〈大易篇〉《張子正蒙注》，收入船山全書編輯委員會編校：《船山全書》第十二冊（湖南（長沙）：嶽麓書社，1991年12月第一版），卷7，頁313。

〔註54〕（明）王夫之：〈可狀篇〉《張子正蒙注》，收入船山全書編輯委員會編校：《船山全書》第十二冊（湖南（長沙）：嶽麓書社，1991年12月第一版），卷9，頁369。

〔註55〕（明）王夫之：〈動物篇〉《張子正蒙注》，收入船山全書編輯委員會編校：《船山全書》第十二冊（湖南（長沙）：嶽麓書社，1991年12月第一版），卷3，頁102。

〔註56〕（明）孫應鰲：《淮海易談・孫應鰲文集》，收入貴州教育出版社編：《陽明學研究叢書》（貴陽：貴州教育出版社，1996年4月），卷4，頁122。

〔註57〕（明）王夫之：〈神化篇〉《張子正蒙注》，收入船山全書編輯委員會編校：《船山全書》第十二冊（湖南（長沙）：嶽麓書社，1991年12月第一版），卷2，頁83～84。

而有具體形質產生，此乃氣化生出具體形器萬物之大德，而此化之本體爲陰陽神用之變。所謂「變」即是陰變爲陽、靜化爲動，此代表創生之始，即精之陰陽有兆而相合。再者，形氣之身保有「陰陽之精」，當展現化之用，則伸而生生不息，故神而變。但人終有氣餒形敝之時，化之用不顯，則神之不測停止，故鬼而歸。陳來云：

> 古代宗教已人死後的存在爲鬼，船山認爲人物之死，即消散爲氣，還歸於太虛絪縕之中，所以死散之氣可名爲鬼。反過來說，宇宙中並沒有別的鬼，鬼就是死散歸向太虛的氣。他又認爲，太虛之中神是一種變化的內在動力，它使得陰陽聚合爲人物；而人物生成的時候，太虛之神就合於人物之身而成人物的神智之神。……船山也指出，神是無所謂「聚」，也無所謂「散」的。聚散是氣，屈伸是指形氣，神則無所謂屈伸，神也無所謂幽明。……客形用久就要消散。神本來是形而上的，太虛之神和人物之神，都是不可象的，所以無論形象如何聚散，神是無所謂幽明之分的。當然，神隨著氣之散，也會返於太虛。〔註58〕

太虛之氣中有陰陽並建，但卻只見其二者渾然無間絪縕不顯之狀，直至創生形氣，此陰陽神而不測之精仍存於萬物之中爲人物之神，而形氣雖顯現具體動靜、聚散、屈伸、生死之別，但陰陽二氣和合之神，卻是無生滅地通一氣死生與有無之道。

〔註58〕 陳來：〈王船山晚年的思想宗旨〉《宋明儒學論》（香港：三聯書店，2008 年10 月），頁 110～111。

第八章　道爲神所顯之迹

　　戴景賢云：「『道』與『陰陽』皆以指實有之全體。兩者雖可見爲主從，並無先後之別，抑且『道』與『陰陽』實不可分。因此就陰陽之有太極之道爲之主持分劑言，可謂太極是體，陰陽是用，太極乃陰陽之所以爲用，而陰陽之道爲用，亦即以爲太極之體。此所謂曰『體以致用，用以備體』。『道』與『陰陽』既不可分，亦無先後，則所謂『道』，乃『陰陽』之道，言『陰陽』而道自在其中，故所謂詣『道』亦可轉換一觀點，而謂乃『陰陽』之體之用。無『陰陽』之體，即無『陰陽』之用；而『陰陽』之體，即乃本此『陰陽』之用而爲體。此所謂『用此以爲體，體此以爲用』。船山此說法基本上，仍由主張『體用不二』之觀點來。不過照舊說，以體爲常而用爲變，故雖云『不二』，在觀念上仍不得有先後。此所以朱子必謂「理先而氣後」，而形之上、形之下亦不得不分。而船山因堅持形上、下無殊畛，道與陰陽絕不可分說，於是不特陰陽有變，一道亦不得不偕之以俱動。此種論宇宙由偏靜轉而偏動。〔註1〕」

　　王夫之「體以致用，用以備體〔註2〕」「意謂『體』必顯其『用』，而『用』之顯現，即使此其『體』實現其自身也。〔註3〕」陰陽生生變化乃藉由太極之

〔註1〕戴景賢：《王船山之道器論》（台北：國立臺灣大學中文學研究所博士論文，1982年），頁94。

〔註2〕（明）王夫之：〈繫辭上傳・第十一章〉《周易外傳》，收入船山全書編輯委員會編校：《船山全書》第一冊（湖南（長沙）：嶽麓書社，1991年12月第一版），卷5，頁1023。

〔註3〕勞思光：《新編中國哲學史（三下）》（台北：三民書局，2003年12月），頁657。

道爲之主持分劑，可謂太極是體，陰陽是用，此乃代表道的第一層意思，就靜態的道之名而言，道乃萬物之通理。

若就道與陰陽之創生關係而言，太極乃陰陽之所以爲用者，故太極是體，而陰陽之道爲用，此乃道的第二層涵義，是就動態之道而言，道乃萬物生生必經過程。王夫之就由道之動態義強調其氣化太極之體乃是一健動不已。勞思光云：「此即一面說『陰陽』之和爲『太極』之『實』——即爲『道』之內容；另一面又說明萬有皆依陰陽而生成變化。……渾合而合運之『陰陽』，即『道』；而所謂『器』者亦正是此陰陽合運之顯現，於是船山眼中之世界，遂爲一生化不息之過程；而『陰陽』或『乾坤』皆用以說明此過程之觀念。〔註4〕」

第一節　誠爲天之道

王夫之的道並不是本體之位階，氣才是本體，道是藉由氣化之名而後起者，道爲萬物之通理，因形氣之萬物乃透過此氣化之道而創生。然而無形的道之通理須藉由氣之神所創生具體之萬物，使道顯其可見之迹。陳啓文云：「船山學展露『本體』的眞實性之道路亦復如此，一言『道體』必內涵分析必然的具有其『器用』。『道體』是通過自身存有的活動所帶出的「陰陽」氣化之運動，以體現其存在的眞實性。也就是說，『本體的眞實性』是通過『現象存在的歷程』而證成，此是船山於道器的理論中的核心主張。〔註5〕」

> 道雖顯於象占，而其所繇然，不待事幾之至前，設其理於陰陽未剖之先，豫以應天下之感，人之所以不能知者，《易》已早知而待之。唯其達乎屈伸動靜之妙，故不俟時至事起而謀之，此不測之神固乎誠者也。〔註6〕

〔註4〕勞思光：《新編中國哲學史（三下）》（台北：三民書局，2003年12月），頁656～657。

〔註5〕陳啓文：《王船山「兩端一致」之思維的辯證性及其開展》收入林慶彰主編：《中國學術研究集刊》十編，第27冊（台北：花木蘭出版社，2010年9月），頁65。

〔註6〕（明）王夫之：〈大易篇〉《張子正蒙注》，收入船山全書編輯委員會編校：《船山全書》第十二冊（湖南（長沙）：嶽麓書社，1991年12月第一版），卷7，頁283。

王夫之認爲人不能知此道之神理，而生生變化之《易》已早知而待之，故人只能藉《易》之占得知。而道可達乎世事變化屈伸動靜之妙，故可不須俟時機而事至起即可謀之而應對，能達此虛靈順暢之因，乃因不測之神本乎其內在爲實有之誠。其言「神化，形而上者也，迹不顯；而繇辭以想其象，則得其實有之誠。〔註7〕」而道無形藉象占之卜而顯，得知其所繇然，乃不待事幾到前，其應事之理早於形氣創生之前太和陰陽未剖之先便存有，可以先豫來應天下之感。

> 道爲神所著之迹，神乃道之妙也。〔註8〕

陰陽渾合絪縕和合相感之神其無形可見，而其藉萬物創生之道顯現其迹，然物物陰陽各具，萬有不齊，此爲神所表現道之妙。高攀龍云：

> 變易者，存乎時；不變易者，存乎道，道之所在，易乃不易也。……
> 道者，人之神也；迹者，神之著也。……神，一也，一著而無不著。
> 〔註9〕

高攀龍明白指出心之「不易」乃存乎「道」，高攀龍指出「道」即人之「神」，而「神，一也」，故「一」之「神」即前所言聖人「精一之心」。其又言「迹者，神之著也。」所以「迹」即人之「神明」其「變易從道」之「易之用」的表現。再者，「心」之「變易」者，存乎「時」，而何謂「時」？

> 動靜者，時也，聖人以動靜不失其時爲艮，不偏言靜也。濂溪周子獨言定之以中正、仁義，而主靜立人極，此所謂靜以不易者言，是故於君爲仁，於臣爲忠，于父爲慈，於子爲孝，於夫爲義，于婦爲順，於兄爲友，於弟爲敬，於友爲信，不易也。是故在貌爲恭，在言爲從，在視爲明，在聽爲聰，在思爲睿，不易也。是故人此爲仁，宜此爲義，履此爲禮，知此爲智，實此爲信，不易也。聖人之任萬物之縱橫變化，不可揣量其一，於是而不易，如五嶽之各居其方，

〔註7〕（明）王夫之：〈神化篇〉《張子正蒙注》，收入船山全書編輯委員會編校：《船山全書》第十二冊（湖南（長沙）：嶽麓書社，1991年12月第一版），卷2，頁79。

〔註8〕（明）王夫之：〈可狀篇〉《張子正蒙注》，收入船山全書編輯委員會編校：《船山全書》第十二冊（湖南（長沙）：嶽麓書社，1991年12月第一版），卷9，頁376。

〔註9〕（明）高攀龍：〈東林志序〉，《高子遺書・序》，（台北：臺灣商務印書館，1983年，影印《文淵閣四庫全書》本），卷9上，頁558。

四瀆之必赴於海，莫能撓之是之謂「中」，是之謂「正」，是之謂「靜」。

故曰易有太極。〔註10〕

高攀龍認為「時」即是前所言「心體」之「動靜」變化。「艮」是指心有所止之意，而非「靜止」之意。高攀龍言「聖人以動靜不失其時為艮，不偏言靜也。」此即前所言「為無過不及之差，聖人精一之心，乃其體也」之意。王陽明云：

「精一」之精以理言，「精神」之精以氣言，理者氣之條理，氣者理之運用，無條理則不能運用，無運用則亦無以見其所謂條理者矣。

〔註11〕

「精一」之精以「理」言，而理乃氣中之條理，此為「靜」。而「精神」之精以「氣」言，氣乃理之運用，此為「動」。但無條理則氣之運用無度，無運用則則無以見氣中有所謂條理。高攀龍所言因為聖人具有「精一之心」之「體」，故有「動靜不失其時」之「用」，而「精一之心」之「體」即是所謂「中」，「動靜不失其時」之「用」即表現動靜無過不及之差之「和」。高攀龍說明「時」與「體」之觀念，其云：「體者，無時而不在，體即時也。云時者，無時而不體，時即體也。戒謹恐懼，即時即體也，為物不二者也。〔註12〕」高攀龍認為「時」與「體」之關係乃「體即時」、「時即體」，高攀龍以「易」之「不易之易」、「變易之易」與「心」之「中」、「和」關係表示之，所以高攀龍「時」與「體」之觀念，此乃近代學者牟宗三先生所謂「即存有即活動〔註13〕」之意。若就「易」之「不易」與「變易」而言，「不易」即寂然不動之「體」，此言「太極」；「變易」即感而遂通之「用」，此乃言陰陽不測之「神」。就「心」之「不易」而言，心之「不易」者為「道」，而高攀龍言「道」即「須臾不可離」之「性」。如高攀龍云：「道者率性之謂，天下豈有須臾離性之人，百姓特日用而不知耳。〔註14〕」心之「變易」者乃是與「天地之靈」相同之「活鬼神」，此即人能「變化」、「動靜」表現之因。林安梧云：「道之開展其端倪

〔註10〕 （明）高攀龍：〈靜菴華翁七十序〉《高子遺書・序》（台北：臺灣商務印書館，1983年，影印《文淵閣四庫全書》本），卷9下，頁588。

〔註11〕 （明）王守仁：《王陽明傳習錄及大學問・傳習錄》（台北：黎明文化，1992年4月），卷中，頁86。

〔註12〕 （明）高攀龍：《高子遺書・語》（台北：臺灣商務印書館，1983年，影印《文淵閣四庫全書》本），卷1，頁339。

〔註13〕 牟宗三：《心體與性體（第一冊）》，（台北，正中書局，1996年2月），頁61。

〔註14〕 （明）高攀龍：《高子遺書・劄記》（台北：臺灣商務印書館，1983年，影印《文淵閣四庫全書》本），卷2，頁347。

是『幾』，而此『幾』之落實於器物，必得在時間中開展。有了時間才眞正有所謂『道的開展』。時間這個要素，依船山看來乃是道開展的歷程；同時也是人得以經由道之開展的器物，而諦知道的歷程；更是人發揮其創造的能力，參贊乎道的歷程。〔註15〕」

> 無生安之可恃而不倚於學，迫其神明以與道合，下學之事也。正志
> 者，正大經也。萬變而反於大經，非賢者以下所知，惟天屈伸聚散，
> 運行於太極之中，具此理爾。〔註16〕

人之生下學之事迫其神明以與道合。所謂正人心之志，即是正大經，將人心陰陽和合萬變之幾反於大經之正。然萬變而反於大經，非賢者以下之下學者所知。而所謂「大經」乃天之屈伸聚散運行於太極之中所具之理。

> 陰陽有定用，化育無定體，故陰陽可見，化育不可見。〔註17〕

陰陽之神其固定之作用在於陰陽相感之創造不已，然其所化育之形體萬有不同，故無定體。而人可見神之陰陽所表現出剛柔、清濁不齊之形氣萬物，但無法以耳目感官了解化育之神妙。

> 化無定體，萬有不窮，難指其所在，故四時百物萬事皆所必察，不
> 可以要略言之，從容博引，乃可以體其功用之廣。辭之緩急如其本
> 然，所以盡神，然後能鼓舞天下，使眾著於神化之象，此讀《易》
> 窮理者所當知也。〔註18〕

因爲化育無定體，萬有不窮，故人難以藉小體之感官指出其所在之處，若欲明瞭化育之神妙，因「天道然也，生之必成之，四時序而百物成。〔註19〕」

〔註15〕　林安梧：《王船山人性史哲學之研究》（台北：東大圖書，1991 年 2 月），頁
　　　　　127。
〔註16〕　（明）王夫之：〈三十篇〉《張子正蒙注》，收入船山全書編輯委員會編校：《船
　　　　　山全書》第十二冊（湖南（長沙）：嶽麓書社，1991 年 12 月第一版），卷6，
　　　　　頁235。
〔註17〕　（明）王夫之：〈衛靈公篇（一〇）〉《讀四書大全說・孟子》，收入船山全書
　　　　　編輯委員會編校：《船山全書》第六冊（湖南（長沙）：嶽麓書社，1991 年 12
　　　　　月第一版），卷6，頁827。
〔註18〕　（明）王夫之：〈神化篇〉《張子正蒙注》，收入船山全書編輯委員會編校：《船
　　　　　山全書》第十二冊（湖南（長沙）：嶽麓書社，1991 年 12 月第一版），卷2，
　　　　　頁79。
〔註19〕　（明）王夫之：〈誠明篇〉《張子正蒙注》，收入船山全書編輯委員會編校：《船
　　　　　山全書》第十二冊（湖南（長沙）：嶽麓書社，1991 年 12 月第一版），卷3，
　　　　　頁115。

須先察識四時百物萬事，不可以輕忽略過任何一物，並從容博引，乃可以「體」神之功用廣妙。

> 易簡，乾、坤之至德，萬物同原之理。知此，則吾所自生微動之幾，為萬化所自始，皆知矣。即此而見君臣、父子、昆弟、夫婦、朋友天敘天秩不容已之愛敬，則親、義、序、別、信，皆原本德性以盡其誠，而無出入、過不及於大經之中。蓋惟盡性者為能盡倫，非獨行之士，一往孤行之忠孝也。〔註20〕

然後讀《易》窮理者所當知：易簡，乾、坤之至德，萬物同原之理，即「大經」之天屈伸聚散的太極之理。乃所謂「至德，天之德也。順天下之理而不鑿，五倫百行，曉然易知而簡能，天之所以行四時、生百物之理在此矣。〔註21〕」若知此，則吾所自生微動之幾與萬化所自始相偕於一。故在人道即可表現其適切之人倫應對，即此而見君臣、父子、昆弟、夫婦、朋友天敘天秩不容已之愛敬，則親、義、序、別、信，皆原本德性以盡其誠，而沒有出入、過不及，其行為表現皆合於天之屈伸聚散的太極之理。蓋惟盡其合於萬物同原之理之性，故為能盡倫，非獨行之士，一往孤行之忠孝也。則後辭之緩急，如其本然，所以盡神，然後能鼓舞天下，使眾著於神化之象。

> 〈乾〉、〈坤〉並建，陰陽六位各至，足以隨時而相為隱顯以成錯綜，則合六十四卦之德於〈乾〉、〈坤〉，而達〈乾〉、〈坤〉之化於六十有二，道足而神行，其伸不吝，其屈不悔，故於天下之故，遺形器之滯累，而運以無方無體之大用，化之所以不可知也。此明《易》之為道，聖人以天性之神，盡天地之妙，而立為大經，達為百順，非其他象數之學所可與也。焦贛、京房、虞翻之流，惡足以知此，況如《火珠林》之鄙俗乎！〔註22〕

讀《易》窮理者所欲明白易簡，乾、坤之至德，萬物同原之理。必先知《易》乃〈乾〉、〈坤〉並建，陰陽六位各至，足以隨時為之變化而相為隱顯以成錯

〔註20〕（明）王夫之：〈至當篇〉《張子正蒙注》，收入船山全書編輯委員會編校：《船山全書》第十二冊（湖南（長沙）：嶽麓書社，1991年12月第一版），卷5，頁202。

〔註21〕同上註，頁194。

〔註22〕（明）王夫之：〈大易篇〉《張子正蒙注》，收入船山全書編輯委員會編校：《船山全書》第十二冊（湖南（長沙）：嶽麓書社，1991年12月第一版），卷7，頁282。

綜，則陰陽合六十四卦之德於〈乾〉、〈坤〉，而達〈乾〉、〈坤〉之化於六十有二，陰陽創生之道足而太和氣中生生之神行於其間，創生萬物伸不吝、屈不悔。「圓者，天之道也。屈伸順感而各得，神之圓也。不倚於形器，則不徇物而流。〔註23〕」圓者乃天之道。天道之屈伸順感造物而各得，乃因神之圓所成。而道之神之圓，可不倚於形器，則不徇物而從其流於凝滯而有礙之形中。故萬有世界中，道遺形器之滯累，而運以無方無體之大用，故化育之所以不可知。如《易・繫辭上傳》云：

> 子曰：「夫《易》，何爲者也？夫《易》，開物成務，冒天下之道，如斯而已者也。」是故聖人以通天下之志，以定天下之業，以斷天下之疑。是故蓍之德圓而神，卦之德方以知，六爻之義，易以貢。聖人以此洗心，退藏於密，吉凶與民同患。神以知來，知以藏往。
> 〔註24〕

朱熹注曰：「圓神，謂變化无方。方知，謂事有定理。易以貢，謂變易以告人。聖人體具三者之德，而无一塵之累。无事，則其心寂然，人莫能窺。有事，則神知之用，隨感而應，所謂『无卜筮而知吉凶』也。〔註25〕」王夫之認爲可由此明《易》之爲道，聖人以天性之神，盡天地之妙，而立爲大經，達爲百順，非其他象數之學所可。

> 道立於廣大而化之以神，則天下之人無不可感，天下之物無不可用，愚明強柔，治教皆洽焉；聲色、貨利，仁義皆行焉，非有所必去，有所或徇也。若老、釋之徒，絕物以孤立，而徇人以示愛，違天自用，不祥久矣。〔註26〕

道之神之圓，可不倚於形器，則不徇物而從其流於凝滯而有礙之形中。故不遺形器之滯累，而運以無方無體之大用，故道可立於廣大而化之以神，使天下之人無不可感，愚明強柔，治教皆洽。天下之物無不可用，而聲色、貨利，

〔註23〕　（明）王夫之：〈神化篇〉《張子正蒙注》，收入船山全書編輯委員會編校：《船山全書》第十二冊（湖南（長沙）：嶽麓書社，1991年12月第一版），卷2，頁97。

〔註24〕　（宋）朱熹：《周易本義》（台北：大安出版社，1999年7月），卷3，頁247～248。

〔註25〕　同上註，頁248。

〔註26〕　（明）王夫之：〈至當篇〉《張子正蒙注》，收入船山全書編輯委員會編校：《船山全書》第十二冊（湖南（長沙）：嶽麓書社，1991年12月第一版），卷5，頁209。

仁義皆行，非有所必去，或有所或徇之限制。若如老、釋之徒，以小體之感
官知覺判定有無，並以物爲虛、爲空而絕物以孤立，而徇人以示愛，此皆違
天之道而師心自用。

> 以天地言之，則其「大明終始」者知也，「品物流形」者仁也，「時
> 乘六龍」者勇也。其無妄以爲大宗者，則所謂「一言可盡」而在人
> 爲誠者也。自其化而言，則見功於人物者，誠爲天之道。自其敦化
> 而言之，則立載於無聲無臭者，誠固爲天地之德。然在道而可名言
> 之曰「誠」，在德則不可斥言誠而但曰「大」，則誠爲心德，而天固
> 無心也。乃天地之德，雖不可名之曰「誠」，而仲尼配天之德，則可
> 曰「所以行之者一」，而亦可曰「誠」，故下又以「唯天下至誠」爲
> 言。合離之際，微矣哉！〔註27〕

此如高拱云：「天地有大德焉，乃其體之總括處，元氣之根本，敦厚盛大，而
生生化化，其出無窮，此所以並育並行也。〔註28〕」而王夫之亦云：「敦，存
仁之體也；化，廣知之用也。大德存仁於神而化無不行，智皆因仁而發，仁
至而智無不明。化者，厚之化也，故化而不傷其厚，舉錯而枉者直，此理也。
〔註29〕」以天地言之，敦之存仁之體即品物流形；而化之廣知之用即大明終
始。大德存仁於神之中，而神之化無不行，化之智之大明終始皆因敦之仁之
品物流形而發，仁至而智無不明。所謂「以乾之純於健，自強而不恤天下之
險，其道易；以坤之純於順，厚載而不憂天下之阻，其道簡。〔註30〕」以天
乾之純於健，自強而不恤天下之險，此乃道之易，其乾之至德；以地坤之純
於順，厚載而不憂天下之阻，此乃道之簡，其坤之至德。此即「化者，厚之
化也，故化而不傷其厚」，因天之化乃地之後載其化，兩者爲道之易簡至德之
表現，乾坤之造化萬物即陰陽之互感而生生不息。高拱云：

> 蓋天下之化，萬古流行而無一息之停，乃道體之本然也。〔註31〕

〔註27〕　（明）王夫之：〈第三十章〉《讀四書大全說·中庸》，收入船山全書編輯委員
　　　　　會編校：《船山全書》第六冊（湖南（長沙）：嶽麓書社，1991年12月第一版），
　　　　　卷3，頁570。

〔註28〕　（明）高拱：《高拱論著四種》，（北京：中華書局，1993年7月），頁287。

〔註29〕　（明）王夫之：〈至當篇〉《張子正蒙注》，收入船山全書編輯委員會編校：《船
　　　　　山全書》第十二冊（湖南（長沙）：嶽麓書社，1991年12月第一版），卷5，
　　　　　頁194。

〔註30〕　同上註，頁212。

〔註31〕　（明）高拱：《高拱論著四種》，（北京：中華書局，1993年7月），頁357。

而王夫之所謂「大德存仁於神之中，而神之化無不行」故此乾健之化與坤順之厚創生不悖，即道其敦之仁品物流形與化之智大明終始之表現。故其言「不測者，有其象，無其形，非可以比類廣引而擬之。指其本體，曰誠，曰天，曰仁，一言而盡之矣。〔註32〕」自天道之敦之仁與化之智言之，誠為天之道。天道本體乃立載於無聲無臭者，誠固為天地之德，然在「道」而可名言之曰「誠」，在「德」則不可斥言誠，但曰「大」，因誠乃心德，而天本無心。何為「德」？王夫之釋張載「德者，得也，凡有性質而可有者也。〔註33〕」且「得，謂得之於天也。凡物皆太和絪縕之氣所成，有質則有性，有性則有德，草木鳥獸非無性無德，而質與人殊，則性亦殊，德亦殊爾。若均是人也，所得者皆一陰一陽繼善之理氣，才雖或偏而德必同，故曰『人無有不善』。〔註34〕」人得於天之「德」為人之性，此性乃天之氣中之誠理，故繼承天一陰一陽的至善之理，此即天所存仁之體而神化不測之仁。人形質之才雖因陰陽比例之偏盛有所不同，但人由天所得之德必同，故曰「人無有不善」。

　　《易》卦非錯則綜，互相往來。神伸而生，生則嚮於鬼；神屈而死，

　　死則返於神；錯綜往來不息之道也。〔註35〕

《易》卦非錯則綜，互相往來，此即「道」。而《易》其〈乾〉、〈坤〉並建，陰陽六位各至，足以隨時而相為隱顯以成錯綜，則合六十四卦之德於〈乾〉、〈坤〉，而達〈乾〉、〈坤〉之化於六十有二，道足而神行，其伸不吝，其屈不悔。然神伸而生，生則嚮於鬼；神屈而死，死則返於神；錯綜往來不息之道也。王道云：

　　盈天地間，本一氣而已。方其渾淪未判，名之曰太極。迨夫醞釀既

　　久，升降始分，動而發用者，謂之陽。靜而收斂者，謂之陰。流行

〔註32〕　（明）王夫之：〈神化篇〉《張子正蒙注》，收入船山全書編輯委員會編校：《船山全書》第十二冊（湖南（長沙）：嶽麓書社，1991年12月第一版），卷2，頁79。

〔註33〕　（宋）張載：〈至當篇〉《正蒙·張載集》（台北：漢京文化，1983年9月），頁33。

〔註34〕　（明）王夫之：〈至當篇〉《張子正蒙注》，收入船山全書編輯委員會編校：《船山全書》第十二冊（湖南（長沙）：嶽麓書社，1991年12月第一版），卷5，頁195。

〔註35〕　（明）王夫之：〈神化篇〉《張子正蒙注》，收入船山全書編輯委員會編校：《船山全書》第十二冊（湖南（長沙）：嶽麓書社，1991年12月第一版），卷2，頁94。

往來而不已，即謂之道。因道之脈絡分而不紊，則謂之理。數者名
雖不同，本一氣而已。〔註36〕

此亦以氣爲天人有終有始的原因。太極乃一氣末分，陰陽則爲二氣始分，道
乃氣化流行不已，理是氣化分明不紊。不論已分未分，氣化之具體流行或內
在規律皆一氣的各種樣態。然而氣之變化並非一蹴可幾，故陽之動之發散用
與靜之收斂作用已經相摩相盪醞釀直至升降之變化開始，兩氣才具體二分，
然陰陽二分開始創生出萬有形氣的過程便稱作道。道中所含有條不紊分致者
稱作理。但不論「道」「理」「陰陽」本質皆同爲盈天地間之一氣。

凡事之理，皆一源之變化屈伸也；存神忘迹，則天道物理之廣大皆
協於一，而一言可盡，非以己所知之一言強括天下之理也。〔註37〕

除了萬物之形外，凡事之理，亦皆氣之本體此一源之變化屈伸。故存神忘迹，
則天道物理之廣大皆協於此一太和之氣，而一言可盡，非以己所知之一言強
括天下之理也。然氣之本體可以錯綜往來不息，而形氣萬物其「二氣變化，
至形成而止矣。〔註38〕」故「神伸而生，生則嚮於鬼」，當形創生後其神屈而
二氣變化止，故形氣生命日日向氣散之死進行，當其形死，則其形氣中之陰
陽，便返於神者稱爲鬼。

《章句》云：「鬼神者，造化之跡也。」造化者天地之用，故黃洵饒
「與天地同用」之言，甚爲分曉。乃細玩《章句》，於「造化」下加
一「跡」字，則又自造化之已然者而言之，而非但用與體之別。云
「考」、云「質」、云「俟」，無殊其云「本」、云「徵」、云「建」，
則考之、質之、俟之者，皆君子也。質如「質成」之質，是君子嘗
以此道質正於鬼神矣。〔註39〕

《中庸》此語，原非虛設，果有其可質之理，果有其質之之事。非

〔註36〕（明）黃宗羲：《明儒學案・王道》，收入《黃宗羲全集》（台北：里仁書局，
1987年4月），卷42，頁1039。

〔註37〕（明）王夫之：〈中正篇〉《張子正蒙注》，收入船山全書編輯委員會編校：《船
山全書》第十二冊（湖南（長沙）：嶽麓書社，1991年12月第一版），卷4，
頁185。

〔註38〕（明）王夫之：〈太和篇〉《張子正蒙注》，收入船山全書編輯委員會編校：《船
山全書》第十二冊（湖南（長沙）：嶽麓書社，1991年12月第一版），卷1，
頁62。

〔註39〕（明）王夫之：〈第二十九章〉《讀四書大全說・中庸》，收入船山全書編輯委
員會編校：《船山全書》第六冊（湖南（長沙）：嶽麓書社，1991年12月第一
版），卷3，頁567。

但如小註所云「龜從、筮從」，取諸不可必之影響。而北溪之言曰「鬼
神天理之至」，語尤顛頂。天理之至者，天地是也，建之而不悖者也，
豈鬼神哉？〔註40〕

王夫之認爲鬼神應是天地造化之用，而非天地造化之體，天地造化之道體乃
陰陽和合之太和一氣，鬼神乃此道體氣聚氣散之生生作用。故其言君子嘗以
此道質正於鬼神：故其評定用與體之別而言「天理之至者，天地是也，建之
而不悖者也，豈鬼神哉？」

第二節　經常不易之道

王夫之承襲儒家的天道觀乃是化育萬物因其氣化流行之動中有恆理健動
不已，因其動之有恆，故有其生生之道德價值存在於萬有形物生命相續不息
的歷程中。

名者，言道者分析而名：言之各有所指，故一理而多爲之名，其實
一也。……氣化者，氣之化也。陰陽具於太虛絪縕之中，其一陰一
陽，或動或靜，相與摩盪，乘其時位以著其功能，五行萬物之融結
流止、飛潛動植，各自成其條理而不妄，則物有物之道，鬼神有鬼
神之道，而知之必明，處之必當，皆循此以爲當然之則，於此言之
則謂之道。〔註41〕

王夫之言所謂「名」乃分析道之內涵而得此名，其名言之各有所指，故一理
而多爲之名，其實一也。由此可知「道」之意涵很豐富。劉宗周云：

盈天地間，一氣而已矣。有氣斯有數，有數斯有象，有象斯有名，
有名所有物，有物斯有性，有性斯有道，故道其後起也。而求道者，
輒求之未始有氣之先，以爲道生氣。則道亦何物也，而能遂生氣乎？

〔註42〕

〔註40〕　（明）王夫之：〈第二十九章〉《讀四書大全說・中庸》，收入船山全書編輯委
員會編校：《船山全書》第六冊（湖南（長沙）：嶽麓書社，1991 年 12 月第一
版），卷3，頁568。
〔註41〕　（明）王夫之：〈太和篇〉《張子正蒙注》，收入船山全書編輯委員會編校：《船
山全書》第十二冊（湖南（長沙）：嶽麓書社，1991 年 12 月第一版），卷1，
頁32～33。
〔註42〕　（明）劉宗周：《劉宗周全集》，（台北：中央研究院中國文哲研究所籌備處，
1997 年 6 月），第二冊，頁480。

盈天地間只有一氣，從易經卦象言之，此氣化之道先產生數，有數之後才有卦象，有乾坤卦象，陰陽相感後，便會再產生更多卦象，，產生六十四卦後，就應該起相關指謂的名稱，如：乾卦代表天、坤卦代表地，終成萬物。而卦象名稱有其所具的內涵，此即有此物便有物之性，物有性後，形氣之物便會依此陰陽相生之性的內涵生生不息地完成天所賦予之德性。而劉宗周定義此化之過程爲「道其後起」，此即代表道不再是儒家傳統的形上本體，而是具體生化萬物的過程，「道」是萬物具體生成之後才能確立其名，故劉宗周強調的是形氣世界具體實有者才可稱作道。

　　道者，天地人物之通理，即所謂太極也。〔註43〕

　　四時百物各正其秩敘，爲古今不易之道。〔註44〕

　　渾然一仁，道無不足，時可爲則如其理而爲之。〔註45〕

道具有時間之永恆性「古今不易之道」、道德義之「渾然一仁」，亦是「天地人物之通理，即所謂太極」。此多名稱皆涵於一氣之化中。所謂「氣化」，乃陰陽具於太虛絪縕之中，其一陰一陽，或動或靜，相與摩盪，乘其時位以著其功能，如其言「道通於天之化，君子之所必爲著明；而天之盛德大業，古今互成而不迫，生殺並行而不悖，聖人能因時裁成，而不能效其廣大。〔註46〕」「道」藉一陰一陽，或動或靜相與摩盪，並乘其時位以顯著屈伸聚散功能，達到古今互成而不迫，生殺並行而不悖，藉此成就天之盛德大業。聖人知「道」乃通天之化故具有時位變化之義，當故聖人之德合於天，亦乘時位以裁成萬物。

　　天之化藉陰陽推盪產生乘時位之變動，使五行萬物之融結流止、飛潛動植，各自成其條理而不妄，則產生物有物之道，鬼神有鬼神之道，而知此必明天之化，處於其間必能依其序，皆循天之化條理爲當然之則，於此言之則謂之道。

〔註43〕（明）王夫之：〈太和篇〉《張子正蒙注》，收入船山全書編輯委員會編校：《船山全書》第十二冊（湖南（長沙）：嶽麓書社，1991 年 12 月第一版），卷 1，頁 15。

〔註44〕（明）王夫之：〈天道篇〉《張子正蒙注》，收入船山全書編輯委員會編校：《船山全書》第十二冊（湖南（長沙）：嶽麓書社，1991 年 12 月第一版），卷 2，頁 76。

〔註45〕同上註，頁 67。

〔註46〕（明）王夫之：〈至當篇〉《張子正蒙注》，收入船山全書編輯委員會編校：《船山全書》第十二冊（湖南（長沙）：嶽麓書社，1991 年 12 月第一版），卷 5，頁 208。

義者，居正有常而不易之謂。陰陽不偏，循環不息，守正以待感，物得其宜，爲經常不易之道，此仁義中正之理所從出。曰誠，曰無妄，曰不息，曰敦化，皆謂此也。然則萬殊之生，因乎二氣，二氣之合，行乎萬殊，天地生生之神化，聖人應感之大經，概可知矣。〔註47〕

所謂「經常不易之道」即「義者，居正有常而不易之謂」乃出於「仁義中正之理」，此乃天生生之誠、敦化之仁，皆無妄、不息。然形氣萬殊之生，乃因乎陰陽二氣，陰陽二氣之合，行於萬殊中，天地生生之神化，聖人應感之大經。所謂「大經」乃天屈伸聚散運行於太極之中所具之理，此即易簡，乾、坤之至德，萬物同原之理。

破者，分析教成兩片，一彼一此之謂也。則疑天下之事物，其或得道之此而不得道之彼者有矣。乃君子推而小之，以至於一物之細、一事之微，論其所自來與其所自成，莫非一陰一陽、和劑均平之構撰；論其所體備，莫不有健順五常，咸在其中而無所偏遺。故欲破此一物爲有陰而無陽，彼一物爲有陽而無陰，此一事道在仁而不在義，彼一事道在義而不在仁，而俱不可得。〔註48〕

形氣萬殊陰陽二氣之合皆行於萬殊中。故物物皆同具陰陽，論其所自來與其所自成，莫非一陰一陽、和劑均平之構撰。論各事物之體莫不有健順五常，咸在其中而無所偏遺。「故『鳶飛戾天』，疑於陽升，而非無陰降；『魚躍於淵』，疑於陰降，而非無陽升。健順五常，和成一大料藥，隨�一丸，味味具足，斯則以爲天下莫能破也。如此，方得與「天下」親切。〔註49〕」形氣事物中皆具陰陽相和莫能破之的仁義中正之理。故道普遍存在所有事物之中。

仁義之相得以立人道，猶陰陽之並行以立天道。故朱子曰「仁便有義，陽便有陰」。非謂陽之中有陰，仁之中有義。【如此則亦可云義之中有仁矣。】乃天地間既有（陰）〔陽〕，則（陽）〔陰〕自生；人

〔註47〕（明）王夫之：〈太和篇〉《張子正蒙注》，收入船山全書編輯委員會編校：《船山全書》第十二冊（湖南（長沙）：嶽麓書社，1991 年 12 月第一版），卷 1，頁 37～38。

〔註48〕（明）王夫之：〈第十二章（三）〉《讀四書大全說‧中庸》，收入船山全書編輯委員會編校：《船山全書》第六冊（湖南（長沙）：嶽麓書社，1991 年 12 月第一版），卷 2，頁 494。

〔註49〕同上註，頁 495。

道中既有仁，則義自顯也。而仁義之施，有其必不容不爲之等殺者，則禮所以貫仁義而生起此仁義之大用也。〔註50〕

道在天爲陰陽，故陰陽之並行以立天道；道在人曰仁義，仁義之相得以立人道。所謂物物各具陰陽，故天地間既有陰，則陽自生、既有陽，則陰自生；故人道中既有仁，則義自顯也。當仁義表現與施行時，有必不容不爲之等差，此等差乃禮所以貫仁義而生起此仁義之大用。

若夫禮之有序者，如事父事兄之殺，此是胸中至敬在父，次乃敬兄，自然之敬而因生其序，序者敬之所生也。倘以敬父者敬兄，則是夷父於兄，而以敬兄者敬父矣。敬兄之殺於敬父而爲之序者，乃所以專致其敬於父也。禮所謂以仁率親、以義率祖、等上順下，皆爲至敬言也。然則禮之所以云禮者，以敬言而不以序言，審矣。〔註51〕

禮之有序，如事父事兄之等差，胸中最敬在父，其次乃敬兄，自然由敬而生其序，此序者，由敬之所生。「禮中自然之序，從敬生來，便是天理。〔註52〕」從敬生來禮中自然之序，便是天理。禮即所謂以仁率親、以義率祖、等上順下，皆爲至敬，亦皆天理。故禮之所以稱作禮，乃是以敬言之，因其爲人道仁義之表現，而不以天道的天理之「序」言之。

「立人之道曰仁與義」，故曰「人道敏政」者，仁義之謂也。仁義之用，因於禮之體，則禮爲仁義之所會通，而天所以其自然之品節以立人道者也。禮生仁義，而仁義以修道，取人爲政，咸此具焉，故曰「人道敏政」也。〔註53〕

若「脩身以道，脩道以仁」，則曰脩。脩者，品節之謂：以道爲準，而使身得所裁成；以仁爲依，而使道得所存主也。〔註54〕

〔註50〕 （明）王夫之：〈第十二章（三）〉《讀四書大全說·中庸》，收入船山全書編輯委員會編校：《船山全書》第六冊（湖南（長沙）：嶽麓書社，1991 年 12 月第一版），卷2，頁516。

〔註51〕 （明）王夫之：〈陽貨篇（六）〉《讀四書大全說·論語》，收入船山全書編輯委員會編校：《船山全書》第六冊（湖南（長沙）：嶽麓書社，1991 年 12 月第一版），卷7，頁867。

〔註52〕 同上註，頁868。

〔註53〕 （明）王夫之：〈第二十章（四）〉《讀四書大全說·中庸》，收入船山全書編輯委員會編校：《船山全書》第六冊（湖南（長沙）：嶽麓書社，1991 年 12 月第一版），卷2，頁517。

〔註54〕 同上註，卷3，頁520。

禮生仁義，而仁義以修道，所謂脩乃以道爲準，而按等級、層次而加以節制，並心生敬意，依禮的等差之序應對人事，而使身得所裁成。修道最終以仁爲依歸，而使道得所存主也。

> 運云者，運行於器之中，所以爲體天地日月之化而酬酢於人事者也。
> 達，謂通理而爲萬事之本；成者，見於事物而各成其事也。〔註55〕

道運行於器之中，所以爲體天地日月之化而酬酢於人事者也。呂坤云：

> 道、器非兩物，理、氣非兩件。成象成形者器，所以然者道；生物成物者氣，所以然者理。道與理，視之無迹，捫之無物，必分道器、理氣爲兩項，殊爲未精。《易》曰：「形而上者謂之道，形而下者謂之器。」蓋形而上，無體者也，萬有之父母，故曰道；形而下，有體者也，一道也凝結，故曰器。理氣亦然。生天、生地、生人、生物，皆氣也；所以然者，理也。安得對待而言之？若對待爲二，則費隱亦二矣。〔註56〕

因爲道與理，乃無形無狀之物非耳目感官之所見，故視之無迹，捫之無物，若因此就將道器、理氣各自二分，殊爲未精。因此呂坤以一氣流行之理氣觀論道器之關係，具體創生天地萬物之本體是氣，能創生天地萬物之自然的條理則稱作理，所以「理在氣中」而理氣不能二分，故形上之道即所謂氣中之理，其與形下之形器之器，亦不能分成兩件。氣化之創生作用、原因以及總合之整體，皆屬於無形道之層次；而創生具體天地萬種不同形之物則爲器之層次。雖然在名稱上有「道」、「器」之別，但就其內涵而言，兩者只是一氣流行之「有」、「無」形迹的不同。但若無氣本體涵蓋形上、形下之道器，則道與器便是異質異層之關係。因此呂坤順一氣流行「理在氣中」的觀念，論形而上者乃創生萬物的「天地父母」之元氣本體，其無形體可見稱爲「道」；形而下者乃因爲形上創生之道其氣之凝結產生形體，故可見者而稱作「器」。而無形體可見稱之「道」與道所凝而有形體見之「器」皆爲一氣所生，故不可二分而相對待之。否則就違背」《中庸》之道乃費、隱是一的宗旨。《中庸·第十二章》：「君子之道費而隱。夫婦之愚，可以與知焉；及其至也，雖聖人

〔註55〕（明）王夫之：〈至當篇〉《張子正蒙注》，收入船山全書編輯委員會編校：《船山全書》第十二冊（湖南（長沙）：嶽麓書社，1991年12月第一版），卷5，頁197。

〔註56〕（明）呂坤：〈談道〉《呻吟語》，（台北：志一出版社，1994年7月），卷4，頁80。

亦有所不知焉。夫婦之不肖，可以能行焉；及其至也，雖聖人亦有所不能焉。天地之大也，人猶有所憾。故君子語大，天下莫能載焉；語小，天下莫能破焉。《詩》云：『鳶飛戾天，魚躍於淵。』言其上下察也。君子之道，造端乎夫婦；及其至也，察乎天地。〔註57〕」朱熹注：

> 費，用之廣也。隱，體之微也。

> 君子之道，近自夫婦居室之間，遠而至於聖人天地之所不能盡，其大無外，其小無內，可謂費矣。然其理之所以然，則隱而莫之見也。蓋可知可能者，道中之一事，及其至而聖人不知不能。則舉全體而言，聖人固有所不能盡也。

> 子思引此詩以明化育流行，上下昭著，莫非此理之用，所謂費也。然其所以然者，則非見聞所及，所謂隱也。〔註58〕

氣化流行之道應如《中庸・第十二章》所謂「君子之道費而隱。」道之無形乃其理之所以然，則隱而莫之見。但此隱而莫之見的道之用卻是其大無外，其小無內。故以氣本論之觀點論費與隱，即所謂「道在氣中」，道之所存，器之所存。故器遍在，則道亦遍在。王夫之進一步以體用關係論道與器。

> 禮運，體也；禮器，用也。達則無不可成，成者成其達也。體必有用，顯諸仁也。用即用其體，藏諸用也。達以成而成其所達，則體用合矣。〔註59〕

道可使禮器之用達則無不可成，成者成其達也。所謂「達」，謂始道之通理而為萬事之本；所謂「成」者，此通理之道顯現於事物之器而使各事物完成其事用。禮運之體必有用，其用乃為顯其本體之仁也。而用即用其體，禮器之日用合其體之仁而不知，乃為藏之用也。當通理而為萬事之本並依此顯現於事物而使其各成其事也。乃所謂「達以成而成其所達」，則禮運之體與用合而為一。而禮之體與禮為仁義之所會通，而天所以其自然之品節以立人道者也。

〔註57〕　（宋）朱熹：〈第十二章〉《四書章句集注・中庸》（台北：大安出版社，1999年12月），頁29。

〔註58〕　同上註，頁29～30。

〔註59〕　（明）王夫之：〈至當篇〉《張子正蒙注》，收入船山全書編輯委員會編校：《船山全書》第十二冊（湖南（長沙）：嶽麓書社，1991年12月第一版），卷5，頁197。

> 自其德之體用言之，曰中庸；自聖人立此以齊天下者，曰教。自備
> 之於至德之人者，曰聖人之道；自凝之於修德之人者，曰君子之道。
> 要其出於天而顯於日用者，曰禮而已矣。故禮生仁義之用，而君子
> 不可以不知天，亦明夫此爲中庸之極至也。〔註60〕

君子之所必爲著明道通於天之化，君子之道乃自凝之於修德之人者。此修德之法乃實踐出於天而顯於日用者之禮。

> 中爲體，故曰「建中」，曰「執中」，曰「時中」，曰「用中」；渾然
> 在中者，大而萬理萬化在焉，小而一事一物亦莫不在焉。庸爲用，
> 則中之流行於喜怒哀樂之中，爲之節文，爲之等殺，皆庸也。〔註61〕

「中」爲體，故曰「建中」，曰「執中」，曰「時中」，曰「用中」；所謂「渾然在中」，乃大而萬理萬化皆在此，而小至一事一物亦莫不在此，指天下之事物所表現之用莫不合中之體。故「庸」之爲用，則中之體流行於人之情的喜怒哀樂之中，爲之品節與文飾，並爲之有等殺之別。如王夫之云「能備知禮器而用之，大人之事備矣。蓋禮器云者，以天理之節文合而爲大器，不倚於一偏者也。〔註62〕」如同表現中之體的禮器，如欲成其大用，即與天理之節文合而爲大器，乃禮器之「用」運乎其間合於禮之體之「中」的所以然之理而不倚於一偏，此即完成器之「能然」之功效。

> 形而上者，道也。形之所從生與其所用，皆有理焉，仁義中正之化
> 裁所生也。〔註63〕

道乃形而上而不可見者。形器欲成其庸之大用，其之所從生與其所用皆合於天道之化的仁義中正之理之「中」之體所化裁而生。

〔註60〕 （明）王夫之：〈第一章（八）〉《讀四書大全說・中庸》，收入船山全書編輯委員會編校：《船山全書》第六冊（湖南（長沙）：嶽麓書社，1991年12月第一版），卷2，頁461。

〔註61〕 （明）王夫之：〈各篇大旨〉《讀四書大全說・中庸》，收入船山全書編輯委員會編校：《船山全書》第六冊（湖南（長沙）：嶽麓書社，1991年12月第一版），卷2，頁451。

〔註62〕 （明）王夫之：〈至當篇〉《張子正蒙注》，收入船山全書編輯委員會編校：《船山全書》第十二冊（湖南（長沙）：嶽麓書社，1991年12月第一版），卷5，頁198。

〔註63〕 （明）王夫之：〈天道篇〉《張子正蒙注》，收入船山全書編輯委員會編校：《船山全書》第十二冊（湖南（長沙）：嶽麓書社，1991年12月第一版），卷2，頁74。

形有定而運之無方,運之者得其所以然之理而盡其能然之用。惟誠則體其所以然,惟無私則盡其能然;所以然者不可以言顯,能然者言所不能盡。言者,但言其有形之器而已,故言教有窮,而至德之感通,萬物皆受其裁成。〔註64〕

器之形有定,禮運其中而無方,所運之者應得其所以然之理而盡器能然之用。惟修道以誠而可以體其所以然之道,惟心無私則盡器能然之用。所以然者因其無形,故不可以「言」顯。能然者藏其用於日用常形之間,故言所不能盡。言者,只能言其有形之器而已,故言、教有限制,然至德之感通,則讓無窮萬物皆受其裁成,各成其能然之用。

禮器,禮運曲禮之要。禮器於多寡、大小、高下、質文,因其理之當然,隨時位而變易,度數無方而不立所尚以爲體,故曰「禮器(然後)〔是故〕大備」,言盡其變以合於大常也。全乎不一之器,藏於心以爲斟酌之用,故無不協其宜,而至當以成百順。〔註65〕

禮器,禮運乃爲周全盡禮。禮器於多寡、大小、高下、質文皆依理之當然之道來準備,故可隨時位而變易,度數無方而不立所尚以爲體,故曰「禮器大備」,言盡其變以合於大常也。無數不一之禮器,藏於吾心之裁制以斟酌其能然之用,故無不協其宜,而至當以成百順。

第三節　萬變而不易其常

張立文云:「王夫之對《中庸》、《易傳》以來關於變與化的先後粗精進行了總結,要求從必然、當然的變化之中去把握其所以然,揭示出以對立雙方互動爲特色的「變合」範疇,強調變常相依而常爲主,常以治變。〔註66〕」

天之神化惟不已,故萬變而不易其常。伯夷、伊尹不勉而大,而止於其道,有所止則不能極其變;唯若孔子與時偕行而神應無方,道

〔註64〕　(明)王夫之:〈天道篇〉《張子正蒙注》,收入船山全書編輯委員會編校:《船山全書》第十二冊(湖南(長沙):嶽麓書社,1991年12月第一版),卷2,頁69。

〔註65〕　(明)王夫之:〈至當篇〉《張子正蒙注》,收入船山全書編輯委員會編校:《船山全書》第十二冊(湖南(長沙):嶽麓書社,1991年12月第一版),卷5,頁197。

〔註66〕　張立文:《中國哲學範疇精粹叢書——變》(台北:七略出版,2000年4月),頁303。

在則誠，道變則化，化而一合於誠，不能以所止測之。〔註67〕

張子之言，神化極矣，至此引而歸之於仁之熟，乃示學者易簡之功，學聖之奧也。擇善固執，熟之始功，終食不違則熟矣。〔註68〕

熟則不勉。〔註69〕

王夫之舉伯夷、伊尹、孔子爲例說明「萬變而不易其常」。伯夷是個嚮往清高的人，絕不願意降低自己的標準。他寧可躲在北海邊，也不肯出來從政；等到周武王革命成功，他寧可與弟弟叔齊逃到首陽山上，最後挨餓而死。因爲在他看來，連周武王的革命也是不夠理想的作爲。至於伊尹則對任何君主都可以服事，對任何百姓都可以使喚。天下安定出來做官，天下動亂也出來做官，他覺得天下的百姓中，如果有一個男子或一個婦女沒有享受到堯、舜的恩澤的，就像是自己把他們推進山溝裡一樣。他就如此把天下的重任擔在自己肩上。此兩人都是擇善固執，熟之始功，終食不違仁者。但因爲有所固執，所以止於道，而無法依時變通。而孔子是聖人之中聖德與智慧有配，故最合時宜，其能與時偕行而神應無方，不能以其所止測其變，其乃可依時而變化無窮而不固執於一偏。然而孔子之道在合天之誠，故其道變則化，萬化仍合於誠，故孔子乃聖之時者，故其依天之神化隨時變化不執於一時位，而變化不已，故其能依時位萬變而不易其常道。張立文云：「船山變與化是探討事物日常運動的兩種形態，常與變則是探索事物存在的兩種性態，它是指事物存在的常住性和變動性。常住性是指此一事物之所以區別於彼一事物的內部所固有的規定性，沒有常住的規定性，此事物就不能成爲此事物，彼事物就不能成爲彼事物。事物的常住性是隨著自然、社會的發展而變化，這便是變動性，它是指事物處於從此一事物轉變於彼一事物過程之中。事物運動變化的活力，是通過變與化、質與量這兩種可有規定性的變化表現出來的。事物在聯繫和變化中合乎規律性的趨勢是常，它在一定條件下是確定不移的，不可避免的；事物在運動變化過程中呈現出來的某種變異或異常的狀況，這是偶然性。事物的運動變化總是既包含必然性，又包含偶然性。〔註70〕」

〔註67〕　（明）王夫之：〈神化篇〉《張子正蒙注》，收入船山全書編輯委員會編校：《船山全書》第十二冊（湖南（長沙）：嶽麓書社，1991 年 12 月第一版），卷 2，頁 87。

〔註68〕　同上註，頁 86。

〔註69〕　同上註。

〔註70〕　張立文：《船山哲學》（台北：七略出版社，2000 年 12 月），頁 364。

時變而執其常，則不中而非禮，不宜而非義。惟盡人物之性，善惡、
吉凶達乎天之並育並行不相悖害者以貞其大常，而後成己成物無有
不化，此〈乾〉道之所以必歷三、四之危疑，而始得時中，以造飛
龍之天德也。〔註71〕

時變而執其常，則不合乎中之道體即未合天理節文之禮；不合時宜則不合義
之居正有常而不易。所謂的道之化，必須盡人物之性，而善惡、吉凶能與時
偕行，而神應物無固定方所，即可與天陰陽之並育並行而不相悖害，進而可
貞定己身於常道中，而後成己成物無有不化。羅欽順云：

天之道，日月星辰為之經，風雨雷霆霜霜露為之緯，經緯有常，而
元亨利貞之妙在其中矣，此造化之所以成也。〔註72〕

指出道體具有生生不息之作用，乃因元氣內陰陽二氣絪縕相盪而產生生生運
行之作用。「天之道」是以日月星辰為經，以風雨雷霆霜露為之緯，而元亨利
貞之作用在經緯中運行，此即為天地創生萬物之道。此道中變化多端，故可
完成道創生萬物之功。

變化者，因天下之動也。其道則不私於形，不執一於道，不孤其德，
神存而順化以協其至常，六龍皆可乘以御天，特在時位移易之間爾，
可於此以徵神之所為。〔註73〕

所謂變化者乃因天下之陰陽創生之動而產生。然而道之變化不私而拘泥於某
一形氣中，故不執一於道、不孤其德。王廷相云：

元氣即道體。有虛即有氣，有氣即有道。氣有變化，是道有變化。
氣即道，道即氣，不得以離合論者。或謂氣有變，道一而不變，是
道自道，氣自氣，岐然二物，非一貫之妙。且夫道莫大於天地之化，
日月星辰有薄食慧孛，雷霆風雨有震擊飄忽，群然變而不常矣，況
人事之盛衰得喪，杳無定端，乃謂道一而不變，得乎？氣有常有不

〔註71〕 （明）王夫之：〈大易篇〉《張子正蒙注》，收入船山全書編輯委員會編校：《船
山全書》第十二冊（湖南（長沙）：嶽麓書社，1991年12月第一版），卷7，
頁291。

〔註72〕 （明）羅欽順：《困知記》（台北：國家圖書館善本書室，明嘉靖十六年（1537）
吳郡陸粲刊本），卷上，頁27上。

〔註73〕 （明）王夫之：〈神化篇〉《張子正蒙注》，收入船山全書編輯委員會編校：《船
山全書》第十二冊（湖南（長沙）：嶽麓書社，1991年12月第一版），卷2，
頁92。

常，則道有變有不變，一而不變，不足以該之。爲此說者，莊老之
緒餘，謂之實體，豈其然乎？〔註74〕

虛空之元氣即道體，所謂氣即道，乃爲有陰陽二氣之變化而創生萬物故有此
道，故氣有變化，道亦有變化。而所謂道即氣，因爲道體生化萬物的本質是
氣，道無法離氣創生萬物。氣乃無限大之體相，此無限之元氣又以天地萬物
爲其體段。故「元氣即道體」，是涵氣之體相與體段兩者說道。因陰陽水火偏
勝，而有土金木等各異氣種，再依聚散，生滅之理序，而有森羅萬象的生成
變化。道以元氣爲體，所以氣有變化，則道內在自亦有聚散萬端之變化。道
氣不得以離合論之。道與氣只是在位階上的差別，而生生無限義與氣化實有
義，則作爲彼此共通是一非二的基礎。氣之理有常有不常，則故一氣之理變
化的道亦有變有不變，若是一而不變，不足以賅道之創生萬有不齊的特色。
氣本論的「道」，已經不再是本體位階。因此王廷相以「變」來說明道的特色，
是爲了強調道與氣同質而可無限創生的特點。此即王夫之所謂道不拘於形、
不執一於道之。王俊彥云：

> 王廷相反對「氣有變化，道一不變」之說，是因道一不變，便是
> 將道與氣二分的。不合於王廷相「道即氣，氣即道」，道與氣不分
> 有無、內外、上下圓融唯一的主張。且由氣化之實然可知，天地
> 萬有是常與變皆具的。陰陽偏勝不已是常，偏勝有過與不及，亦
> 即有的不生有的極陰或極陽，近乎違反陰陽相生不已原則的是
> 變。所以統氣本與氣化爲體之道，自也將氣本有常變之理，氣化
> 有常變之實統於其體中。但若如老莊以道爲不變之本體，以種種
> 氣化爲可變者。因形上只是一絕對本體，所以形上之道，即形上
> 之理本體。故此理只是形下氣化萬有的形上的虛理，非是能由元
> 氣之氣種生成實然萬有之實體。可知老莊之道，非能眞實生化之
> 實體。只有統所有元氣之氣種，凝聚馬具體之天地萬有者，才是
> 實有之道。〔註75〕

而王夫之神應物無固定方所，而神存順化以協其至常之理，則此乃《易》之
六龍皆可乘以御天也。《易》以「龍」喻「爻」，六龍即六爻，通過六爻而可

〔註74〕　（明）王廷相：《王廷相集》（北京：中華書局，1989 年 9 月），頁 848。
〔註75〕　王俊彥：〈理道實有論〉《王廷相與明代氣學》（台北：秀威資訊科技，2005
　　　　年 10 月），頁 85。

御天，此意乃透過「大明終始」的道成始成終之創生性而可統御天地萬物，即天地萬物之可以成始成終必須乾元以創生之，所以說可以統天，即統萬物。然道之創生特在時位移易之間，可於此以顯陰陽之神的變化不測。然而《易》道之乾坤並建，其六十四卦錯綜往來，而各卦中卦與卦、爻位與爻位中，陰陽之變與化尚有「粗」、「精」不同。

> 變者，陰變爲陽；化者，陽化爲陰；六十四卦互相變易而象成。進退者，推盪而屈伸也；推之則伸而進，盪之則屈而退，而變化生焉。此神之所爲，非存神者不能知其必然之理。然學《易》者必於變化而察之，知其當然而後可進求其所以然，王弼「得言忘象，得意忘言」之說非也。〔註76〕

所謂「變者，陰變爲陽；化者，陽化爲陰」，其藉由解釋張載「『變則化』，由粗入精也〔註77〕」提出其對變與化的看法，其言「變者，自我變之，有迹爲粗；化者，推行有漸而物自化，不可知爲精，此一義也。〔註78〕」所謂變者乃己身之所具陰陽之體性，其陰變爲陽，即自我變之，有迹可循，故爲「粗」。所謂化者乃己身推於外物，從此自我變之陽化而爲陰，推行有漸，而物自化，此化之迹不可知，故爲「精」。六十四卦陰陽互相變易而象成，乃頓變之粗固顯而有象之迹可循。然各爻位之間其推盪變化乃陽化爲陰，推行漸變，而物自化，其迹隱微不可知，故爲「精」。其在進一步解釋張載「『化而裁之謂之變』，以著顯微也。〔註79〕」

> 「謂之」，當作「存乎」。化之所自裁，存乎變易不測，不失其常之神。化見於物，著也，裁之者存乎己，微也，此又一義也。《中庸》變先於化，《易傳》化先於變，取義不同；凡言陰陽（頁84）動靜，不可執一義以該之，類如此。《中庸》之言變，知義之事，化則神之

〔註76〕 （明）王夫之：〈大易篇〉《張子正蒙注》，收入船山全書編輯委員會編校：《船山全書》第十二冊（湖南（長沙）：嶽麓書社，1991年12月第一版），卷7，頁313。

〔註77〕 （宋）張載：〈神化篇〉《正蒙‧張載集》（台北：漢京文化，1983年9月），頁16。

〔註78〕 （明）王夫之：〈神化篇〉《張子正蒙注》，收入船山全書編輯委員會編校：《船山全書》第十二冊（湖南（長沙）：嶽麓書社，1991年12月第一版），卷2，頁83。

〔註79〕 （宋）張載：〈神化篇〉《正蒙‧張載集》（台北：漢京文化，1983年9月），頁16。

　　效也。《易傳》之言化，德盛之事，變則神之用也。變者，化之體；

　　化之體，神也。精微之蘊，神而已矣。〔註80〕

「變」乃化之體而化之體即神，由此可知，「變」即神之作用。因神創生萬物
其物中皆具陰陽不孤之體性，而具此陰陽互相變動不已之作用，固物可自化
而自裁成，此「化」乃存乎神之變易不測中，且不失神之常。所以不可見物
自變之化，只能由物上見，此即所謂「著」。然化之體之神本存乎物中，故裁
成物之作用亦存乎物之己身，此神之用無形，故「微」。《中庸》之言「變」
乃修養功夫的知義之事，故物自化則顯神生生創德之功效。而《易傳》言「化」，
在論創生萬物德盛之事，故其所謂「變」則爲神生生之大用。張立文云：「天
地萬物，千變萬化，化作爲事物的相對穩定形態和變作爲事物的顯著速變形
態，是現實界的普遍現象。王船山基於對事物變化的複雜現象認知，觸及到
了從漸化到頓變的轉化過程中部分質變到根本質變的問題。〔註81〕……船山
以變與化爲運動兩種形態，變作爲頓變，相當於事物質變狀態。所謂質，就
是此事物區別於彼事物，事物內部固有的規定性。它和事物的存在直接統一，
這就是天地間萬物千差萬別的原因所在。質變或頓變就是指區別於他物的、
事物內部固有規定坐的變化，是由一種質態向另一種質態的轉變，它表現爲
一種根本性的、顯著的突變，張載稱變爲著、船山襲之。化作爲漸化，相當
於事物的量變狀態。所謂量是指事物存在和發展的規模、程度、速度，以及
它的構成成分在空間上的排列組合等可以用數量表示的規定性。量變是數量
的增減和場所的變動，它是微小的、不顯著、無形跡的變化，是在事物一定
度的範圍內的延續和漸進。變與化兩者的關係，仍然是既對待衝突，而又融
合統一。〔註82〕」

　　神陽，鬼陰，而神非無陰，鬼非無陽，祭禮有求陰求陽之義，明

　　鬼之有陽矣。二氣合而體物，一屈一伸，神鬼分焉；而同此氣則

　　同此理，神非無自而彰，鬼非無所往而滅，故君子言往來，異於

　　釋氏之言生滅。屈伸一指也，死生一物也，無間斷之死滅，則常

〔註80〕　（明）王夫之：〈神化篇〉《張子正蒙注》，收入船山全書編輯委員會編校：《船
　　　　　山全書》第十二冊（湖南（長沙）：嶽麓書社，1991 年 12 月第一版），卷 2，
　　　　　頁 83～84。
〔註81〕　張立文：《船山哲學》（台北：七略出版社，2000 年 12 月），頁 364。
〔註82〕　同上註，頁 365～366。

　　流動於化中；而察乎人心，微者必顯，孰能掩之邪！〔註83〕

由「祭禮」之有求陰求陽之義，知神陽，鬼陰，而神非無陰，鬼非無陽。可知陰陽二氣合而創生萬物，一屈一伸，神鬼分。但形氣世界陰陽二分之鬼神，其內在仍具陰陽不孤之體性，故可推盪不息。爲陰鬼中有陽神，而陽神中有陰鬼，而且鬼神乃同具此陰陽和合太和之氣爲本質，故可自身陰陽互相變化，所謂理在氣中，固鬼神同氣則具同一氣之理，故陽之神乃清虛散而發之氣，非無陰之鬼濁聚而凝之氣而可自彰，凝而濁之鬼亦須有陽之神推而有所往而不滅。其云「用則伸，不用則不伸，鬼而歸之，仍乎神矣。死生同條，而善吾生者即善吾死。伸者天之化，歸者人之能，君子盡人以合天，所以爲功於神也。〔註84〕」

　　鬼神之陰陽進退，即所謂鬼神之推盪而屈伸。其用則伸，不用則不伸，鬼而歸之，仍乎神矣。神推之則伸而進，鬼盪之則屈而退，鬼神中各具陰陽故可動靜無端地即生即死，即死即生地變化生生不已。故死生同條，而善吾生者即善吾死。故《易・繫辭上傳》云：

　　原始反終，故知死生之說。精氣爲物，遊魂爲變，是故知鬼神之情狀。〔註85〕

朱熹注：「《易》者，陰陽而已。幽明、死生、鬼神，皆陰陽之變，天地之道也。天文，則有晝夜上下；地理，則有南北高深。原者，推之於前；反者，要之於後。陰精陽氣，聚而成物，神之伸也；魂遊魄降，散而爲變，鬼之歸也。〔註86〕」伸者天之化，歸者人之能，君子盡人以合天，所以爲功於神也。故君子言「往來」，其說法異於釋氏之言「生滅」。所謂「往來」，善生乃神之伸的天之化與善死乃鬼之歸的人之能，兩者循環無端之表現。而君子須善死地盡人之能以合天，所以爲有功於善生之神。故屈伸一指也，死生一物也，無間斷之死滅，乃道之常流動於道之化中，而若由人觀察之，從人心可知，人心之隱微的道之「常」，必顯於人心之情的「變」之中！

〔註83〕　（明）王夫之：〈神化篇〉《張子正蒙注》，收入船山全書編輯委員會編校：《船山全書》第十二冊（湖南（長沙）：嶽麓書社，1991 年 12 月第一版），卷 2，頁 84。

〔註84〕　（明）王夫之：〈動物篇〉《張子正蒙注》（《船山全書（十二）》，湖南（長沙）：嶽麓書社，1991 年 12 月第一版），卷 3，頁 102。

〔註85〕　（宋）朱熹：《周易本義》（台北市：大安出版社，1999 年 7 月），卷 3，頁 237。

〔註86〕　同上註。

通者，化雖變而吉凶相倚，喜怒相因，得失相互，可會通於一也。
推其情之所必至，勢之所必反，行於此者可通於彼而不滯於一隅之
識，則夏之葛可通於冬之裘，晝之作可通於夜之息，要歸於得其和
平，而變皆常矣。故或仕或止，或語或嘿，或刑或賞，皆協一而不
相悖害。惟豫有以知其相通之理而存之，故行於此而不礙於彼；當
其變必存其通，當其通必存其變，推行之大用，合於一心之所存，
此之謂神。〔註87〕

所謂「通」乃陰陽之化雖變而吉凶相倚之，固喜怒相因，得失相互，可會通
於一之「道」中。人心之推盪變化，其情之所必至，勢之所必反，人行於此
情勢之變化中，可通於彼，而不滯於己身之情一隅之識，則夏之葛可通於冬
之裘，晝之作可通於夜之息，雖有萬變之情勢則要歸於得其陰陽和平之狀態，
此即所謂道「通」於一的「變皆常」。《易・繫辭上傳》云：

是闔戶謂之坤，闢戶謂明之乾，一闔一闢謂之變，往來不窮謂之通，
見乃謂之象，形乃謂之器，制而用之謂之法，利用出入，民咸用之
謂之神。〔註88〕

朱熹注：「闔闢，動靜之機也。先言坤者，由靜而動也。乾、坤、變、通者，
化育之功也。見象、形器者，生物之序也。法者，聖人脩道之所爲。而神者，
百姓自然之日用也。〔註89〕」故王夫之認爲日用常行之或仕或止，或語或嘿，
或刑或賞，皆協一而不相悖害，此皆神之所爲，非存神者不能知其必然之理。
故惟豫之備中，有知其必然相通之理而存之，故行於此而不礙於彼。故當其
變必存其通之常，當其通必存其變之化，推行之大用，能合於人心所存必然
之理之易簡的天之至德，此之謂神。故王夫之云：「道函神而神成乎道，《易》
於此生焉，則以明夫聚散死生皆在道之中，而非滅盡無餘，幻妄又起，別有
出離之道也。〔註90〕」

陰陽二氣充滿太虛，此外更無他物，亦無間隙，天之象，地之形，

〔註87〕　（明）王夫之：〈天道篇〉《張子正蒙注》，收入船山全書編輯委員會編校：《船
　　　　　山全書》第十二冊（湖南（長沙）：嶽麓書社，1991年12月第一版），卷2，
　　　　　頁72。
〔註88〕　（宋）朱熹：《周易本義》（台北市：大安出版社，1999年7月），卷3，頁248。
〔註89〕　同上註，頁249。
〔註90〕　（明）王夫之：〈可狀篇〉《張子正蒙注》，收入船山全書編輯委員會編校：《船
　　　　　山全書》第十二冊（湖南（長沙）：嶽麓書社，1991年12月第一版），卷9，
　　　　　頁376。

> 皆其所範圍也。散入無形而適得氣之體，聚爲有形不失氣之常，通
> 乎生死猶晝夜也。晝夜者，豈陰陽之或有或無哉！日出而人能見物，
> 則謂之晝；日入而人不能見物，則謂之夜，陰陽之運行則通一無二
> 也。在天而天以爲象，在地而地以爲形，在人而人以爲性，性在氣
> 中，屈伸通於一，而裁成變化存焉，此不可踰之中道也。〔註91〕

道函神而神成乎道，故陰陽二氣充滿太虛，此外更無他物，亦無間隙，天之
象，地之形，皆道之範圍。氣散入無形而適得氣之體，氣聚爲有形之物不失
氣之常，此氣聚氣散乃通乎生死猶人眼所見之晝夜也。其實日出而人能見物
的晝之陽中有日入而人不能見物的夜之陰，所以晝夜者非陰陽之或有或無，
而是陰陽之運行則通一無二也。形氣世界之晝夜是陰陽體性具足，而此陰陽
體性具足在天之表現爲天之清而虛之象，在地呈現爲地濁而堅的大塊之形，
在人而人以爲即存有即活動未成德而生生不已之性，此陰陽變動不已而常在
變中之性，其在形氣之中，但仍與氣之聚散屈伸死生通於一，而人生所遇之
變，人藉由具常之道心裁成變化，存通理之道於其中，此即人心所不可踰之
中道。

> 變無常而道自行乎其中，勸進其善之利而戒以惡之所自積，則民咸
> 可喻於君子之義，而天下萬世共繇以利用安身。〔註92〕

變乃理不善者，故而無常理於其中，然而理屬形氣事物中之條理，有其獨立
性，但就氣化流行之道而言，道之範疇涵蓋各事物之理，氣化有任何可能性，
故不論是合理之氣善或非理之氣惡，道自行乎其中固可通化於常，人心不可
踰之中道。因此王夫之勸人將氣化之變得不善透過人爲努力，使其趨合於氣
之常道，而不損己利，並日進其善之利，更藉此戒除人所自積的不善之惡，
則君子可以藉由其合於氣化常道之表現曉喻人民，進而使天下萬世共繇此氣
之常道利用安身。

> 晝夜者，非天之有異，乃日月出沒，而人之離明有得施不得施之別
> 爾。日月寒暑之兩行，一陰一陽之殊建，人以睹其明，定其歲，而

〔註91〕　（明）王夫之：〈太和篇〉《張子正蒙注》，收入船山全書編輯委員會編校：《船
　　　　山全書》第十二冊（湖南（長沙）：嶽麓書社，1991年12月第一版），卷1，
　　　　頁26。

〔註92〕　（明）王夫之：〈大易篇〉《張子正蒙注》，收入船山全書編輯委員會編校：《船
　　　　山全書》第十二冊（湖南（長沙）：嶽麓書社，1991年12月第一版），卷7，
　　　　頁284。

謂之為方體；實則無方無體，陰陽不測，合同於絪縕而任其變化，
乃神易陰陽之固然也。晝夜分兩端，而天之運行一；生死分兩端，
而神之恆存一；氣有屈伸，神無生滅，通乎其道，兩立而一見，存
順沒寧之道在矣。〔註93〕

晝夜者，非天之有異，乃日月出沒，而此乃因「闔闢陰陽雖迭相為用，而道
貫其中，晝夜一也。〔註94〕」故人因由己之耳目感官見日月之運行判定晝夜
之離明有得施不得施之別。而日月寒暑之兩行，乃一陰一陽之殊建，人因睹
其明，而定其歲，而謂之為有固定之方體；然擇陰陽之殊建實則無方亦無體，
因陰陽不測之神，合同於絪縕於清曠之太虛中而任其運游氣升降屈伸變化，
此乃神變易陰陽之本然之情狀也。然晝夜雖分兩端，但天道之運行貫穿其間；
生死雖分兩端，但陰陽之神恆存其間。故氣雖有屈伸聚散，但函於道中之神
無生滅，且其常通乎生死聚散兩間之變中，兩立而一見，存順沒寧之道在矣。

〔註93〕　（明）王夫之：〈太和篇〉《張子正蒙注》，收入船山全書編輯委員會編校：《船
山全書》第十二冊（湖南（長沙）：嶽麓書社，1991 年 12 月第一版），卷1，
頁 39。

〔註94〕　（明）王夫之：〈可狀篇〉《張子正蒙注》，收入船山全書編輯委員會編校：《船
山全書》第十二冊（湖南（長沙）：嶽麓書社，1991 年 12 月第一版），卷9，
頁 376。

第九章　神之理凝於人爲性

　　王夫之從宇宙論一氣下貫的立場，天地之理氣在一氣流行中會凝爲人身之理氣，但因爲天地流行之理與氣是同爲無形無狀清而健順者；但當此理氣凝結爲形質之理氣，則形質之身有形而顯，而形質之理無形而隱之問題，故王夫之在人性論中，強調此無形之隱的性，乃是天所命之善，微而而不易見，再者，人若明白形氣之身中，有此氣化善理函於其中，依恃而不知努力持之以恆，則易流於危殆不安。

第一節　性者天人授受之總名

　　本節討論是人性之本源。王夫之論氣要以神或以理爲之駕御與通貫之，否則會凝滯而無法生物不測。當其言性則此身之善理可以通極於有無、生死之兩端。蔡家和云：「若是神氣，氣之性本虛而神，聚亦是氣，散亦是氣，（不可見之氣），在此（氣其一物爾）所言的氣，乃是就成形之氣，所以氣不等同於性，因爲性通極於兩端，而氣只是滯於一形，故船山此注，把無與氣相對而詮釋之，無，乃氣未形；氣乃其已形。亦是說在此性與氣是不同的，氣是就成形的氣而言，故氣要以神或以理爲之駕御、爲之通貫之，否則而爲凝滯。而性卻通極於無形，且能通極於有形，乃通極於兩端，不論是有形無形，理與氣，形與神，氣質之性與天命之性，凡分解對反之概念，無不通極之，即在來往聚散，生死壽天都是吾人之性，故夭壽不貳，修身以俟之。在此看出船山論性之通極於兩端，能通極於兩端，則不會滯於一偏，則爲道之整全。〔註1〕」

〔註 1〕 蔡家和：〈船山《正蒙注》中對性的詮釋〉，《東海大學文學院學報》第 51 卷（2010 年 7 月），頁 93。

神之有其理，在天爲道，凝於人爲性。易，變易也。陰陽摩盪，八卦興，六十四象成，各有時位錯綜，而陰陽、剛柔、仁義之體立，皆神之變易也。互相易而萬物各成其形色，變易之妙，健順五常之用爲之，故聖人存神以盡性而合天。【敔按：神無方，易即其方；易無體，神即其體。】〔註2〕

太和之神中有其變化之理，在天稱爲道，當此道凝於人則爲性。如其言「天以神爲道，性者神之撰，性與天道，神而已也。〔註3〕」神之有其理，在天爲人物通理之道，故言天以神爲道也。而「性」乃神之陰陽和合而撰之德，凝於人身，故性與天道，藉由神而貫通，而「性者，天人授受之總名也。〔註4〕」易之神藉陰陽摩盪而變異，故八卦興，六十四象成，且各有時位錯綜，創生形氣世界。所謂陰陽、剛柔、仁義之體立，無論有形無形之變化皆神之變易。陰陽互相變易使萬物各成其形色，此乃變易之妙、健順五常之用所爲。

若其在天而未成乎形者，但有其象，絪縕渾合，太極之本體，中函陰陽自然必有之實，則於太極之中，不昧陰陽之象而陰陽未判，固即太極之象，合而言之則一，擬而議之則三，象之固然也。性以理言，有其象必有其理，惟其具太和之誠，故太極有兩儀，兩儀合而爲太極，而分陰分陽，生萬物之形，皆秉此以爲性。象者未聚而清，形者已聚而濁，清者爲性爲神，濁者爲形爲法。〔註5〕

在天未成乎形時，已有其象，此乃陰陽絪縕渾合未判之狀，即所謂太極本體，其中函有陰陽相反相仇之體性，此乃太極本體自然必有之實。此太極之體因陰陽絪縕渾合未判，故合而言之，則爲渾然太和之一氣；擬而議之，則爲太極、陰、陽三者，此乃太極之象的本然狀態。然而人之性乃由氣化之神中之

〔註2〕 （明）王夫之：〈太和篇〉《張子正蒙注》，收入船山全書編輯委員會編校：《船山全書》第十二冊（湖南（長沙）：嶽麓書社，1991年12月第一版），卷1，頁42。

〔註3〕 （明）王夫之：〈神化篇〉《張子正蒙注》，收入船山全書編輯委員會編校：《船山全書》第十二冊（湖南（長沙）：嶽麓書社，1991年12月第一版），卷2，頁95。

〔註4〕 （明）王夫之：〈聖經（一）〉《讀四書大全說·大學》，收入船山全書編輯委員會編校：《船山全書》第六冊（湖南（長沙）：嶽麓書社，1991年12月第一版），卷1，頁395。

〔註5〕 （明）王夫之：〈參兩篇〉《張子正蒙注》，收入船山全書編輯委員會編校：《船山全書》第十二冊（湖南（長沙）：嶽麓書社，1991年12月第一版），卷1，頁45～46。

理來論之，有氣之陰陽絪縕渾合未判之象中，則必有其氣化之理。在天之未成其象前，乃渾淪一氣之太和，此太和爲最眞實之存有之誠體。太和之誠中具陰陽絪縕渾合未判之象，即所謂的太極，太極有陰陽兩儀，兩儀合而爲太極，而當太極之陰陽創生形氣萬物，藉由動靜之變則分陰分陽，生萬物之形，而萬物皆秉太和生生之誠的太極之理爲其性。形器之未成爲象，其乃氣之未聚故清，當形之創生表氣之已聚而濁，所謂清者爲性爲神，濁者爲形爲法。因此人之性本源於太和一氣之神中的太極之理而來。

> 浮屠謂眞空常寂之圓成實性，止一光明，藏而地水火風根塵等皆由妄現，知見妄立，執爲實相。若謂太極本無陰陽，乃動靜所顯之影象，則性本清空，稟於太極，形有消長，生於變化，性中增形，形外有性，人不資氣而生而於氣外求理，則形爲妄而性爲眞，陷於其邪説矣。〔註6〕

浮屠認爲眞空常寂之圓成實性，乃一光明藏於由地水火風根塵而組成妄現的人身形體，此見解爲妄立，並執虛空爲實相。若認爲人之性本清空無形，其稟於太和中之太極之理，故人性乃一形上之理，而人之生具此形體之身，其形體之有消長，乃是由於形下氣之陰陽變化所致，故雖隨形氣之變化生命有增長，但性之理與身之形並無關聯，故言形外有性。故浮屠以形上之清虛佛性爲眞，此佛性與形下氣化不離亦不相雜，故人不之生命藉由形下氣化之滋養而生，反而於眞實氣化世界之外求形上之性理，乃認定形下之形氣身體爲妄，只以形上之性理爲眞，若以此說法論性，則陷於「異端〔註7〕」之邪說。

　　性只是理。「合理與氣，有性之名」，則不離於氣而爲氣之理也。〔註8〕

〔註6〕　（明）王夫之：〈太和篇〉《張子正蒙注》，收入船山全書編輯委員會編校：《船山全書》第十二冊（湖南（長沙）：嶽麓書社，1991 年 12 月第一版），卷1，頁 25。

〔註7〕　子曰：「攻乎異端，斯害也已！」（宋）朱熹：〈爲政〉《四書章句集注・論語》（台北：大安出版社，1999 年 12 月），卷 1，頁 75。
　　　　《四書章句集注》：「異端，非聖人之道，而別爲一端，如楊墨是也。其率天下至於無父無君，專治而欲精之，爲害甚矣！』程子曰『佛氏之言，比之楊墨，尤爲近理，所以其害爲尤甚。學者當如淫聲美色以遠之，不爾，則駸駸然入於其中矣。』」（宋）朱熹：〈爲政第二〉《四書章句集注・論語》（台北：大安出版社，1999 年 12 月），卷 1，頁 75。

〔註8〕　（明）王夫之：〈盡心上篇（四）〉《讀四書大全說・孟子》，收入船山全書編輯委員會編校：《船山全書》第六冊（湖南（長沙）：嶽麓書社，1991 年 12 月第一版），卷 10，頁 1108。

合理與氣，而有性之名，性由天所授，而天乃積氣，而性只是理，表示性乃不離於氣而寓於氣中的氣之理。

> 虛空者，氣之量；氣彌綸無涯希微不形，則人見虛空而不見氣。凡虛空皆氣也，聚則顯，顯則謂之有；散則隱，隱則謂之無。神化者，氣之聚散不測之妙，然而有迹可見。性命者，氣之健順有常之理，主持神化而寓於神化之中，無迹可見。若其實，則理在氣中，氣無非理，氣在空中，空無非氣，通一無二者也。其聚則出入爲人物則形，散而入太虛則不形，抑必有所從來。蓋陰陽者氣之二體，動靜者氣之二幾，體同而用異則相感而動，動而成象則靜，動靜之幾，聚散、出入、形不形之從來也。《易》之爲道，〈乾〉、〈坤〉而已，〈乾〉六陽以成健，〈坤〉六陰已成順，而陰陽相摩，則生六子以生五十六卦，皆動之不容已者，或聚或散，或出或入，錯綜變化要以動靜夫陰陽。〔註9〕

虛空乃氣之量，其氣彌綸無涯希微未聚積成形，則人見虛空而不見氣。然凡虛空皆氣也，氣聚則形顯，顯則謂之有；氣散則形隱，隱則謂之無。神化者，氣之聚散不測之妙，然而有「形迹」可見。而性命乃氣之健順有常之理在於氣之中爲主持神化者，故亦寓於神化之迹之中，故無迹可見。若論其實，則理在氣中，氣中有理，故氣無非理；氣充塞在虛空中，故虛空無非氣之量，理與氣通一而無二者也。清虛之氣氣聚爲人物之形，形氣散而入太虛則無形，此氣之聚散變化抑必有所從來。其所以如此，乃由陰陽氣之二體與動靜者氣之二幾，兩者體同爲氣而作用相異，因二氣體性有異而可相感，故相感變動不息，如其云「陰陽實體，乾坤其德也。體立於未形之中，而德各效焉，所性也。有陰則必順以感乎陽，有陽則必健以感乎陰，相感以動而生生不息，因使各得陰陽之撰以成體而又生其感。〔註10〕」陰陽乃爲氣之實體，乾坤爲氣之德也。陰陽之體立於氣未形之虛空中，然德各有其效，此乃氣之所性者。其乾坤之德表現出的氣性乃有陰則必「順」以感乎陽，有陽則必「健」以感

〔註 9〕 （明）王夫之：〈太和篇〉《張子正蒙注》，收入船山全書編輯委員會編校：《船山全書》第十二冊（湖南（長沙）：嶽麓書社，1991 年 12 月第一版），卷 1，頁 23。

〔註10〕 （明）王夫之：〈可狀篇〉《張子正蒙注》，收入船山全書編輯委員會編校：《船山全書》第十二冊（湖南（長沙）：嶽麓書社，1991 年 12 月第一版），卷 9，頁 363。

乎陰，二氣健順相感以動而生生不息，因使各得陰陽和合相盪以成其體而又
生其感。當二氣相感健動而至順而成象則靜，靜則氣聚成形，因此動靜健順
之氣幾表現爲聚散、出入、形不形。《易》之爲萬物創生之道，乃〈乾〉、〈坤〉
並建而已，〈乾〉六陽以成健之動，〈坤〉六陰已成順之靜，而陰陽相摩，則
生「六子」，因爲《易》八卦中的震、巽、坎、離、艮、兌。此六卦皆由構成
乾卦的陽爻和構成坤卦的陰爻組成，故稱之，陰陽二氣之動靜錯綜變化，再
生五十六卦，此創生過程皆動之不容已，或聚或散，或出或入。

> 此明夫人之生也，皆天命流行之實，而以其神化之粹精爲性，乃以
> 爲日用事物當然之理，無非陰陽變化自然之秩敘，有不可違。……
> 從其大者而言之，則乾坤爲父母，人物之胥生，生於天地之德也固
> 然矣；從其切者而言之，則別無所謂乾，父即生我之乾，別無所謂
> 坤，母即成我之坤；惟生我者其德統天以流形，故稱之曰父，惟成
> 我者其德順天而厚載，故稱之曰母。故《書》曰「惟天地萬物父母」，
> 統萬物而言之也；《詩》曰：「欲報之德，昊天罔極」，德者，健順之
> 德，則就人之生而切言之也。〔註11〕

王夫之又云：「百物之生，情動氣興，天命即授以成其形性，蓋渾淪流動，有
可受斯應之。〔註12〕」故可之人之生也，皆天命流行之實陰陽二氣渾淪流動
當其相感而授，則有可受之人與其相應，故產生人之形性。此形性之所出，
乃陰陽二氣神化之粹精爲人之性，在日用事物爲其當然之理，其所從來無非
陰陽變化自然之秩敘，故人與事物皆有不可違之本源。人之生若從其大處著
眼，則天地乾坤爲父母，人物之所從生，乃生於天地之德。從人之切身處論
之，則別無所謂天之乾，父即生我之乾，別無所謂地之坤，母即成我之坤。
生我者其德統天以流形，故稱之曰父，惟成我者其德順天而厚載，故稱之曰
母。故《書》曰「惟天地萬物父母」，故統萬物而言之，天地爲其父母；而《詩》
曰：「欲報之德，昊天罔極」，德者，健順之德，此則就人之生而切言之，人
由父母之生而得天地建順之德。

> 謂之父母者，亦名也；其心之心不忍忘，必不敢背者，所以生名之

〔註11〕　（明）王夫之：〈乾稱篇〉《張子正蒙注》，收入船山全書編輯委員會編校：《船
　　　　山全書》第十二冊（湖南（長沙）：嶽麓書社，1991年12月第一版），卷9，
　　　　頁351～352。
〔註12〕　（明）王夫之：〈天道篇〉《張子正蒙注》，收入船山全書編輯委員會編校：《船山
　　　　全書》第十二冊（湖南（長沙）：嶽麓書社，1991年12月第一版），卷2，頁67。

實也。惟乾之健，故不敢背，惟坤之順，故不忍忘，而推致其極，察乎天地，切求之近以念吾之所生成，則太和絪縕，中含健順之化，誠然而不可昧。故父母之名立，而稱天地爲父母，迹異而理本同也。

朱子曰：「天地者其形體，迹之與父母異者也；乾坤者其性情，理之同者也。」〔註13〕

人之所從生謂之爲父母者，亦只是名。人心之心不忍忘，必不敢背者，應是父母爲所生之名之實。因乾之健與坤之順爲人性之內涵，惟乾之健，故不敢背，惟坤之順，故不忍忘，然此乾坤之德推致其極，察乎天地，無身之性其之所成，乃成乎太和絪縕中含健順之化，誠然而不可昧者。故雖以父母之名立，而稱天地爲父母，雖然形迹有異而理本同爲太和絪縕中所含乾坤健順之理。故朱子曰：「天地者其形體，迹之與父母異者也；乾坤者其性情，理之同者也。」

化者，天地生物之事；父母之必教育其子，亦此事也。善述者必至於知化，而引伸之以陶成乎萬物。神者，天地生物之心理，父母所生氣中之理，亦即此也善繼者，必神無不存，而合撰於乾坤以全至德。〔註14〕

「化」乃天地生物之事，父母必教育其子知此事。而善述者，必至於知化而引申之化乃陶成萬物之形體者。「神」乃天地創生萬物之心理，人爲父母所生，而其氣中之理，亦即此創生之神理，故善繼之者，必守此心之神無不存，並合撰於乾坤以保全此健順之至德。故以父母之名爲天地，雖然形迹有異而理本同爲太和絪縕中所含乾坤健順之理。

父母繼健順之理以生成，吾所求肖者此也。親志以從而無違爲順，然有可從、不可從之異，而理則唯其善而從之者爲順。不從其善而從其不善，或至於殘害天理，則賊所生之理矣。濟惡而不能幹蠱，父母成乎惡而爲天之蠱矣；故必踐形斯爲肖子，肖乾坤而後肖父母，爲父母之肖子，則可肖天地矣。故舜所踐者瞽瞍之形，而與天合德。〔註15〕

父母繼健順之理以生成無身，吾所求要肖成者乃此健順之理。此健順之理具體表現乃親其父母之志以從而無違爲順，雖然有可從、不可從之異，若理爲

〔註13〕　（明）王夫之：〈乾稱篇〉《張子正蒙注》，收入船山全書編輯委員會編校：《船山全書》第十二冊（湖南（長沙）：嶽麓書社，1991年12月第一版），卷9，頁353。

〔註14〕　同上註，頁355。

〔註15〕　同上註。

善者便從之者爲順。而應從其善而不從其不善,若從其不善至於殘害天理,此則賊所父母所生的健順之理矣。盡而濟惡而不能幹蠱,使父母成於惡,而爲天之蠱。故人必踐形以行善,此爲肖子。其所肖乾坤的健順之德而後肖父母之德,若爲父母之肖子,便可繼天地之善理,進而則可肖天地乾坤健順之德。故舜所踐者瞽瞍之形,而與天合德。黃潤玉云:

> 天以氣而施,地以氣而化,一氣流通于天地之間,而生萬物。人之於父母,乾施坤化,亦一氣流通而生育子女,是天地父母均此一氣,父天地即父母也,父母即天地也,人之生可以不事天地者,以事父母乎?故事親必生事盡敬,死事盡思,斯可謂人之子。〔註16〕

天地、父母都是一氣而施化,所以會有萬物、子女的產生。天是以氣爲主體,可以創始發用,表現很多流行生生之作用;地以氣爲主體,長養化育形色之萬物,天的創始發用和地的長養化育之中都有氣之生生不息地流通,故此氣化生出天地間各種不同形氣之萬事萬物。氣通貫天、地、萬物,而天地和萬物的不同,是因其各具不同條理所造成。而人與父母之對應位置,自是如同天地之乾施而坤化,天爲「乾」是陽氣不斷創始發用不拘於任何萬物之形體,地爲「坤」則是承載並具體長養化育。而天之乾道是父,主在表現創生發用之德,地之坤道是母,以長養化育其子,兩者皆是一氣流通,因爲是一氣流通之乾施和坤化渾合無間,便會施化並育,故能化育出子女來。天地、父母同爲一氣貫通,故由本質言之天地自是父母,父母自是天地,只是彼此表述之位階不同,但本質是可相融會貫通。而人侍奉天地之前,要先侍奉父母,因爲天地非人之初生便可親近與體會其大德,但父母卻是人之至親,但自少而長透過侍奉父母,便是間接表現對天地乾坤之德之尊敬,因爲天地父母本質是一,但不可因位階不同而有差別待遇,所以父母生時盡敬,死後盡思才是肖於天地乾坤之德之人子的表現。

> 人之與天,理氣一也;而繼之以善,成之以性者,父母之生我,使我有形色以具天性者也。理在氣之中,而氣爲父母之所自分,則即父母而溯之,其德通於天地也,無有間矣。若舍父母而親天地,雖極其心以擴大而企及之,而非有惻怛不容已之心動於所不可昧。是故於父而知乾元之大也,於母而知坤元之至也,此其誠之必幾,禽

〔註16〕 原典「父天地即父母也」多一「父」字。(明) 黃潤玉:〈思親堂記〉《南山黃先生家傳集》(台北:國家圖書館善本書室,明藍格抄本),卷42。

> 獸且有覺焉，而況於人乎！故曰「一陰一陽之謂道」，乾、坤之謂也；
> 又曰「繼之者善，成之者性」，誰繼天而善吾生？誰成我而使有性？
> 則父母之謂矣。繼之成之，即一陰一陽之道，則父母之外，天地之
> 高明博厚，非可躐等而與之親，而父之爲乾、母之爲坤，不能離此
> 以求天地之德，亦照然矣。〔註17〕

人與天其理氣一也，天人可以爲一，乃因父母生我之形色以具天氣之理性，
故云繼之以善，成之以性。然而理在氣之中，而形氣之身爲父母之所自分，
由父母而追溯本源，乃因性之德與天地之氣中地健順之神理相通而無有間。
但若捨生我之父母而欲直接親近天地，雖欲窮極其心量以擴大，進而盼望與
天地同德，但此身卻無有親生父母所生的惻怛不容已之心，無法動於所不可
昧。王夫之強調要侍奉父母更勝於天地，此說與黃潤玉略有出入，但兩人相
同者，乃天地與父母皆通於太和一氣，故人由太和一氣之天地所生之父母陰
陽相合而有此身。

　　於父之身可知乾元之大，於母之身而知坤元之至，此心之誠乃人必有陰
陽之幾，連禽獸對父母皆有此知覺，而況於人乎！故《易》曰「一陰一陽之
謂道」，所謂陰陽乃乾、坤之謂也；又曰「繼之者善，成之者性」，誰繼天而
善吾生？誰成我而使有性？則父母之謂矣。因一陰一陽創生之道使人能繼之
成之，然父母之外，天地之高明博厚，非可逾越父母切身之等次而與天地親，
而父之爲乾、母之爲坤，不能離此，以求天地之德，此理亦顯明白。

> 「二本」者，墨氏以人生受性於天，一本；受形於父母，一本；性
> 通萬物之公，形成一己之私，是性貴而形賤，死者形死而性未嘗亡，
> 故當因性之公，與天下同此大本，而私利易毀之形，不當勞生以送
> 死，故薄葬。是其兼愛與薄葬之悖，同出於二本。「天下之生物也」
> 三句，以繳上不當兼愛，即起下「掩親有道」；蓋非形則性無所依，
> 故父母之生我，及天地之生物，而不忍其親，則必不忍薄其已死之
> 形，中心自不容已，原同一理。〔註18〕

〔註17〕　（明）王夫之：〈乾稱篇〉《張子正蒙注》，收入船山全書編輯委員會編校：《船
　　　　山全書》第十二冊（湖南（長沙）：嶽麓書社，1991年12月第一版），卷9，
　　　　頁352～353。

〔註18〕　（明）王夫之：〈滕文公·墨者章〉《四書箋解·孟子三》，收入船山全書編輯
　　　　委員會編校：《船山全書》第六冊（湖南（長沙）：嶽麓書社，1991年12月第
　　　　一版），卷7，頁305。

墨氏以人生受性於天，一本；受形於父母，一本，此即所謂「二本」者。此
觀念則造成「性」通萬物之公，「形」成一己之私，是性貴而形賤。王夫之認
為墨家有此偏頗之義，故認為死者形死而性未嘗亡，故當因性乃通萬物之公
與天下同此大本，而其身乃私利易毀之形，故不當勞生以送死，而強調不重
其形之薄葬。墨家之兼愛與薄葬之悖有誤乃因皆同出於「性貴而形賤」的二
本之說而來。王夫之認為非形則性無所依，故父母之生我，及天地之生物，
必不忍其親，則必不忍薄葬其已死之形，中心自不容已，原同一理。

> 人者，陰陽合德之神所聚，而相陰陽以協天地萬物之居者也。〔註19〕

> 合德，謂與父母之德合；秀者，父母所矜愛之賢子孫也。希聖友賢，
> 成身以順親，即所以順天。〔註20〕

人乃陰陽合德之神所聚，此陰陽之「合德」乃從父母而來，而人之「秀」相
陰陽以協天地萬物之居者。所謂人之「秀」，乃父母所矜愛之賢子孫。故人希
聖友賢，成身以順親，即所以順天。王夫之希望透過人最親的父母之身告訴
吾輩天人一氣，故人之性乃天之善。人須透過天最貼近然之倫常，表達對天
德的尊敬，由尊親進而尊天。

第二節　性為生之理

　　王夫之不直接由天地生人，而是透過父母之身陰陽和合產下人，藉由
具體形氣世界之父母論人之創生，表示其不再由虛懸之形上氣化之天論萬
物之創生與萬物之性理，而是由最具體之形氣世界的男女陰陽相和合之乾
坤之德來論人之性理。故王夫之言性，是在具體形氣世界之變化中討論。
本節說明王夫之性乃是指形氣之身中的生生之理，而非與形氣之身不相雜
之道德性理。

> 所謂「氣質之性」者，猶言氣質中之性也。質是人之形質，範圍著
> 者生理在內；形質之內，則氣充之。而盈天地閒，人身以內人身以

〔註19〕　（明）王夫之：〈可狀篇〉《張子正蒙注》，收入船山全書編輯委員會編校：《船
　　　　　山全書》第十二冊（湖南（長沙）：嶽麓書社，1991 年 12 月第一版），卷9，
　　　　　頁 369。

〔註20〕　（明）王夫之：〈乾稱篇〉《張子正蒙注》，收入船山全書編輯委員會編校：《船
　　　　　山全書》第十二冊（湖南（長沙）：嶽麓書社，1991 年 12 月第一版），卷9，
　　　　　頁 354～355。

外，無非氣者，故亦無非理者。理，行乎氣之中，而與氣爲主持分劑者也。故質以函氣，而氣以函理。質以函氣，故一人有一人之生；氣以函理，一人有一人之性也。若當其未函時，則且是天地之理氣，蓋未有人者是也。【未有人，非混沌之謂。只如趙甲以甲子生，當癸亥歲未有趙甲，則趙甲一分理氣，便屬之天。】乃其既有質以居氣，而氣必有理，自人言之，則一人之生，一人之性；而其爲天之流行者，初不以人故阻隔，而非復天之有。是氣質中之性，依然一本然之性也。〔註21〕

所謂「氣質之性」即人身氣質中之本性。質是人身之形質，此範圍有其生理在內。形質之內，則有氣充其體。然而盈天地間，人身之內外，無非氣，又因氣中有理，故身之內外亦無非理。所謂理，乃行乎氣之中，與氣爲主持分劑者，故質中函氣，而氣中函理。質中函氣，故一人有由天地之氣所生之形質之身；氣中函理，故一人有一人氣之理爲其本性。當其人身未生之前，即質中未函氣時，則只是天地之理氣。故人乃其既有此身之形質而可以居氣，此氣質之身中必有氣之理，若從人之角度言之，則一人之生，一人之性。然而初生之時天之流行，人初不因此形質之身故阻隔天人是一狀態。因此氣質中之性，是人本然之性。

以物喻之：質如笛之有笛身、有笛孔相似，氣則所以成聲者，理則吹之而合於律者也。以氣吹笛，則其清濁高下，固自有律在。特笛身之非其材，而制之不中於度，又或吹之者不善，而使氣過於輕重，則乖戾而不中於譜。故必得良笛而吹之抑善，然後其音律不爽。

〔註22〕

若以物比喻之，人身之形質如笛之有笛身、有笛孔相似，吹入之氣乃所以成聲，而理則吹而使之合於律。然以氣吹笛，則其清濁高下，本自有音律在。若此笛身之材質不善，且體制不合乎規格，而使笛聲不合於曲度。亦或是因爲吹之者技術不善，而使氣過於輕重，進而乖戾而不合於曲譜。故必得良笛而吹之抑善，然後其音律不差。

〔註21〕 （明）王夫之：〈陽貨篇 （一）〉《讀四書大全說・論語》，收入船山全書編輯委員會編校：《船山全書》第六冊（湖南（長沙）：嶽麓書社，1991 年 12 月第一版），卷 7，頁 857〜858。

〔註22〕 同上註，頁 858。

乃其有異於笛者，則笛全用其竅之虛，氣不能行於竹內。人之爲靈，
其虛者成象，而其實者成形，固效靈於軀殼之所竅牖，而軀殼亦無
不效焉。凡諸生氣之可至，則理皆在中，不猶夫人造之死質，虛爲
用，而實則糟粕也。〔註23〕

但人身異於笛者在於笛全用其竅之虛，而氣不能行於笛身形質之竹內。但人
身之爲靈，乃在於其性之虛者成象，而其身之實者成形體，本具之靈效於軀
殼之所竅之孔牖，而形體軀殼亦無不效於此靈。人之靈有其效於其身，乃因
凡人諸生氣之可至，則必有理皆在其中，不像人造死質之笛，其氣之虛爲用，
但笛身實則糟粕而無虛靈之效用。

蓋性即理也，即此氣質之理。主持此氣，以有其健順；分劑此氣，
以品節斯而利其流行；主持此質，以有其魂魄；分劑此質，以疏瀹
斯而發其光輝。即此爲用，即此爲體。不成一個性，一個氣，一個
質，脫然是三件物事，氣質已立而性始入，氣質常在而性時往來耶？
說到性上，一字那移，不但不成文義，其害道必多矣。〔註24〕

人形氣之身可得其靈之效，乃因其身中之性即氣質之理。此理主持此氣，使
之有其健順；並分劑此氣，以品節形氣之生發而利其生命之流行。再者，此
性之理主持此形質，使之有其魂魄；分劑此形質，使之疏瀹其耳目口鼻之用
而發其光輝。此身之中以此質爲用，此性爲體，體用之際，氣貫其中。故不
應將性、氣、質分作三件物事，當人之氣質已立則天命之性理亦始入，氣質
常在而性亦常在。

《易》曰「繼之者善也，成之者性也」，善在性先。孟子言性善，則
善通性後。若論其理，則固然如此，故朱子曰：「雖曰已生，然其本
體，初不相離也。」〔註25〕

因此《易》所謂「繼之者善也，成之者性也」，此善及天之理謂有人身及以流

〔註23〕　（明）王夫之：〈陽貨篇（一）〉《讀四書大全說·論語》，收入船山全書編輯
　　　　委員會編校：《船山全書》第六冊（湖南（長沙）：嶽麓書社，1991年12月第
　　　　一版），卷7，頁858～859。

〔註24〕　（明）王夫之：〈陽貨篇〉《讀四書大全說·論語》，收入船山全書編輯委員會
　　　　編校：《船山全書》第六冊（湖南（長沙）：嶽麓書社，1991年12月第一版），
　　　　卷7，頁863。

〔註25〕　（明）王夫之：〈滕文公上篇（二）〉《讀四書大全說·孟子》，收入船山全書
　　　　編輯委員會編校：《船山全書》第六冊（湖南（長沙）：嶽麓書社，1991年12
　　　　月第一版），卷8，頁959。

行於天地之間，固言在人性之先。而孟子所說的性善，則是天理之善通過形氣之身而有，故曰性後。若論其性之理，則固然如此，故朱子曰：「雖曰已生，然其本體，初不相離也。」

　　　　新安又云有「天地之性」一語乖謬。在天地直不可謂之性，故曰天
　　　　道，曰天德，緣天地無未生與死，則亦無生。其化無形埒，無方體，
　　　　如何謂之性！「天命之謂性」，亦就人物上見得。天道雖不息，天德
　　　　雖無閒，而無人物處則無命也，況得有性。〔註26〕

王夫之不贊同氣質之性外別有天地之性的說法。其認爲新安所云有「天地之性」一語乖謬。因爲在天地不可直謂之性，應曰天道，曰天德，因爲天地無未生與死，既無生，則其氣化無具體之形埒，故無方體，不可謂之性。因爲「天命之謂性」，需就具體成形之人或物上才見得。天道雖不息，天德亦無閒，但無人物處則無天命，更何況有性。

　　　　且新安之言天而並言地，尤爲不審。以體言之，則天地既不得以性
　　　　言矣。以化言之，則地有化迹，而化理一屬之天。故《中庸》但言
　　　　「天之所以爲天」，而不云「地之所以爲地」。地之所以爲地，亦天
　　　　之爲也。故曰「無成有終」。有終者，化之迹也；無成者，天成之也。
　　　　若就人性而言之，則性，天德也；氣，天化也；質，天以地成之者
　　　　也。【以，猶用也。】不得以天地並言，亦審矣。〔註27〕

再者，新安之言天而並言地，尤爲不審。以形體言之，則天地屬氣化，既不得以性言。再以氣化言之，則地已有氣化之迹，不是氣化之主體，乃承載氣化萬物者。故氣化之條理主掌者屬之天。故《中庸》只言「天之所以爲天」，而不云「地之所以爲地」。而地之所以爲地，亦是天所創。故曰「無成有終」。所謂有終者，表天之化有具體已成之迹；所謂無成者，乃因天無固定之化，可成無限萬有之形。但若就人性而言之，則人之性乃天所命，故同於天之道德內涵；人之氣乃通於天所化生萬物之太和之氣；人之形質，則透過天之氣化而以地成之。由上可知，人之性、氣、質各有其所自故不得以天地並言，而渾合爲一。

〔註26〕　（明）王夫之：〈陽貨篇（三）〉《讀四書大全說・論語》，收入船山全書編輯
　　　　委員會編校：《船山全書》第六冊（湖南（長沙）：嶽麓書社，1991年12月第
　　　　一版），卷7，頁863～864。
〔註27〕　同上註，頁864。

蓋性者，生之理也。均是人也，則此與生俱有之理，未嘗或異：故
仁義禮知之理，下愚所不能滅，而聲色臭味之欲，上智所不能廢，
俱可謂之爲性。〔註28〕

然而王夫之認爲性者即生之理也。凡爲人則此乃與生俱有之理，未嘗有異。
王夫之認爲人性之內涵爲仁義禮智之理，下愚亦不能滅。形質之身有聲色臭
味之欲，上智所不能廢，俱可謂之爲性。王夫之並不反對人性有聲色臭味之
欲，但其更強調此聲色臭味之欲中具有仁義禮智之條理，此乃人性之特色與
光輝。吳廷翰云：

蓋天之生人，已有此性也。性成而形，雖形亦性。然不過一氣而已。
其氣凝而有體質者，則爲人之形，凝而有條理者，則爲人之性。

〔註29〕

吳廷翰認爲天之生人，已有此性。形體創生之時此性已成，雖有形之身中存
有無形之性。形與性同爲一氣所生。人得此天氣而生，其氣凝而有此形氣之
身，而天氣中之條理內貫爲人性之條理，故人之初生即具有此「氣質之性」。

人之生也，氣已成形，形以載氣，所交徹乎形氣之中，綿密而充實，
所以成、所以載者，有理焉，謂之「存存」。〔註30〕

形而下者人之性，形而上者天之理，故曰「衷」、曰「降」。非其麗
乎人而迷離乎天也，天下逮於人，人之「衷」即天之「衷」也。

〔註31〕

古之知性者，其惟自見其衷乎！仁、義、禮、智，以爲實也；大中、
至正，以爲則也。闇然而日章，以內美也；和順積中而英華發外，
以充美也，故曰「乾坤，易之縕邪！」變易者其表之文，健順者其
裏之著與！〔註32〕

〔註28〕　（明）王夫之：〈誠明篇〉《張子正蒙注》，收入船山全書編輯委員會編校：《船
　　　　　山全書》第十二冊（湖南（長沙）：嶽麓書社，1991 年 12 月第一版），卷 3，
　　　　　頁 128。

〔註29〕　（明）吳廷翰：《吳廷翰集・吉齋漫錄》，（北京：中華書局，1982 年 2 月），
　　　　　卷上，頁 39。

〔註30〕　（明）王夫之：《尚書引義・湯誥》（長沙：岳麓書社，2011 年 1 月），卷 3，
　　　　　頁 294。

〔註31〕　同上註。

〔註32〕　同上註，頁 295。

人之創生，表氣已成形，形中載氣，故氣與形兩互相交徹於形氣之身中，兩者關係是綿密而充實，所以身之形成、形氣之身中載理，此乃謂之「存存」。然形而下者爲人之性，形而上者爲天之理，故曰「衷」、曰「降」。古之所謂知性者，表其自見其身中從天所「降」之「衷」。然而此天所「降」之「衷」以仁、義、禮、智爲其內涵之實；以大中、至正爲其行事之則。因性內涵之「衷」不可見，故闇然，但當性之仁、義、禮、智之「衷」表現爲大中、至正的行事之則，則是顯而易見故曰「日章」。故天所「降」之「衷」可讓人性之德明麗，卻不曾片刻與天德迷離。

> 而或受於形而上，或受於形而下，在天以其至仁滋人之生，成人之善，初無二理。但形而上者爲形之所自生，則動以清而事近乎天；
> 形而後有者資形起用，則靜以濁而事近乎地。〔註33〕

王夫之認爲性乃受於形而上之天理，形乃受於形而下之氣。形而上之天，以其陰陽不息之變合創生人物之形，並以其生生之仁理「降」於人身爲人性仁、義、禮、智之「衷」，故形上之仁理滋養人身之生命外，更成人性之善，但無論形而下人性之「衷」或形而上天之至仁，初無二理，因無論形上之天、形下之人身，皆只是一陰陽渾合創生不已的太和一氣，太和之氣流行於兩間，且貫通有形之身、無形之天。形而上者乃形之所從生，其動以清而事故近乎天之乾，形而後有者，須資形生用，其靜以濁而事近乎地之坤。人性之內以仁、義、禮、智之實爲美；當人性之仁、義、禮、智之「衷」表現爲外顯的大中、至正行事之則時，其和順之表現乃積中而英華發外，故可以充實性內涵之美，而此內涵之美乃是合於氣化陰陽之大易生生無窮的乾坤之德，故曰「乾坤，易之縕邪！。」然而陰陽之變易者，乃性表現爲外之「文」，而易之健順者爲裏於性內之「著」。

> 天所命人而爲性者，即以其一陰一陽之道成之。即一非二曰通，此外無離曰極。人生莫不有性，皆天道也，故仁義禮智與元亨利貞無二道。〔註34〕

天以其一陰一陽之道，命其道德內涵於人身而成人之性。天道與人性之內涵

〔註33〕（明）王夫之：〈誠明篇〉《張子正蒙注》，收入船山全書編輯委員會編校：《船山全書》第十二冊（湖南（長沙）：嶽麓書社，1991年12月第一版），卷3，頁128。

〔註34〕同上註，頁118。

是一非二，故可曰通。兩者內涵因透過命之降而相通外，兩者的道德內涵皆是純粹無雜，故可曰極。人之生莫不有其性，人之性皆透過天道所成，故人性之仁義禮智與天道之元亨利貞並無二道。

> 形而上者，亙生死、通晝夜而常伸，事近乎神；形而後有者，因於形而固將竭，事近乎鬼；則一屈一伸之際，理與欲皆自然而非由人爲。〔註35〕

形上之天其神乃亙生死、通晝夜故爲常伸之生生。形下之人身困於身之形質有將竭之日，而於其死後爲屈而人生無創生之動能者爲鬼。然此鬼神一屈一伸之際，人身中具道德義之理與自然之欲皆爲天氣所生，皆自然而然之情狀，非由人爲。

> 人之死也，魂升於天，魄降於地，性之隱也；，未嘗亡而不得存者，與魂升，與魄降，因其屈而以爲鬼神。故鬼神之與人，一也。鬼神之誠，流動充滿，而人之美在中也。其屈也，鬼神不殊於人，而其德惟盛。其存也，人亦不殊於天，而其性以恆。然則此「衷」也，固非但人之「衷」，而亦天之「衷」矣。〔註36〕

人死魂升於天，魄降於地，性之隱然不可見之狀，其實性未嘗亡而不得存者，因爲性與天之本質相通，故可與魂升，與魄降，因人死屈而以爲鬼神。故鬼神之與人，一也。鬼之屈與神之伸，乃鬼神之誠，其表現流動充滿，而人性之美善亦在此鬼神屈伸之中呈現。人死而屈，鬼神不異於人，而其德惟盛。人存而伸，人亦不殊於天，因人性中有與天同永恆不變之善德。然則此「衷」也，固非但人之「衷」，而亦天之「衷」矣。故人性之德不受生死影響。

> 在天謂之理，在天之授人物也謂之命，在人受之於氣質也謂之性。若非質，則直未有性，何論有寓無寓？若此理之日流行於兩閒，雖無人亦不憂其無所寓也。若氣，則雖不待人物之生，原自充塞，何處得簡非氣來？即至於人之死也，而焄蒿悽愴、昭明於上者，亦氣

〔註35〕　（明）王夫之：〈誠明篇〉《張子正蒙注》，收入船山全書編輯委員會編校：《船山全書》第十二冊（湖南（長沙）：嶽麓書社，1991年12月第一版），卷3，頁128。

〔註36〕　（明）王夫之：《尚書引義・湯誥》（長沙：岳麓書社，2011年1月），卷3，頁294。

也。且言「寓」，則性在氣質中，若人之寓於館舍。今可言氣質中之性，以別性於天，實不可言性在氣質中也。〔註37〕

王夫之云：「新安云『性寓於氣質之中』，不得已而姑如此言之可也；及云『非氣質則性安所寓』，則舛甚矣。〔註38〕」其認為新安云「性寓於氣質之中」，此乃謂說解方便而不得已，姑且如此言之。但其反對「非氣質則性安所寓」之說。氣質與性是一而非二，且合而無虛縫。因此氣中之理在天稱為理，當天氣化創生將此理授之於人物，則稱為命，而人受此理於其身之氣質中，則稱作性。若無此形質，則未有所謂性之生，故何論有寓無寓？但當此理隨氣化之日流行於兩閒，即使無人身亦無須憂慮氣化之理無所寓。若就氣言，則雖不待人物形氣之創生，原自充塞於天地之間。即至於人之死後，其形體散而化為焄蒿之氣，進而表達悽愴並昭明於氣化之天。而且若言「寓」，則性在氣質中，好比人之行旅時寄寓於館舍，兩者乃偶合，而非必然。今言氣質中之性，乃是為了別性於天，實不可言性在氣質中。

> 乃有質則氣必充，有氣則理必在，雖殊之以其氣質之相函相吹，而
> 不能殊之以性。是故必云氣質中之性，而後程子之意顯。〔註39〕

王夫之認為性與氣質兩者關係乃有質則氣必充，有氣則理必在，兩者雖不同，但以其氣質之相函相吹，而不能說人身具有天地之性與氣質之性此不同的兩性，卻必云氣質中之性。

> 孟子惟並其相近而不一者，推其所自而見無不一，故曰「性善」。孔
> 子則就其已分而不一者，於質見異而於理見同，同以大始而異以殊
> 生，故曰「相近」。乃若性，則必自主持分劑夫氣者而言之，亦必自
> 夫既屬之一人之身者而言之。孔子固不舍夫理以言氣質，孟子亦不
> 能裂其氣質之畛域而以觀理於未生之先，則豈孔子所言者一性，而
> 孟子所言者別一性哉？〔註40〕

〔註37〕 （明）王夫之：〈陽貨篇（二）〉《讀四書大全說・論語》，收入船山全書編輯委員會編校：《船山全書》第六冊（湖南（長沙）：嶽麓書社，1991年12月第一版），卷7，頁863。

〔註38〕 同上註，頁863。

〔註39〕 （明）王夫之：〈陽貨篇（一）〉《讀四書大全說・論語》，收入船山全書編輯委員會編校：《船山全書》第六冊（湖南（長沙）：嶽麓書社，1991年12月第一版），卷7，頁859。

〔註40〕 同上註，頁862。

王夫之就現實人身形質各不同，來論氣質之性。孟子由人形質創生前，推論人性之所從來者，可見其無不一，故曰「性善」。孔子則就人形質已分之後，人人不一，故其於人形質見其異，而於人性之理見其同，人之所同在於創生之大始的天命，而人之異則在有生之後以形質之殊，故曰「相近」。人之性乃主持其自身形氣之分劑者，故必屬之於一人之身。孔子本不捨理而言氣質，孟子論性亦不能除去氣質之範圍與界限，而以觀理於人未生之先。故孔子所言之性與孟子所言者皆同一氣質之性，只是論述角度不同。

> 故告子謂食色爲性，亦不可謂爲非性，而特不知有天命之良能爾。
>
> 若夫才之不齊，則均是人而差等萬殊，非合兩而爲天下所大總之性，性則統乎人而無異之謂。〔註41〕

告子以人身中氣質之食色爲人之性，王夫之認爲其所言之性亦不可謂爲非性，知覺運動之食色性乃人人皆有，因人身須藉由外物之資而生。但告子特不知人獨有天命良能之善性，此乃人可爲萬物之靈之由。若論形質之才乃萬有不齊，但皆同爲人，則其質有差等萬殊，但論其本性則只要統稱乎人，其本性皆無異。

> 朱子又云：「口腹之人，不時也食，不正也食，失飪也食，便都是人欲。」此其說愈疎。世自有一種忽然高簡之士，將衣食作沒緊要關切看，便只胡亂去。如王介甫之蝨緣鬚而不知，蘇子瞻在嶺外，食湯餅不顧粗糲。將他說作人欲，甚則名之爲口腹之人，固必不可，只是天理上欠缺耳。〔註42〕

王夫之引朱子所云：「口腹之人，不時也食，不正也食，失飪也食，便都是人欲。」認爲此說法不夠精確。王夫之認爲世間有一種太過自命清高簡樸之士，將衣食當作沒緊要關切看，便只胡亂去除。如王介甫蝨緣鬚而不知，蘇子瞻在嶺外食湯餅不顧粗糲。固必不可將這情形看作人欲，甚至名之爲口腹之人，此情形只是於天理上有欠缺。

> 乃於此處簡點天理，令無欠缺，也急切難分曉在。如魚餒肉敗，那

〔註41〕　（明）王夫之：〈誠明篇〉《張子正蒙注》，收入船山全書編輯委員會編校：《船山全書》第十二冊（湖南（長沙）：嶽麓書社，1991 年 12 月第一版），卷3，頁 128。

〔註42〕　（明）王夫之：〈鄉黨篇（三）〉《讀四書大全說·論語》，收入船山全書編輯委員會編校：《船山全書》第六冊（湖南（長沙）：嶽麓書社，1991 年 12 月第一版），卷5，頁 745。

些見得天理上必不當食？無已，則傷生之說盡之矣。衛生固理也，而舉食中之天理，盡之於衛生，則亦褊甚。到此，卻須徹根徹底，見得聖人正衣服、慎飲食一段靜存動察、極密極實之功，所謂「致中和」者，即此便在，方於作聖之功，得門而入。〔註43〕

王夫之認為於此衣食口腹處簡點天理，令無欠缺，是急切而難分曉。如一般生活中魚餒肉敗，那些又是見得天理而當食？若無合於天理，則不食，此乃傷生之說。衛生固合於理，但舉凡食中之天理，盡之於衛生，以此論之，其論點亦太狹隘。故由此可見得聖人於正衣服、慎飲食一段靜存動察、極密極實之功，即所謂「致中和」，即此便在，此乃方於作聖之功，得門而入。王夫之云：「聖人敬其身以建中和之極，故曰：『以天產作陰德，以中禮防之；以地產作陽德，以和樂防之。』中和養其氣，而禮樂亦報焉，交相成也。〔註44〕」王夫之並不反對告子所謂食色為性，然而聖人正衣服、慎飲食在於其食色必須合乎天理之則，故敬其身以建中和之極，進而可養其身之形質。戴震云：

與天地通者生，與天地隔者死。以植物言。葉受風日雨露以通天氣，根接土壤以通地氣。以動物言，呼吸通天氣，飲食通地氣。人、物於天地，猶然合如一體。〔註45〕

戴震亦認為形氣之動植物虛藉由「外氣」之「風日雨露」與「飲食」來養其形氣之身，以通天地，才可維持其生命，否則將如其所言「與天地隔者死」。高攀龍云：

鼻息呼吸乃闔闢之機也，非真元之氣。真元之氣生生不息。〔註46〕

高攀龍認為「鼻息呼吸」是元氣之神在形氣之身之表現。所以其言「闔闢之機」即是形氣中所具元氣生生不測之表現，而元氣生生不測之表現者為「神」之作用。但此「闔闢之機」是形氣中之神，故有隨形體凋敝而有「機息」之日，故其特別說明「鼻息呼吸」非真元之氣。而「真元之氣」之神是生生不

〔註43〕（明）王夫之：〈鄉黨篇（三）〉《讀四書大全說・論語》，收入船山全書編輯委員會編校：《船山全書》第六冊（湖南（長沙）：嶽麓書社，1991 年 12 月第一版），卷 5，頁 745。

〔註44〕同上註，頁 746。

〔註45〕（清）戴震：《戴震集・答彭進士允初書》，（台北：里仁書局，1980 年），頁171。

〔註46〕（明）高攀龍：《高子遺書・會語》，（台北：臺灣商務印書館，1983 年，影印《文淵閣四庫全書》本），卷 5，頁 417。

息。「眞元之氣」即王夫之的「太和」絪縕之氣中健順之常乃其本有，故可生生不息。在有生之日，「鼻息呼吸」須藉由取資於外物的滋養，才得以維持其形氣之身的生命運作。

> 天以其陰陽五行之氣生人，理即寓焉而凝之爲性。故有聲色臭味以厚其生，有仁義禮智以正其德，莫非理之所宜。聲色臭味，順其道則與仁義禮智不相悖害，合兩者而互爲體也。〔註47〕

天以其陰陽五行之氣生人，其陰陽之神理即寓於其中且凝之爲人之性。故形質之身有聲色臭味以厚其生，氣中性之生理有仁義禮智以正其德，莫非理之所宜。然而聲色臭味，亦是順天道而來故本則與仁義禮智不相悖害，合兩者而互爲體用。

> 天地之性，太和絪縕之神，健順合而無倚者也。即此氣質之性，如其受命之則而不過，勿放其心以徇小體之攻取，而仁義之良能自不可揜。蓋仁義禮智之喪於己者，類爲聲色臭味之所奪，不則其安佚而惰於成能者也。制之有節，不以從道而奚從乎！天地之性原存而未去，氣質之性亦初不相悖害，屈伸之間，理欲分馳，君子察此而已。〔註48〕

天地之性乃太和絪縕之神，其健順合而無倚者。而氣質之性本受命於太和之氣而無過，但勿放其心之神而徇耳目口鼻小體之攻取，並且不可揜仁義本性之良能。當仁義禮智之喪於己知小體，乃爲聲色臭味之所奪，仁義本性之良能則安佚而惰於成其能。故對於人口鼻小體之攻取應從道而制之有節。故氣化條理的天地之性原本存於人身，而從未離去。氣質之性在人出生之初，原與天地之性不相悖害，但屈伸之間，理欲分馳，君子應謹愼審察之。

> 氣質者，氣成質而質還生氣也。氣成質，則氣凝滯而局於形，取資於物以滋其質；質生氣，則同異攻取各從其類。故耳目鼻口之氣與聲色臭味相取，亦自然而不可拂違，此有形而始然，非太和絪縕之氣、健順之常所固有也。舊說以氣質之性爲昏明強柔不齊之品，與程子之說合。今按張子以昏明強柔得氣之偏者，繫之才而不繫之性，

〔註47〕　（明）王夫之：〈誠明篇〉《張子正蒙注》，收入船山全書編輯委員會編校：《船山全書》第十二冊（湖南（長沙）：嶽麓書社，1991年12月第一版），卷3，頁121。

〔註48〕　同上註，頁128。

故下章詳言之，而（頁 128）此言氣質之性，蓋孟子所謂口耳目鼻
之於聲色臭味者爾。〔註49〕

人有此氣質之身，天地之氣創生而成人身之形質，當人身凋敝時，則此形質
還復爲人生之前的天地生生之氣。但當此天地之氣生生不已地凝結而成形質
萬物，則無形之陽氣凝滯而局於陰濁之形，必須取資於物以滋其質。形氣之
質生氣，則因其形之耳目鼻口有其食色之悅而有同異攻取各從其類。即耳目
鼻口之氣與聲色臭味相取，此形氣之人身本所具有之本性亦自然而不可拂
違，而且此性乃有形質而始然，此非形氣之先太和絪縕之氣中健順之常所本
有也。

太虛之氣，無同無異，妙合而爲一，人之所受即此氣也。故其爲體，
湛定而合一，湛則物無可撓，一則無不可受。學者苟能凝然靜存，
則湛一之氣象自見，非可以聞見測知也。〔註50〕

氣之與神合者，固湛一也，因形而發，則有攻取，以其皆爲生氣自
然之有，故皆謂之性。生以食爲重，故言飲食臭味以該聲色貨利。
〔註51〕

太虛之氣，無同無異，氣中神與氣協，妙合而爲一，人之所受即此氣而生也，
人以此太虛之體爲其性。然此太虛之體性乃氣之與神合者，固湛一。然人之
有此身，則因身之形質之耳目鼻口而對外物則有聲色臭味好惡之攻取，以其
皆爲生氣自然之有。人之生以食爲重，故言飲食臭味以涵蓋聲色貨利之攻取。
但若能凝性中仁義禮智生理不逐物外求而靜存修養己身，故可湛定而合一，
若湛則則外物無可撓其身耳目鼻口而有聲色貨利之攻取，即湛一則不執著於
一己之愛，而無物不可受，物物皆可滋養其身。

蓋不正之服食，始以不正之心，失其本然之節，胡亂衣之、食之，
此內不能制外也。迨其衣不正之衣而心隨以蕩，食不正之食而性隨
以遷，此外不能養內也。內外交養，缺一邊則不足以見聖。且如今
人衣紅紫綺麗之服，此心便隨他靡靡搖搖去；衣葛而無所表出，此

〔註49〕　（明）王夫之：〈誠明篇〉《張子正蒙注》，收入船山全書編輯委員會編校：《船
山全書》第十二冊（湖南（長沙）：嶽麓書社，1991年12月第一版），卷3，
頁127～128。
〔註50〕　同上註，頁123。
〔註51〕　同上註。

心便栩栩軒軒去。即此推之，凡服之不衷者，皆足以生人驕奢僭忒
之心；服之不盛者，皆足以生人苟且猥下之心。況於食之於人，乃
以生氣，氣清則理晰，氣濁則理隱，氣充則義立，氣餒則義喪：諸
能使氣濁而不充者，豈但傷生，而抑以戕性矣。〔註52〕

不合於天理的不正之服食，乃始於不正之心，失其本然之節制，故胡亂衣之、
食之，此乃內在之性理不能制外在之服食也。但若等到其衣不正之衣而心隨
以蕩，食不正之食而性隨以遷，此外不能養內也。內外交養，缺一則不足以
見聖功。如今人著紅紫綺麗之服，此心便隨他靡靡搖搖去；衣夏衣無加外衣
而出，此心便生動可喜自得離去。由此推之，凡服之不當者，皆足以產生人
驕奢僭越之心；衣服不繁盛則足以使人產生不合禮法的苟且卑賤之心。更何
況食之於人，乃是爲生氣，如所生之氣清則理晰，氣濁則理隱，氣充則義立，
氣餒則義。若所生之氣使氣濁而不充其身，不僅損傷生命，更是戕害身中的
天地之性。

膏粱之子，衣錦紈，食甘脆，則情必柔弱。田野之夫，衣草木，食
藜藿，則氣必戇鄙。故夫子之容色言動，施之於上下親疏而中其等
者，以吾心之宜制事也；飲食衣服，必期於正而遠其鹵莽者，以事
物之宜養心也。內外交相養而無有忒者，聖功也。內外得所養而自
不忒者，聖德也。〔註53〕

富貴人家的子弟，穿色彩鮮豔、有各種花紋圖案細緻而有光澤的綢絹，食甘
美爽口的滋味，則其情必柔弱而不夠堅強。鄉間田野之平民百姓，穿草木所
編織成的衣服，吃野菜，則其氣質必痴愚剛直而粗鄙。故孔子於容色言動中
施之於上下親疏而中其等之衣食，以其心之宜來制事。故於飲食衣服，必期
於正而遠其鹵莽者，可以事物之宜來養心性。內外交相養而無有過失，乃聖
功也。內外得所養而自無差錯，即聖德也。

程子固以孟子言性未及氣稟爲不備矣，是孟子之終不言氣稟可知
已。且孟子亦但曰「口之於味」云云爾，未嘗自其躭於嗜欲者言之
也。「口之於味」，其貪食而求肥甘者，信非理矣。今但言「口之於

〔註52〕（明）王夫之：〈鄉黨篇（三）〉《讀四書大全說·論語》，收入船山全書編輯
委員會編校：《船山全書》第六冊（湖南（長沙）：嶽麓書社，1991 年 12 月第
一版），卷 5，頁 745～746。

〔註53〕同上註，頁 746。

味」，則已飢渴之飲食，與夫食精膾細之有其宜者，亦何莫非理！
〔註54〕

程子本以孟子言性未言及氣稟而認為其說不完備。孟子論性終不言氣稟，故可明程子之說。然而孟子有言「口之於味」云云爾，知其不曾自眈於嗜欲。而所謂「口之於味」若是貪食而求肥甘，實非理也。今若言「口之於味」則是已飢渴之飲食與食精膾細卻是合宜而有節制，則是人生所必須之資，故為天理而非人欲！

> 德性者，非耳目口體之性，乃仁義禮智之根心而具足者也。常存之於心，而靜不忘，動不迷，不倚見聞言論而德皆實矣。〔註55〕

> 仁義，善者也，性之德也。心含性而效動，故曰仁義之心也。仁義者，心之實也，若天之有陰陽也。〔註56〕

仁義乃天道之善，經天命而為人性之德。性即存有極活動，故其中有神之生生良能之心，天之神中有陰陽兩體性於人性之生理內涵則稱為仁義，此仁義之善乃蘊涵於心，故稱為心之實，此即人之善性，然此心具天之神陰陽和合之動能，故含性而效動，而此心之良能主要表現仁義之內涵，故曰仁義之心也。而人之生理雖須食色性之資養，可透過此仁義之心抉擇合宜者與節制使之不會過與不及，此氣質之生理合於天理之表現而不墮入人欲。

第三節　性無不善而才非有罪

　　本節王夫之探討對「才」的看法，「才」是人的耳目口體的效能和清濁通塞等氣稟，「才」的重點是「效」是「能」，效成乎事，有功於「性」。然而「才」乃形成於一氣流行之時位時升降，故有清濁通塞，並非天地之健順之氣。人運用其「才」之時，往往聽命於情，故王夫之認為「惡」之來

〔註54〕（明）王夫之：〈盡心下篇（四）〉《讀四書大全說・孟子》，收入船山全書編輯委員會編校：《船山全書》第六冊（湖南（長沙）：嶽麓書社，1991 年 12 月第一版），卷 10，頁 1139。

〔註55〕（明）王夫之：〈天道篇〉《張子正蒙注》，收入船山全書編輯委員會編校：《船山全書》第十二冊（湖南（長沙）：嶽麓書社，1991 年 12 月第一版），卷 2，頁 72。

〔註56〕（明）王夫之：〈梁惠王上篇（一）〉《讀四書大全說・孟子》，收入船山全書編輯委員會編校：《船山全書》第六冊（湖南（長沙）：嶽麓書社，1991 年 12 月第一版），卷 8，頁 893。

源不是「才」，而「情」才是罪惡之源，故王夫之解除氣稟之「才」的原罪。

> 孟子以耳目之官爲小體，而又曰「形色，天性也」。若不會通，則兩
> 語坐相乖戾。蓋自其居靜待用、不能爲功罪者而言，則曰「小體」；
> 自其爲二殊、五實之撰，即道成器以待人之爲功者而言，則竟謂之
> 「天性」。西山謂「才不可以爲惡」，則與孟子「小體」之說相背；
> 程子以才稟於氣，氣有清濁，歸不善於才，又與孟子「天性」之說
> 相背。〔註57〕

孟子以耳目之官爲小體，但又曰「形色，天性也」。兩語若不會通，則坐相乖
戾。故孟子所謂的居靜待用、不能爲功而有罪者，即稱作形色之「小體」；從
太和之氣二殊、五實陰陽相合之道所創生而成之器，等待人爲其功者，則稱
作「天性」。而西山謂「才不可以爲惡」此與孟子「小體」之說相背，因爲小
體之形色有爲惡之可能，故「若云氣稟之累，眾人所以不能如君子，孟子言
性，從不以氣稟之性爲言，先儒論之詳矣。〔註58〕」此外，程子以「才」稟
於氣，氣有清濁，將不善歸之於「才」，又與孟子「天性」之說相背。因「才」
並非有一定爲惡之可能。

> 程子將性分作兩截說，只爲人之有惡，豈無所自來，故舉而歸之於
> 氣稟。孟子說性，是天性。程子說性，是己性，故氣稟亦得謂之性。
> 乃抑云「性出於天，才出於氣」，則又謂氣稟爲才，而不謂之性矣。
> 〔註59〕

程子將性分作兩截說，只爲說明人惡之所從來，並將之歸於氣稟。至於孟子
說性善，則是純言天命之善性，不涉及氣稟；程子所說性，則是己形氣之身
的氣質之性，故就程子所言，氣稟亦得謂之性，故程子認爲「性出於天，才
出於氣」，而稱氣稟爲才，而不謂之性。

> 盡天下無非理者：只有氣處，便有理在。盡吾身無非性者：只有形處，

〔註57〕（明）王夫之：〈告子上篇（一四）〉《讀四書大全說・孟子》，收入船山全書
編輯委員會編校：《船山全書》第六冊（湖南（長沙）：嶽麓書社，1991年12
月第一版），卷10，頁1071。

〔註58〕（明）王夫之：〈盡心上篇（一八）〉《讀四書大全說・孟子》，收入船山全書
編輯委員會編校：《船山全書》第六冊（湖南（長沙）：嶽麓書社，1991年12
月第一版），卷10，頁1129。

〔註59〕（明）王夫之：〈滕文公上篇（二）〉《讀四書大全說・孟子》，收入船山全書
編輯委員會編校：《船山全書》第六冊（湖南（長沙）：嶽麓書社，1991年12
月第一版），卷8，頁959。

性便充。孟子道箇「形色，天性也」，忒煞奇特。此卻與程子所論「氣
稟之性有不善」者大別。但是人之氣稟，則無有不善也。〔註60〕

為何「才」非有一定為惡之可能。因為在一氣流行中，只有氣處，便有理在，
故天下無非理者。若依此論之，吾身整體亦無非性者，因為只要有形氣之處，
此形氣之理之性便充塞身體。孟子「形色，天性也」之說忒煞奇特。此與程
子所論「氣稟之性有不善」之說大別，但兩者說法只是因為著眼之角度不同，
而王夫之提出其看法：乃人之氣稟，則無有不善也。

一動一靜，皆氣任之。氣之妙者，斯即為理。氣以成形，而理即在
焉。兩閒無離氣之理，則安得別為一宗，而各有所出？氣凝為形，
其所以成形而非有形者為理。夫才，非有形者也；氣之足以勝之，
亦理之足以善之也。不勝則無才，不善抑不足以為才。是亦理氣均
焉，審矣。寂然不動，性著而才藏；感而遂通，則性成才以效用。
故才雖居性後，而實與性為體。性者，有是氣以凝是理者也。其可
云「才出於氣」而非理乎？〔註61〕

太和之氣其一動一靜，皆由氣來主導。而氣之一動一靜變化不測之妙，乃因
此氣中有其一定之理。當一氣流行創生形氣之人物，此氣中之理亦同時凝於
形氣之人物中。因為氣在理在，因此無論有形無形，兩閒皆無離氣之理，故
人之形與性皆同出於太和一氣。氣凝結為形，其所以成形之中，非有形者為
其理。所謂的「才」，即非有形者，則氣之足以克制之而往惡之方向，而理亦
足以引導使之為善。因為氣之不勝則「才」無生生動能，但若不以理引導為
善，抑不足以讓「才」表現其合宜之用。善之「才」則是理氣均衡而無過與
不及之狀態。當氣之靜時，寂然不動，性顯而才隱；氣之動時，感而遂通，
則性隱於才中，「才」循此性之理表現其合理之效用。故才雖居於性之後，但
實則與性同為一體。所謂性者，乃氣之凝而有此氣之理者也。因氣中必含氣
之條理，既然說「才出於氣」，故此「才」中怎會無理。

耳聰、目明、言從、動善、心睿，所謂才也，則皆理也，而僅氣乎

〔註60〕 （明）王夫之：〈盡心上篇（二○）〉《讀四書大全說・孟子》，收入船山全書
編輯委員會編校：《船山全書》第六冊（湖南（長沙）：嶽麓書社，1991 年 12
月第一版），卷 10，頁 1131。

〔註61〕 （明）王夫之：〈泰伯篇（四）〉《讀四書大全說・論語》，收入船山全書編輯
委員會編校：《船山全書》第六冊（湖南（長沙）：嶽麓書社，1991 年 12 月第
一版），卷 5，頁 716。

哉？氣只是能生，氣只是不詘，氣只是能勝；過此以往，氣之有功
者皆理也。德固理也，而德之能生、不詘而能勝者，亦氣也。才非
不資乎氣也，而其美者即理也。理氣無分體，而德才有合用。不驕、
不吝，所以善吾才，即所以成吾德，曾何歧出溝分之有！〔註62〕

人形氣之身耳聰、目明、言從、動善、心睿之表現，即是所謂「才」，則亦性
理之表現，非僅有氣而無理在。因氣中若無理，依其本質，就只是強而有力
一味展現生發之動能，不會詘而有節，故氣之表現若無理引導之功，則恐有
爲惡之可能。德本然就是理之表現，但純理而無氣，則無法創生道德、而能
不詘而勝之生生不絕者，也只能藉由氣。故人之「才」不是不資生於氣，但
若要「才」美，則須藉由形氣之身的性理引導它。故理氣無分體，德須與才
合而無間，始可展現「才」之大用。若能以不驕、不吝之態度，面對其「才」，
即是善用吾身之才，足以成吾身之德。

蓋才生於氣，性依於道。氣之塞乎兩閒者，即以配道而無不足；而纔
言性即是人之性，纔言道即是人之道。氣外無性，亦無道也。〔註63〕

由「才生於氣，性依於道」，可知太和之氣塞乎有無兩閒，其氣化生物乃配天
道之理，故而無物不生，無物不含其天理爲內含，故無所欠缺。若言性，乃
就人身而論其氣質之性，更無所謂天地之性與氣質之性的差別或是性「寓」
於氣質之中的說法。但若言道，即是人率性之道。故氣外無性，亦無道，性
與道都是就人身此之形氣之質而言。

慶源「才小道大」之說甚爲鹵莽，又云「才出於氣而有限」，則不但
誣才，而且以誣氣矣。孟子之言「小有才」，才本不小，有之者小，
即是不能盡其才，若才則何病之有！生人之才，本足以盡舉天下之
道。天下之道，皆斯人以才率其性所闢之周行。若才所不至，則古
今必無有此成能，又何者爲道？〔註64〕

王夫之認爲慶源所謂「才小道大」之說甚爲鹵莽，其又云「才出於氣而有限」，

〔註62〕　（明）王夫之：〈泰伯篇（四）〉《讀四書大全說·論語》，收入船山全書編輯
　　　　　委員會編校：《船山全書》第六冊（湖南（長沙）：嶽麓書社，1991年12月第
　　　　　一版），卷5，頁717。

〔註63〕　（明）王夫之：〈盡心下篇（五）〉《讀四書大全說·孟子》，收入船山全書編
　　　　　輯委員會編校：《船山全書》第六冊（湖南（長沙）：嶽麓書社，1991年12
　　　　　月第一版），卷10，頁1141。

〔註64〕　同上註，頁1140～1141。

此則不只誣衊才，更是誣衊氣。孟子言「小有才」，其實「才」本不小，所謂有之者小，乃是不能盡其身之「才」！太和之氣創生形氣人身之「才」，有生之初本具足以完全表現天下之道的才能。故天下之道，須藉由人之才以率其性，進而開闢創造周全之德行。若人之「才」表現不到之處，則古今一定無成德之能，故又怎能完成道德表現。

> 盆成括之小有才也，替才所本大者而小之，以其小體之聰明爲才所見功之地，而未聞君子之大道，則才之所可爲而不能盡者多矣。君子之道，以才弘之則與鬼神同其吉凶，聰明睿知極其量則健順剛柔成其能，何至嬰禍而以咎其才哉！〔註65〕

盆成括之「小有才」之說，乃才之所本大，卻小看之。因爲其以小體之聰明爲「才」所見功之地，而未知曉君子之大道，則「才」之所可爲而不能盡者多。君子之道，乃是藉由「才」弘道，則可與鬼神同其吉凶，聰明睿知極其量則健順剛柔成其性之能，故不可將人之觸犯災禍之因歸咎於人之「才」！

> 「君子所性」一「所」字，豈是因前二「所」字混帶出底，亦須有意義在。《集註》云「氣稟清明，無物欲之累」；《語錄》謂「君子合下生時，者個根便著土；衆人則合下生時，便爲氣稟物欲一重隔了」。如此，則竟以「所」字作「之」字看。上云「所性不存焉」，若作「之」字說，則君子之性不存於「大行」，衆人之性存於「大行」乎？「所欲」者，以之爲欲也。「所樂」者，以之爲樂也。「所性」者，率之爲性也。〔註66〕

孟子曰：「廣土衆民，君子欲之，所樂不存焉。中天下而立，定四海之民，君子樂之，所性不存焉。君子所性，雖大行不加焉，雖窮居不損焉，分定故也。君子所性，仁義禮智根於心。其生色也，睟然見於面，盎於背，施於四體，四體不言而喻。〔註67〕」朱子云：「蓋氣稟清明，無物欲之累，則性之四德根

〔註65〕（明）王夫之：〈盡心下篇（五）〉《讀四書大全說‧孟子》，收入船山全書編輯委員會編校：《船山全書》第六冊（湖南（長沙）：嶽麓書社，1991 年 12月第一版），卷 10，頁 1141。

〔註66〕（明）王夫之：〈盡心上篇（一八）〉《讀四書大全說‧孟子》，收入船山全書編輯委員會編校：《船山全書》第六冊（湖南（長沙）：嶽麓書社，1991 年 12月第一版），卷 10，頁 1129。

〔註67〕（宋）朱熹：〈盡心下〉《四書章句集注‧孟子》（台北：大安出版社，1999年 12 月），卷 13，頁 497。

本於心，其積之盛，則發而著見於外者，不待言而無不順也。〔註68〕」而朱子《語錄》又言「君子合下生時，者個根便著土；眾人則合下生時，便為氣稟物欲一重隔了」。若由朱子兩處之說法，知其竟以「所」字當作「之」字看。上云「所性不存焉」，若作「之」字說，則意思轉變成君子之性不存於「大行」。若依此言，王夫之認為君子之性都不存於「大行」，更遑論眾人之性。而王夫之認為「所欲」者，乃以之為欲也。「所樂」者，則以之為樂也。故「所性」者，則是所謂率之為性。

　　王夫之不認同朱子將氣稟清濁是為人可否為善之因。其認為人氣稟之才並非為善或為惡的關鍵，氣稟之才反而是人率性而可以行善生德之因。

> 此一「性」字，但周子引用分明，曰「性焉、安焉之謂聖」。性下著箇「焉」字，與孟子言「性之」、「性者」合轍。但奉性以正情，則謂之「性焉」。《中庸》云「能盡其性」，有「能」有「盡」，豈不假脩為之謂哉！既云「堯、舜性者也」，又云「人皆可以為堯、舜」，此二處若何折合？堯、舜之德自不可企及，何易言「人皆可為」？所以可為者，正在此一「性」字上。若云天使之然，則成例不易，其將戕賊人而為之乎？〔註69〕

孟子曰：「堯舜，性者也；湯武，反之也。〔註70〕」朱子云：「性者，得全於天，無所汙壞，不假修為，聖之至也。反之者，修為以復其性，而至於聖人也。程子曰：『性之反之，古未有此語，蓋自孟子發之。』呂氏曰：『無意而安行，性者也，有意利行，而至於無意，復性者也。堯舜不失其性，湯武善反其性，及其成功則一也。』〔註71〕」由上可知，堯舜之可以成聖德與聖功，乃在能順天之所命而率善性而為，又能藉由修養自身而復其本性之善，奉性以正情，使其所為知形皆合於天理之要求。故《中庸》云「能盡其性」乃包含不學能之率性與修養而復性之表現。

〔註68〕　（宋）朱熹：〈盡心下〉《四書章句集注・孟子》（台北：大安出版社，1999年12月），卷13，頁498。

〔註69〕　（明）王夫之：〈盡心下篇（七）〉《讀四書大全說・孟子》，收入船山全書編輯委員會編校：《船山全書》第六冊（湖南（長沙）：嶽麓書社，1991年12月第一版），卷10，頁1143。

〔註70〕　（宋）朱熹：〈盡心下〉《四書章句集注・孟子》（台北：大安出版社，1999年12月），卷14，頁524。

〔註71〕　同上註，頁524。

《孟子》又提及：「曹交問曰：『人皆可以爲堯舜，有諸？』孟子曰：『然。』……徐行後長者謂之弟，疾行先長者謂之不弟。夫徐行者，豈人所不能哉？所不爲也。堯舜之道，孝弟而已矣。〔註72〕」朱子云：「陳氏曰：『孝弟者，人之良知良能，自然之性也。堯舜人倫之至，亦率是性而已。豈能加毫末於是哉？』楊氏曰：『堯舜之道大矣，而所以爲之，乃在夫行止疾徐之間，非有甚高難行之事也，百姓蓋日用而不知耳。』〔註73〕」「人皆可以爲堯舜」，此乃儒家來自於人性的先驗肯定。而堯天舜日是理想政治社會的代表，亦是儒家學者所嚮往的時代。如果儒家知識份子自許自己能夠做到和堯舜一樣。孟子認爲人皆有善性，故只要人能藉其形氣之身勤勉表現性善，則人皆可爲堯舜。而堯舜之道更不離人倫日用，故只要有成德的意願，皆有成堯舜之可能。

堯、舜之德自然非一般人所能企及，但何易言「人皆可爲」？王夫之認爲人所以可爲堯舜之因，正在於「性」字上。若說形氣之「才」是天創生使之成一定之侷而不可易，而影響成德之可能。此說法乃戕賊人爲善之道德義，更是看輕人後天修爲之功。如此一來，便不合孟子所言「人皆可爲堯舜」之美意。

> 孟子曰：「或相倍蓰而無算者，不能盡其才者也。」才盡，則人皆可以爲堯、舜矣。雖云氣原無過，氣失其理則有過；才原無過，才失其用則有過。然而氣失其理，猶然氣也；才失其用，則不可謂才。且此既云「才之美」矣，則盡之而無不善矣，則才無過而有功矣，豈遂爲召驕致吝之媒乎？〔註74〕

孟子曰：「乃若其情，則可以爲善矣，乃所謂善也。若夫爲不善，非才之罪也。惻隱之心，人皆有之；羞惡之心，人皆有之；恭敬之心，人皆有之；是非之心，人皆有之。惻隱之心，仁也；羞惡之心，義也；恭敬之心，禮也；是非之心，智也。仁義禮智，非由外鑠我也，我固有之也，弗思耳矣。故曰：『求則得之，舍則失之。』或相倍蓰而無算者，不能盡其才者也。《詩》曰：『天生蒸民，有物有則。民之秉夷，好是懿德。』孔子曰：『爲此詩者，其知道乎！故有物必

〔註72〕 （宋）朱熹：〈告子下〉《四書章句集注‧孟子》（台北：大安出版社，1999年12月），卷12，頁474。

〔註73〕 同上註，頁475。

〔註74〕 （明）王夫之：〈泰伯篇（四）〉《讀四書大全說‧論語》，收入船山全書編輯委員會編校：《船山全書》第六冊（湖南（長沙）：嶽麓書社，1991年12月第一版），卷5，頁716～717。

有則，民之秉夷也，故好是懿德。』〔註75〕」朱子於「或相倍蓰而無算者，不能盡其才者也」下云：「算，數也。言四者之心人所固有，但人自不思而求之耳，所以善惡相去之遠，由不思不求而不能擴充以盡其才也。前篇言是四者爲仁義禮智之端，而此不言端者，彼欲其擴而充之，此直因用以著其本體，故言有不同耳。〔註76〕」孟子認爲人如果不能透過形氣之才而充分盡力發揮其內在本有之善性，則最終道德成果之差異是無法用一般倍數所計。

王夫認爲形氣之身其才能盡，則人皆可以爲堯、舜矣。雖人說氣於人身所創之初原本無過，但若所生之後，形氣之身其失性之理而爲則有過。至於「才」本無過，因才中本具氣之理，但若出於氣之「才」失理，故失其用則有過。然而氣若失其理，猶然是氣，但才失其用，則不可稱爲「才」。既云「才之美」，則盡之而無不善，則此「才」無過而有功。由此可知王夫之對「才」功過評價，乃立基於「才」是否有用，而不在於「才」是出於氣稟。

> 驕吝之不可有，固善才之用，而亦居德之方。然則有曾、閔之孝，龍、比之忠，而驕且吝焉，則亦爲居德之忌，而不但爲才言也。特以驕吝於用處發見，而才者德之用，故專言才以統德；而鮑焦、申屠狄、李膺、范滂之以驕吝居德者，亦自不乏。然則有德而短於才者，無亦驕吝之使然；正不得以才短爲無損於德而自恣也。如云德不憂驕吝，而有才者則然，則非但病才，而且以賊德，固儒者之大患也。〔註77〕

子曰：「如有周公之才之美，使驕且吝，其餘不足觀也已。〔註78〕」朱子云：「才美，謂智能技藝之美。驕，矜夸。吝，鄙嗇也。程子曰：『此甚言驕吝之不可也。蓋有周公之德，則自無驕吝；若但有周公之才而驕吝焉，亦不足觀矣。』又曰：『驕，氣盈。吝，氣歉。』愚謂驕吝雖有盈歉之殊，然其勢常相因。蓋驕者吝之枝葉，吝者驕之本根。故嘗驗之天下之人，未有驕而不吝，

〔註75〕 （宋）朱熹：〈告子上〉《四書章句集注・孟子》（台北：大安出版社，1999年12月），卷11，頁459～460。

〔註76〕 同上註，頁459～460。

〔註77〕 （明）王夫之：〈泰伯篇（五）〉《讀四書大全說・論語》，收入船山全書編輯委員會編校：《船山全書》第六冊（湖南（長沙）：嶽麓書社，1991年12月第一版），卷5，頁718。

〔註78〕 （宋）朱熹：〈泰伯第五〉《四書章句集注・論語》（台北：大安出版社，1999年12月），卷4，頁142。

吝而不驕者也。〔註 79〕」王夫之認爲「才」之美惡並無損於道德表現，故驕吝之心不可有，本應善「才」之用，此乃居德之方。如有曾、閔之孝，龍、比之忠，因而驕且吝，則亦犯居德之大忌，而無須論其「才」。然才者乃德之用，故專言才之功以統德與否而言。雖然不乏有鮑焦、申屠狄、李膺、范滂以驕吝居德，造成德之短缺於「才」，就是因爲驕吝使然。若願盡其「才」，則才短缺卻無損於德，而且「才」表現德是自恣而不受氣稟之拘局。如言德不憂驕吝，而有「才」者則可，此說法不但病「才」，而且更是賊德，固此乃儒者所認定爲德的之大患。

> 程子云：「有周公之德，自無驕吝。」此據已然而言爾，非謂有周公之才者，能致驕吝也。驕者氣盈，吝者氣歉。驕吝者，則氣之過也。不驕不吝者，能善其氣者也。氣有盈歉，則爲驕，爲吝。故夫天下之驕吝者，不必皆有才，而且以不盡其才。故聖人於此言才，又言驕吝，正是教人以人輔天、以道養性，善其氣以不害其性之意。使天以此理此氣授之人而爲才者，得盡其用而成其能，其爲功在學，而不恃所性之理。〔註80〕

程子注解時云：「有周公之德，自無驕吝。」此乃依據已成之德而言，而非就有周公之才者便能致驕吝。所謂驕者氣盈，吝者氣歉。驕吝者，氣有盈歉，則爲驕，爲吝，此則是氣之過。不驕不吝者，能善於表現其氣者。故天下之驕吝者，乃不必就有美才而論之，而且以其是否盡其才評定之。故聖人於是否盡其「才」的論點言之，又盡而討論驕吝，正是爲了教人以人之「才」輔天、並以道養其性，使其善用其氣，而不害其性之本意。使天以其理與氣授之於人者爲才，能盡其用而成其能。而此才之能盡其爲功在學，而不徒恃天所命的性之理。

> 雖然，孟子之言性，近於命矣。性之善者，命之善也，命無不善也。命善故性善，則因命之善以言性之善可也。若夫性，則隨質以分凝矣。一本萬殊，而萬殊不可復歸於一。《易》曰「繼之者善也」，言

〔註79〕 （宋）朱熹：〈泰伯第五〉《四書章句集注‧論語》（台北：大安出版社，1999年12月），卷4，頁142。

〔註80〕 （明）王夫之：〈泰伯篇（四）〉《讀四書大全說‧論語》，收入船山全書編輯委員會編校：《船山全書》第六冊（湖南（長沙）：嶽麓書社，1991年12月第一版），卷5，頁717。

　　命也；命者，天人之相繼者也。「成之者性也」，言質也；既成乎質，

　　而性斯凝也。質中之命謂之性，【此句緊切。】亦不容以言命者言性

　　也。故惟「性相近也」之言，爲大公而至正也。〔註81〕

雖然孟子所言之性，近於天命，而其性之善乃命之善，因天命無不善。若由

命善故性善，則因命之善以言性之善可也。若言性，則其隨氣化之質不同以

分凝於不同萬物之中。故可言一本萬殊，但萬殊知形質之性則不可復歸於一。

《易》曰「繼之者善也」，此所言善者乃命。而命者，天人之相繼者也。所謂

「成之者性也」，所言在於形質也。既已成乎形質，則性亦已凝於其中，而質

中之命則謂之性，故不容許以將天命之性等同氣質之性。故尤氣質之性的角

度論性，可言「性相近也」，此說法爲大公而至正也。

　　氣因於化，則性又以之差，亦不得必於一致，而但可云「相近」。乃

　　均之爲人之吹笛，則固非無吹之者，人之性所以異於草木之有生而

　　無覺，而其情其才皆有所以爲善者，則是繄乎善不善之異致，而其

　　能然者未嘗不相近也。〔註82〕

由氣化產生氣質之性之形質之差異，故不得必於一致，但可云「相近」。乃均

之爲人之吹笛，則固非無吹之者，人之性所以異於草木乃有生而無覺，而人

之情才皆有可以爲善，而有善或不善之結果，但若就人之能爲善的角度論之，

因人人有天命之性善爲其氣質之性的內涵，故未嘗不相近。

　　乃其爲質也，均爲人之質，則既異乎草木之質、犬羊之質矣。是以

　　其爲氣也，亦異乎草木之氣、【生氣。】犬羊之氣也，故曰「近」也。

　　孟子所以即形色而言天性也。〔註83〕

若就質而論，因爲均爲人之質，而人之質不同於草木之質、犬羊之質。其質

不同之因，是因氣化時，其氣之質已有殊，故人之氣異乎草木之氣、犬羊之

氣也，故曰「近」也。此乃孟子所以就形色而言天性之因。

　　「生之謂性」四字，亦無甚錯。生氣，「生」也；生理亦「生」也。

　　生則有，死則無，食色然，仁義亦然，故此語破他不得。但其意是

　　說有生之氣，有知覺能運動的，故凡生皆生，凡性皆性。孟子灼見

〔註81〕 （明）王夫之：〈陽貨篇（一）〉《讀四書大全說・論語》，收入船山全書編輯
　　　　委員會編校：《船山全書》第六冊（湖南（長沙）：嶽麓書社，1991 年 12 月第
　　　　一版），卷 7，頁 862。

〔註82〕 同上註，頁 859。

〔註83〕 同上註，頁 860。

其所言之旨而反詰之，告子果以爲然，故可以人與犬牛破之，以人之知覺運動即灼然非犬牛之知覺運動，即人之甘食悅色亦非犬牛之甘悅也。故其說又窮。〔註84〕

「生之謂性」四字，亦無錯。生氣之「生」乃同於生理之「生」。生則有，死則無，食色然，仁義亦然，故此語破他不得。但其意義是說有生之氣則有知覺能運動，故凡生皆生，凡性皆性。孟子見告子其言之旨近而反問之，告子果認爲如此，故孟子可以人與犬牛破之，其以人之知覺運動明顯與犬牛之知覺運動不同，但若言人之甘食悅色非犬牛之甘悅，此說又窮。因爲王夫之認爲現實世界人之生命須藉由甘食悅色滋養，故不認爲人在求生存之範疇中其形質氣之「生」的知覺運動有異於犬牛。

氣麗於質，則性以之殊，故不得必於一致，而但可云「相近」。乃均之爲笛，則固與簫、管殊類，人之性所以異於犬羊之性，而其情其才皆可以爲善，則是槩乎善不善之異致，而其固然者未嘗不相近也。〔註85〕

人之性與犬羊之性在知覺運動以滋養其生命的角度上並無殊異。而王夫之認爲無形之氣須藉由有形之質而得以彰顯其變化與生生之妙用，雖性之有殊，亦不得必於一致，而可云「相近」。如同爲竹材所製之笛、簫與管等形狀不爲同類，故皆爲一氣所生的人之性異於犬羊之性，而其情其才皆可以爲善，則是槩乎善不善之異致，而其固然者未嘗不相近也。

至程子所云馬率馬性，牛率牛性者，其言性爲已賤。彼物不可云非性，而已殊言之爲馬之性、牛之性矣，可謂命於天者有同原，而可謂性於己者無異理乎？程子於是顯用告子「生之謂性」之說，而以知覺運動爲性，以馬牛皆爲有道。〔註86〕

〔註84〕 （明）王夫之：〈告子・生之謂性章〉《四書箋解・孟子六》，收入船山全書編輯委員會編校：《船山全書》第六冊（湖南（長沙）：嶽麓書社，1991 年 12 月第一版），卷 10，頁 342。

〔註85〕 （明）王夫之：〈陽貨篇（一）〉《讀四書大全說・論語》，收入船山全書編輯委員會編校：《船山全書》第六冊（湖南（長沙）：嶽麓書社，1991 年 12 月第一版），卷 7，頁 859。

〔註86〕 （明）王夫之：〈第一章（二）〉《讀四書大全說・中庸》，收入船山全書編輯委員會編校：《船山全書》第六冊（湖南（長沙）：嶽麓書社，1991 年 12 月第一版），卷 2，頁 456。

雖然物不可云非性，但不同於馬、牛之身言性。馬、牛與人之創生皆同命於天者，故稱爲同原。但稱性時，馬、牛與己身應有異理。至於程子所云馬率馬性，牛率牛性，當其言性，性爲己所賤。程子此說法與告子「生之謂性」之說相同，若以知覺運動爲性，則成馬、牛皆有道。

> 夫人之所以異於禽獸者，以其知覺之有漸，寂然不動，待感而通也。若禽之初出於㲉，獸之初墜於胎，其啄齕之能，趨避之智，啁啾求母，呴嚊相呼，及其長而無以過。使有人焉，生而能言，則亦智侔雛䴬，而爲不祥之尤矣。是何也？禽獸有天明而無己明，去天近，而其明較現。人則有天道【命】而抑有人道【性】，去天道遠，而人道始持權也。〔註87〕

人之所以異於禽獸，因其知覺運動之能乃有逐步發展進化的過程，人初生之時無外物相感故寂然不動，待外物感通而有其變化，若透過人爲改變，將有爲善之可能。但禽獸則不同於人，其生之初出於㲉，獸之初墜於胎，其啄咬之能，**趨避危險之智**，啁啾求母，呴嚊相呼，及其長此求生之知覺動能並無改變與轉移。

若就人言，生而能，若其智與雛䴬相同並無盡性之功，則表有不善之過，因爲禽獸只有先天由天所命善性之明而無後天盡性之己明，當其初生時離天近，其明較現。但人則有天道之命其本性之善而抑有人道率性之能，故去先天之天道愈遠，而其後天能展現人道時，其己身才有掌握良能進而表現性善之態勢。

> 《中庸》曰「天命之謂性」，爲人言而物在其中，則謂統人物而言之可也。又曰「率性之謂道」，則專乎人而不兼乎物矣。物不可謂無性，而不可謂有道，道者人物之辨，所謂人之所以異於禽獸也。故孟子曰「人無有不善」，專乎人而言之，善而後謂之道；汎言性，則犬之性，牛之性，其不相類久矣。盡物之性者，盡物之理而已。虎狼噬人以飼其子，而謂盡父子之道，亦率虎狼之性爲得其道而可哉？禽獸，無道者也；草木，無性者也；唯命，則天無心無擇之良能，因材而篤，物得與人而共者也。張子推本神化，統動植於人而謂萬物之一源，切指人性，而謂盡性者不以天能爲能，同歸殊塗，兩盡其

〔註87〕（明）王夫之：〈（一一）〉《讀四書大全說・論語》，收入船山全書編輯委員會編校：《船山全書》第六冊（湖南（長沙）：嶽麓書社，1991 年 12 月第一版），卷7，頁 850。

義，乃此篇之要旨。其視程子以率性之道爲人物之偕焉者，得失自
曉然易見；而抉性之藏，該之以誠明，爲良知之實，則近世竊釋氏
之瀋，以無善無惡爲良知者，其妄亦不待辨而自闢。學者欲知性以
存養，所宜服膺也。〔註88〕

《中庸》「天命之謂性」是針對人而言。若將物置於其中，則稱統人物而言之，
可也。因爲天所命之性乃天之氣中的條理，人有性而物有理。《中庸》又曰「率
性之謂道」，此乃專乎人而不兼乎物。物不可謂無性，但不可謂有道，所謂道
者，乃人物之辨，亦人之所以異於禽獸者。故孟子曰「人無有不善」，此乃專
乎人而言之，由人有善性，率此性而後謂之有道。普遍言性，則犬、牛之性
兩不相類。言盡物之性，實爲盡物之理而已。虎狼噬人以飼其子，因而稱其
盡父子之道，若由此進而言率虎狼之性爲得其道，則不可。因爲禽獸，無道，
而草木，無性。只有言命時，天因其無心無擇，人物皆由具此形質之材而得
天之誠爲其良能，故可言篤，此乃物與人共得於天者。張載將此推本於天之
神化，而統動植與人合稱爲萬物之一源。但就人之性而言，論盡性，則人不
可以天所命之良能爲能，而不率善性以盡道。就盡道之角度論人與物，雖本
同歸但終究殊塗。再就程子以率性之道爲人物之同，得失自可曉然易見。而
知性之藏乃該之以誠明此乃良知之實體，若明此則知近世者竊釋氏之言，以
無善無惡爲良知者爲妄，此乃不待辨而自闢。故學者欲知性以存養，宜明白
妄說之不合理之處，並記取在心中，而不犯此錯誤。

至於命矣。聖賢之教，下以別人於物，而上不欲人之蹎等於天。天
則自然矣，物則自然矣。蜂蟻之義，相鼠之禮，不假脩爲矣，任天
故也。過持自然之說，欲以合天，恐名天而實物也，危矣哉！〔註89〕

至於論命，由聖賢之教，可知下以別人於物，而上不欲人蹢矩而蹎等於天。
若因天、物皆自然，將人與蜂蟻之義，相鼠之禮相比擬，認爲只要任天之命
就不須假於人爲修養。如此乃過分堅持自然之說，而後想要上達合天，恐危
殆不安。

〔註88〕 （明）王夫之：〈誠明篇〉《張子正蒙注》，收入船山全書編輯委員會編校：《船
山全書》第十二冊（湖南（長沙）：嶽麓書社，1991 年 12 月第一版），卷 3，
頁 112。

〔註89〕 （明）王夫之：〈盡心下篇（七）〉《讀四書大全說·孟子》，收入船山全書編
輯委員會編校：《船山全書》第六冊（湖南（長沙）：嶽麓書社，1991 年 12
月第一版），卷 10，頁 1144。

人之所以異於禽獸者，其本在性，而其灼然終始不相假借者，則才
也。故惻隱、羞惡、恭敬、是非，唯人有之，而禽獸所無也；人之
形色足以率其仁義禮智之性者，亦唯人則然，而禽獸不然也。若夫
喜怒哀樂愛惡欲之情，雖細察之，人亦自殊於禽獸，此可以爲善者。
而亦豈人獨有七情，而爲禽獸之所必無，如四端也哉！一失其節，
則喜禽所同喜、怒獸所同怒者多矣。此可以爲不善。乃雖其違禽獸
不遠，而性自有幾希之別，才自有靈蠢之分，到底除卻者情之妄動
者，不同於禽獸。則性無不善而才非有罪者自見矣。故愚決以罪歸
情，異於程子之罪才也。〔註90〕

人之所以異於禽獸本在於性，然而而兩者灼然終始不相假借者，則是才。由
性論之，惻隱、羞惡、恭敬、是非，唯人有之，而禽獸所無。此外，亦只有
人之形色之才足以率其仁義禮智之善性，而禽獸亦無法率其才爲善。若就喜
怒哀樂愛惡欲之情，而細察之，人亦自異於禽獸，此乃人可以爲善之因。至
於情，非人獨有七情，而禽獸必無。就人之四端而言，若人失其節，則喜禽
所同喜、怒獸所同怒者的情形多矣，此可以認爲是不善。雖然人若如此則違
禽獸不遠，但因其性與禽獸自有幾希之別，其才與禽獸又有靈蠢之分，故人
到底可以藉由人爲修養而除卻其情之妄動，故終究不同於禽獸。則性無不善
而才非有罪此說不辯自明。故王夫之將人爲惡之罪歸於情，而不同於程子將
惡之罪歸咎於才。

孟子言「情可以爲善」，而不言「可以爲不善」，言「不善非才之罪」，
而不言「善非才之功」，此因性一直順下，從好處說。則其可以爲不
善者，既非斯人所必有之情，固但見其可以爲善，而不見其可以爲
不善。若夫爲善雖非才之功，而性克爲主，才自輔之，性與才合能
而成其績，亦不須加以分別，專歸功於性而擯才也。〔註91〕

孟子言「情可以爲善」，而不言「可以爲不善」，言「不善非才之罪」，而不言
「善非才之功」，此乃因順其性善之說而言，並從情才之好處說。則情可以爲

〔註90〕　（明）王夫之：〈告子上篇（一五）〉《讀四書大全説・孟子》，收入船山全書
　　　　編輯委員會編校：《船山全書》第六冊（湖南（長沙）：嶽麓書社，1991 年 12
　　　　月第一版），卷 10，頁 1072。

〔註91〕　（明）王夫之：〈告子上篇（一一）〉《讀四書大全説・孟子》，收入船山全書
　　　　編輯委員會編校：《船山全書》第六冊（湖南（長沙）：嶽麓書社，1991 年 12
　　　　月第一版），卷 10，頁 1064。

不善者，既非人所必有之情，固只見其可以爲善之處，而不見其可以爲不善之處。若爲善雖非才之功，但性克才使其合氣之理表現，則才自輔佐性完成道德事業，故性與才合能而成其績效，亦不須加以分別專歸功於性而擯才也。